Geert Lovink
Digitaler Nihilismus

AF532870

Digitale Gesellschaft | Band 29

Geert Lovink, niederländischer Medientheoretiker, Internetaktivist und Netzkritiker, ist Leiter des Institute of Network Cultures an der Hochschule von Amsterdam (networkcultures.org) und Professor für Medientheorie an der European Graduate School. Er gilt als einer der Begründer der Netzkritik. Projekte, an denen er beteiligt war, befassten sich unter anderem mit der dominanten Rolle von Suchmaschinen in unserem Alltag, mit Social-Media-Monopolen und ihren Alternativen und einer kritischen Inblicknahme der Produktion und Distribution von Online-Videos. Geert Lovink hat zahlreiche Bücher zu Kritik und Kultur der Neuen Medien publiziert.

Geert Lovink

Digitaler Nihilismus

Thesen zur dunklen Seite der Plattformen

Übersetzung aus dem Englischen von Petra Ilyes und Andreas Kallfelz

Bibliografische Information der Deutschen Nationalbibliothek
Die Deutsche Nationalbibliothek verzeichnet diese Publikation in der Deutschen Nationalbibliografie; detaillierte bibliografische Daten sind im Internet über http://dnb.d-nb.de abrufbar.

© 2019 transcript Verlag, Bielefeld

Alle Rechte vorbehalten. Die Verwertung der Texte und Bilder ist ohne Zustimmung des Verlages urheberrechtswidrig und strafbar. Das gilt auch für Vervielfältigungen, Übersetzungen, Mikroverfilmungen und für die Verarbeitung mit elektronischen Systemen.

Übersetzung: Petra Ilyes
Übersetzung Kapitel 2, 3 und 4: Andreas Kallfelz
Umschlaggestaltung: Kordula Röckenhaus, Bielefeld
Korrektorat: Rosa Aue, Bielefeld
Druck: Majuskel Medienproduktion GmbH, Wetzlar
Print-ISBN 978-3-8376-4975-8
PDF-ISBN 978-3-8394-4975-2
EPUB-ISBN 978-3-7328-4975-8
https://doi.org/10.14361/9783839449752

Gedruckt auf alterungsbeständigem Papier mit chlorfrei gebleichtem Zellstoff.
Besuchen Sie uns im Internet: *https://www.transcript-verlag.de*
Bitte fordern Sie unser Gesamtverzeichnis und andere Broschüren an unter: *info@transcript-verlag.de*

Inhalt

Danksagung ... **7**

Einleitung: Die Gesellschaft des Sozialen ... **9**

Kapitel 1: Die Überwindung des desillusionierten Internets ... **27**

Kapitel 2: Die Ideologie der Sozialen Medien ... **43**

Kapitel 3: Epidemie der Ablenkung – Von der digitalen Utopie zur Entzauberung des technosozialen Raums ... **59**

Kapitel 4: Programmierte Traurigkeit ... **79**

Sad by Design: Fallstudien ... 89

Keine Melancholie für dich ... 94

So Sad Today ... 97

Trauer über den Kommunikationsverlust ... 101

Kapitel 5: Medien Netzwerk Plattform – Drei Architekturen ... **105**

Die ewige Wiederkehr der Medienfrage ... 108

Netzwerke als Systeme Zweiter Ordnung ... 111

Der neue Kommunikationsstandard: Plattformen ... 114

Benjamin Brattons The Stack ... 117

Von Social-Media-Alternativen zu Stacktivismus ... 122

Kapitel 6: Von Registrierung zu Auslöschung – Über technische Gewalt 129
Von Registrierung zu Auslöschung 131
Leben ist Sabotage 133
Italienische und deutsche Visionen von Autonomie 137
IBM und die restlose Erfassung 138
Die Soziologie der Listen 145
Datenkommunismus nach der Digitalisierung 147

Kapitel 7: Chronischer Narzissmus – Technologien des minimalen Selfies .. 157

Kapitel 8: Maskendesign – Ästhetik des Gesichtslosen 171

Kapitel 9: Meme als Strategie – Europäische Ursprünge und Debatten 187
Die Memesis-Debatte von 1996 191
Tanz den Techno Viking 199
They Say We Can't-Mem 201
Kommunikationsdesign und memetische Temporalität von Memefest 206
Meme als dialektische Bilder 208

Kapitel 10: Vor dem Aufbau der Avantgarde der Allmende 213
Von der Allmende zur Infrastruktur 217
Wer wird die Allmende bauen? 222

Bibliographie 235

Danksagung

Drei Jahre sind vergangen seit ich das Manuskript zu »Social Media Abyss« (in der deutschen Übersetzung: »Im Bann der Plattformen«) eingereicht habe. Zurückblickend ist diese Zeit durch den Brexit, Trump und Cambridge Analytica geprägt. Entsprechungen zu Wikileaks, Anonymous und Snowden (vielleicht mit der Ausnahme des kanadischen Whistleblowers Chris Wylie) fehlen. Es gab eine Menge ideologischer Regression und »multi-polarer« Stagnation, beschleunigt durch einen boomenden Aktienmarkt, Immobilienmarktexzesse, einen anhaltenden Krieg in Syrien und einen real existierenden Klimawandel. Während die »Social-Media-Debatte« den Mainstream erreichte, waren Widerstand und Alternativen so gut wie abwesend – mit der Ausnahme von Alt-Right.

Mit der Intensivierung des öffentlichen Diskurses um »Verhaltensmodifikation« und eine »alles durchdringende Überwachung« bewegte ich mich vom bevorzugten Panoramaformat meiner früheren Bücher weg. Die niederländische Kulturfinanzierung für neue Projekte an unserem Institute of Network Cultures versiegte (vor allem aufgrund einer neuen Trennung zwischen Bildung/Forschung und dem kulturellen Sektor). Die veränderte finanzielle Situation zwang uns in einen Überlebensmodus und zu Tätigkeiten außerhalb, weshalb ich an dieser Stelle nicht über die Aktivitäten unseres Netzwerkes berichte (auch wenn MoneyLab und verschiedene digitale Veröffentlichungsexperimente trotz der Schließung des PublishingLab 2018 fortbestehen).

Für die sorgfältige Übersetzung aus dem Englischen danke ich Petra Ilyes sowie Andreas Kallfelz. Dem transcript Verlag danke ich für sein editorisches Engagement und die kompetente Betreuung dieser Publikation.

Meine Berliner Dialoge im Laufe der Jahre mit Pit Schultz, Michael Seemann, Volker Grassmuck, Andreas Kallfelz, Stefan Heidenreich und Alexander Karschnia waren entscheidend für mein intellektuelles Wohl. Mein Dank gilt Steven Shapiro, Ana Peraica, Marc Tuters, Mieke Gerritzen, Franco Berardi, Letizia Chiappini, Daniel de Zeeuw, Ellen Rutten, Alex Foti, Isabel de Maurissens, Morris Kolman, Marie Lechner, Florian Cramer, Katharina Teichgräber, Michael Dieter, Tripta Chandola, Tatjana Seitz und Donatella della Ratta für ihre inspirierenden Kommentare zu verschiedenen Kapiteln.

Am Institute of Network Cultures (INC) möchte ich mich besonders bei Miriam Rasch, Inte Gloerich und Patricia de Vries für ihre detaillierten Rückmeldungen und ihre Unterstützung bedanken. Dank auch an Silvio Lorusso, Leonieke van Dipten und Margreet Riphagen, die das INC 2018 verlassen haben, und an Barbara Dubbeldam und Kelly Mostert, die neu hinzugekommen sind. Das gesamte Team ist verantwortlich für die Arbeit dieses inspirierenden, kritischen Forschungszentrums.

Besonderen Dank an Ned Rossiter für seine Freundschaft und sein engagiertes Feedback im Laufe der Jahre – und an Linda und Riddim DJ »System of Chaos« Kazimir, denen ich das Buch widme, für ihre fantastische Unterstützung.

Amsterdam, im Sommer 2019
Geert Lovink

Einleitung: Die Gesellschaft des Sozialen

»Es gibt 87.146 Meinungsführer auf LinkedIn.« – »Echte Maler malen Dinge nicht, wie sie sind … Sie malen sie so, wie sie sie fühlen.« Vincent van Gogh über gefälschte Kunst – Unload that Truck of Dislikes! (Alt-Left-Slogan) – »Web: Sie benutzen einen Adblocker. Ich: Ich stelle fest, dass Sie 32 Tracking-Dienste einsetzen.« Matt Weagle – »Neue Sicherheiten gehen mit neuen Angreifbarkeiten einher.« Lulzsec – »Truth is for suckers, Johnny Boy.« Being John Malkovich – Unser Fokus ist die Herausforderung der Kosmotechnik, die uns in direkten Kontakt mit unseren Sklaven bringt (mit Dank an Yuk Hui) – »Ich habe immer gewusst, dass ich ein guter Schriftsteller bin, aber ich dachte, ich würde Gedichte oder einen Roman schreiben, nicht die Emails, bei denen ich gelandet bin.« OH – »Das Handy und die Zuhandenheit des Virtuellen« (aus einem deutschen Aufsatz) – »Eine meiner bevorzugten Selbstbestrafungstechniken ist, Flugpreise nach Bali zu googlen.« Addie Wagenknecht – »Es geht nicht um Größe, sondern um Ausmaß.« Barnett Newman – »Warnung: Leute könnten dich nach dem hier nicht mehr mögen.« – »Smart is the new smoking.« Johanna Sjerpstra – »Bitte like unseren DNS-Giftangriff hier.« – »HEUTE BIN ICH ALLEIN ZUHAUSE! *starrt auf das Handy*« – »Das Internet ist wie der Wilde Westen. Wir dachten, wir wären die Cowboys, aber es stellte sich heraus, dass wir die Büffel sind.« AnthroPunk

Willkommen in der Neuen Normalität. Soziale Medien formatieren unser Innenleben um. Wo Plattform und Individuum nicht mehr voneinander zu trennen sind, wird Social Networking identisch mit dem »Sozialen« selbst. Nicht länger neugierig, was »das nächste Web«

bringen wird, chatten wir über die Informationen, die wir an mageren Tagen abweiden dürfen. Die Zuversicht gegenüber der Zukunft ist zerbrochen – der saisonabhängige Hype ist auf eine stagnierende Zukunft reduziert. Stattdessen hat ein neuer Realismus eingesetzt, wie Evgeny Morozov tweetet: »Der Technikoptimismus der 1990er Jahre behauptete, dass Netzwerke Hierarchien schwächen oder ersetzen würden. Tatsächlich jedoch verstärken Netzwerke Hierarchien und machen sie weniger sichtbar.«[1] Wie kann man eine korrekte Phänomenologie asynchroner Verbindungen und ihrer kulturellen Effekte schreiben, eine schonungslose Kritik an allem formulieren, das fest in den sozialen Körper des Netzwerks verdrahtet ist, ohne auf das zu schauen, was sich im Inneren abspielt? Könnten wir, statt eine überlegene Pose einzunehmen und ein Urteil von oben zu fällen, eine amoralische Position gegenüber der heutigen intensiven Nutzung von Sozialen Medien einnehmen und uns in die oberflächliche Zeit unserer verlorenen Seelen vertiefen? Lasst uns zu einer Reise in diesen Third Space aufbrechen, der das »Technosoziale« genannt wird.

Unser geliebtes Internet kann als eine »inverse Hydra mit hundert Arschlöchern« beschrieben werden,[2] aber wir lieben es dennoch: es ist unser Brain Junk. Obwohl Kontroversen um Soziale Medien in den Mainstream getreten sind, ist das Ergebnis gleich null. Wir registrieren kaum den uns umgebenden Online-Rausch, wir können nicht einmal so tun, als würde uns die zynische Werbelogik kümmern.[3] Skandale um Soziale Medien erscheinen uns, wie Franz Kafka einst schrieb, »wie ein Weg im Herbst: kaum ist er rein gekehrt, bedeckt er sich wieder

---

1 Evgeny Morozov, Twitter, 11. Juli 2017.

2 Laurie Penny, »Who Does She Think She Is?« https://longreads.com/2018/03/28/who-does-she-think-she-is/

3 Mara Einstein: »Wenn uns ein Freund sagt, dass er den letzten Jurassic Park-Film gut fand, besteht kein Grund, ihm nicht zu glauben. Leider glauben wir heute auch, dass es bei der Anhäufung von Freunden auf Facebook oder Followern auf Twitter um das Teilen mit unseren Mitmenschen ginge. Das tut es nicht: es geht um die Schaffung eines Werbepublikums. Unsere Beziehungen werden also Mittel für die Ermöglichung von Markttransaktionen, oder in der Sprache des Marktes: sie wurden monetarisiert.« (Black Ops Advertising, OR Books, New York, 2016, S. 8).

mit den trockenen Blättern«. Von Verhaltensmanipulation zu Fake News, alles was wir lesen dreht sich um die bankrotte Glaubwürdigkeit des Silicon Valley. Doch sehr wenige haben ernste Folgen erlitten. Beweise sind offenbar nicht genug. Schmutz wird aufgewühlt, es gibt Datenlecks und Whistleblower – aber nichts verändert sich. Keine der unerledigten Fragen wird gelöst. Ein »Internexit«-Referendum ist nicht in Sicht. Egal wie viele Hacks und Privatsphärenverletzungen stattfinden, egal wie viele Bewusstseinskampagnen und öffentliche Debatten organisiert werden, es herrscht überwältigende Gleichgültigkeit.

Schaut auf die rasche Rückkehr zur Normalität nach der Demonstration zum Skandal um Cambridge Analytica im März 2018. Die Zentralisierung der Infrastruktur und Dienste, die uns so viel Bequemlichkeit bringen, wird als unumgänglich, sogar als unvermeidbar betrachtet.[4] Warum gibt es denn nicht schon machbare Alternativen zu den großen Plattformen? Eines Tages werden wir den Digitalen Thermidor verstehen – doch dieses »eines Tages« wird niemals eintreffen.

Was ist das Schicksal von Kritik ohne Folgen? Wie Franco Berardi mir erklärte, als ich ihn in Bologna besuchte, um ein Buchprojekt zu besprechen, ist es eine Wahrheit, die uns traurig macht. Uns fehlt es an Vorbildern und Helden. Stattdessen haben wir paranoide Wahrheitssucher. Da unsere Reaktionen auf Alt-Right und systemische Gewalt so vorhersagbar und machtlos sind, schlug Franco vor, wir sollten zu sprechen aufhören. Keine Antworten. Sich weigern, eine Nachricht zu werden. Nicht die Trolle füttern. Die Technotraurigkeit, wie sie in diesem Buch erklärt wird, ist endlos, bodenlos. Wie können wir die Beschleunigung der Entfremdung umdrehen, eine Bewegung, die zwangsläufig im Traum endet? Statt pathetischer, leerer Gesten könnten wir eine neue Taktik des Schweigens anwenden und die befreite Energie und Ressourcen auf die Schaffung temporärer Räume der Reflexion richten.

In seinem 2018 erschienenen Buch *Anti-Social Media: How Facebook Disconnects Us and Undermines Democracy* kämpft Siva Vaidhyanathan mit der wachsenden Kluft zwischen guten Absichten und der hässlichen

4 http://highscalability.com/blog/2018/8/22/what-do-you-believe-now-that-you-didnt-five-years-ago-centra.html

Realität. »Das schmerzliche Paradox von Facebook ist, dass das ernsthafte Engagement des Unternehmens für eine bessere Welt ruchlose Parteien einlädt, es zu kapern, um Hass und Verwirrung zu verbreiten. Zuckerbergs fester Glaube an seine Expertise, Autorität und ethischen Kern machten ihn und sein Unternehmen blind gegenüber dem Schaden, den es ermöglichte und verursachte. Wenn Facebook weniger davon besessen gewesen wäre, eine bessere Welt zu schaffen, hätte es vermeiden können, zu den Kräften beizutragen, die die Welt schlimmer gemacht haben.«[5] Mit der Digitalisierung der Welt wird die real existierende Stagnation sichtbar. Wie Gramsci sagte, »das Alte stirbt und das Neue kann nicht zur Welt kommen: in diesem Interregnum kommt es zu den unterschiedlichsten Krankheitserscheinungen.«

Auf Papier sehen unsere globalen Herausforderungen riesig aus; auf dem Bildschirm schaffen sie es nicht, sich in unseren Alltag zu übersetzen. Statt den titanischen Kräften ins Gesicht zu sehen, sind wir betäubt, bittersüß, zerstreut, schrullig und manchmal geradezu deprimiert. Sollten wir die intensive Nutzung Sozialer Medien als Bewältigungsstrategie verstehen? Unsere Ära ist zutiefst unheroisch, unmythologisch, geradezu flach. Letztlich sind Mythen Geschichten, die Zeit brauchen, um ein breites Publikum zu erreichen, die Spannung zu steigern und ihr Drama zu realisieren. Nein, unsere Zeit ist markiert von Mikrointeressen des fragilen Selbst. Alle haben ihre Gründe, sich abzuschließen und abzuschirmen. Während Konzerne mit ihrer befremdlichen Infrastruktur über Nacht zu kolossalen Strukturen anwachsen können, hinkt unser Verständnis von der Welt hinterher oder schrumpft sogar.

Das beschränkte Verständnis begrenzt unsere Fähigkeit, das Problem zu formulieren. Wir sind nicht krank.[6] Alarmismus hat sich ab-

---

5 Siva Vaidhyanathan, *Anti-Social Media*, Oxford University Press, New York, 2018, S. 10.

6 In seinem Beitrag »Debunking the Biggest Myths About ›Technology Addiction‹« (https://undark.org/article/technology-addiction-myths/) behauptet Christopher Ferguson, dass, im Gegensatz zu anderen Forschungen, die »moralische Panik« verbreiten, Technologie keine Droge und keine Geisteskrankheit sei und nicht zu Selbstmord führe. Dies sind statistische Kriege zwischen Psychologen, die in den

genutzt. Wenn wir den Plattformkapitalismus zerschlagen wollen, wird eine politische Wirtschaftsanalyse nicht ausreichen. Wie können wir eine kollektive Identität, eine Selbsthermeneutik konstruieren, mit der wir leben können? Ja, wie würde denn ein Selbstbild aussehen, das über maschinenlesbare Interpretationen hinausgeht? Das Selfie als Maske? »Ich finde das Bild von dir mit der Sonnenbrille toll, auf dem du stolz lächelst.« Unfähig, ein Problem zu benennen oder eine Antwort zu artikulieren, erscheint die Verlockung von »Swipes«, »Updates« und »Likes« unwiderstehlicher als je zuvor. Nutzer als Opfer des Silicon Valley zu porträtieren, erweist sich als nicht überzeugend. Mit Slavoj Žižek können wir sagen, dass wir zwar wissen, dass Soziale Medien übel sind, wir sie aber weiterhin nutzen.

»Was unsere Situation so bedrohlich macht, ist das alles durchdringende Gefühl der Blockierung. Es gibt keinen klaren Ausweg und die herrschende Elite verliert zunehmend ihre Fähigkeit zur Herrschaft.«[7] Unsere Umwelt und ihre funktionierenden Bedingungen haben sich dramatisch gewandelt und doch hinkt unser Verständnis solchen Dynamiken hinterher. »Der Stacheldraht bleibt unsichtbar«, wie Evgeny Morozov es einmal ausdrückte.

Das Problem muss noch identifiziert werden: es gibt kein »Soziales« mehr außerhalb der Sozialen Medien. In italienischem Slang ist der Begriff Soziale Medien bereits abgekürzt worden: »Bist du auf den Sozialen?« Das ist unsere *Gesellschaft des Sozialen*.[8] Wir starren eine Black Box an und staunen über die Dürftigkeit des heutigen Innenlebens. Dieses Buch will den toten Punkt überwinden, indem es versucht, eine radikale

---

Vorannahmen ihrer eigenen empirischen Realität gefangen sind, erzeugt durch ihre Forschungsparameter. Ich möchte hier betonen, dass man sich davor hüten sollte, Alltagssprache zu medikalisieren.

7 Slavoj Žižek, *The Year of Living Dangerously*, London, Verso, 2012, S. 127.

8 Die Gesellschaft des Sozialen ist nicht nur ein unterhaltsamer Bezug auf Guy Debords *Gesellschaft des Spektakels*, sondern eine Herausforderung der traditionellen Soziologie, in der die Debatte um Soziale Medien nahezu fehlt. Das Konzept kann auch als eine Erweiterung eines früheren Aufsatzes »What is the Social in Social Media?« von 2012 aufgefasst werden (deutsch erschienen in: *Im Bann der Plattformen*, transcript, 2017).

Kritik zu integrieren. Es sucht nach Alternativen, indem es eine subjektive Begegnung mit der Multitude und ihren intimen Abhängigkeiten von ihren mobilen Geräten arrangiert.

Die Internetkultur zeigt Anzeichen einer existentiellen Midlife-Crisis. Wie Julia Kristeva einmal schrieb: »Es gibt nichts Traurigeres als einen toten Gott.« Die Neuheit ist vergangen, die Innovation hat sich verlangsamt, die Nutzerbasis hat sich stabilisiert. Im Gegensatz zur Nostalgie der 1990er können wir nicht wirklich sagen, dass es je eine glückliche Zeit für junge Erwachsene gegeben hat. Wie in den meisten nicht-westlichen Kulturen heiratete man in jungem Alter mit all den Einschränkungen, die damit einhergingen. Wer wagt noch, von »neuen« Medien zu sprechen? Nur unschuldige Outsider erwähnen gelegentlich diesen vielversprechenden Begriff. Wenn überhaupt, scheint es eine zunehmende Rückwärtsgewandtheit zu geben, eine Sehnsucht nach früheren, einfacheren Tagen. Was sollen wir von dieser romantischen Nostalgie für die Anfänge der Virtuellen Realität, für die plumpen frühen Web-Interfaces und die net.art-Pioniere halten? Bei Claude Lévi-Strauss findet sich eine mögliche Erklärung: »Der Mensch schafft wahrhaft Großes nur zu Anfang; in welchem Bereich auch immer hat nur der erste Schritt uneingeschränkte Gültigkeit. Die folgenden Schritte zaudern, bereuen und versuchen, das veraltete Territorium Stück für Stück zurückzugewinnen.«[9]

Dieser Band, der sechste meiner Internetchroniken,[10] kämpft mit einer digitalen Sphäre, die nicht nur mit dem Alltag verschmilzt, sondern zunehmend in ihn eindringt, unsere Fähigkeiten einschnürt und unsere Realitäten einschränkt. Dieses Buch beschäftigt sich mit Fragen von Sozialen Medien wie dem Selfie-Kult, der Meme-Politik, der Internetabhängigkeit und dem neuen narzisstischen Standardverhalten. Zwei Jahrzehnte nach der »Dotcom Mania« sollten wir in der Lage

9 Claude Levi-Strauss, *Traurige Tropen*. Frankfurt a.M. 1978, S. 405.

10 Frühere Bände: *Dark Fiber* (Leske und Budrich, 2004), *My First Recession* (V2/NAi, 2003), *Zero Comments* (transcript, 2008), *Das halbwegs Soziale* (transcript 2012), *Im Bann der Plattformen* (transcript, 2017).

sein, die Frage zu beantworten, wie die »soziale Ordnung« der Sozialen Medien funktioniert – aber wir sind es nicht. Die »Soziale-Medien-Frage« mag omnipräsent sein, doch wenn wir uns gegen »[hier Ihre vom Design vorgesehene Pathologie einsetzen]« wehren wollen, müssen wir zunächst verstehen, wie sie im Innersten funktionieren, Operationen, die hier mittels des Vektors von Zerstreuung und Traurigkeit entwirrt werden. Den Mechanismen der Traurigkeit folgt ein zweiter Teil, der mehr auf Theorie und Strategie fokussiert, vom Konzept der »Plattform« bis zur Unsichtbarkeit »technischer Gewalt«. Der dritte Teil befasst sich mit der Selfie-Manie, ihrem Gegenstück, dem »Masken-Design« von Anonymous, und damit, ob progressive Meme überhaupt möglich sind. Der letzte Teil untersucht die Datengewinnungsindustrien und Überwachungssysteme, die Massenverhalten in eine neue Form sozialer Entfremdung lenken. Das Konzept der »Allmende« (commons) läuft diesen Logiken zuwider und ich schließe mit der Frage, ob es einen möglichen Ausweg bietet.

Was geschieht, wenn Theorie sich nicht mehr als großer Entwurf präsentiert und als Nachgedanke konsumiert wird? Das Internet ist kein Feld, in dem öffentliche Intellektuelle eine nennenswerte Rolle spielen. Anders als in früheren Zeiten haben intellektuelle Ambitionen bescheiden zu sein. Bevor wir Alternativen entwerfen und regulatorische Prinzipien formulieren, ist es unerlässlich, die Psychologie von Social-Media-Plattformen zu verstehen. *Digitaler Nihilismus* kombiniert radikale Internetkritik und eine Konfrontation mit allzu realen mentalen Hochs und Tiefs der Nutzer Sozialer Medien. Clifford Geertz stellt fest, dass »das Verständnis der Kultur eines Volkes [...] die Normalität der Menschen offen[legt], ohne ihre Besonderheit zu reduzieren.« Geertz zufolge »dringt die Kulturforschung in den Körper des Objekts selbst ein, d.h. wir beginnen mit unseren eigenen Interpretationen dessen, was unsere Informanten wollen oder meinen zu wollen, und systematisieren diese dann«[11]. Dieses Buch nimmt Geertz‘ Herausforderung an und analysiert Aspekte heutiger Onlinekulturen, die viele

11 Clifford Geertz, *The Interpretation of Cultures*, Basic Books, 1973, S. 15.

Nutzer erleben, von Gefühlen der Leere, Benommenheit und Gleichgültigkeit bis hin zu den widersprüchlichen Haltungen gegenüber dem Selfie und der regressiven Politik von Memen.

Wir scheinen desillusioniert von unseren de-facto-Onlinekulturen. Der britische Think Tank *Nesta* fasste unsere aktuelle Situation gut zusammen. »Während die dunkle Seite des Internets zunehmend sichtbar wird, wächst die öffentliche Forderung nach verantwortlicheren, demokratischeren, menschlicheren Alternativen.« Doch die Forscher sind auch ehrlich genug, zu erkennen, dass es nicht leicht sein wird, die existierenden Dynamiken herauszufordern. Wir sind in einer Sackgasse. »Das Internet sieht sich von zwei Narrativen dominiert: dem amerikanischen Narrativ, in dem Macht in den Händen nur weniger großer Akteure konzentriert ist, und dem chinesischen Narrativ, in dem staatliche Überwachung das Leitmotiv ist. Zwischen Big Tech und staatlicher Kontrolle, was heißt das für die Bürger?« Die Nutzer Sozialer Medien als »Bürger« zu bezeichnen, ist offensichtlich eine politische Formulierung, der übliche Jargon innerhalb von NGO-Kreisen, die von der »globalen Zivilgesellschaft« sprechen. Ist dies unsere einzige Option, um der Verbraucheridentität zu entkommen? *Nesta* legt zwei strategische Fragen auf den Tisch: Könnte Europa eine Alternative entwickeln, die die Bürger wieder zurück auf den Fahrersitz holt? Und sollte Europa, statt zu versuchen, das nächste Google zu bauen, auf den Bau dezentralisierter Infrastrukturen fokussieren, die das nächste Google verhindern würden?

Der aktuelle Zustand des Sozialen sollte kaum überraschen. Technische Medien sind seit langem sozial antagonistisch und unterhöhlen und isolieren eher, als dass sie verbinden. In *Futurability* markiert Franco Berardi die späten 1970er Jahre als Grenzlinie, als den Moment, in dem soziales Bewusstsein und Techno-Revolution auseinanderliefen. An diesem Punkt »betraten wir das Zeitalter der Techno-Barbarei: Innovation brachte Prekarisierung hervor, Reichtum schuf Massenelend, Solidarität wurde zu Wettbewerb, das vernetzte Gehirn wurde vom sozialen Körper entkoppelt und die Macht des Wissens losgelöst von sozialer Wohlfahrt.«[12] Wie Bernard Stiegler feststellte, hat sich die Geschwindigkeit der technischen Entwicklung ständig weiter erhöht und »die Entfernung zwischen technischen Systemen und sozialer Organisation dramatisch vergrößert, so dass Verhandlung unmöglich und ihre Scheidung letztlich unvermeidlich scheint«[13].

Dem Invisible Committee zufolge arbeiten Soziale Medien »in Richtung der wirklichen Isolation aller. Indem sie Körper immobilisieren. Indem sie alle in ihre Bedeutungsblasen absondern. Das Machtspiel kybernetischer Herrschaft ist, allen den Eindruck zu vermitteln, dass sie Zugriff auf die ganze Welt haben, während sie tatsächlich immer mehr abgetrennt sind, dass sie immer mehr ›Freunde‹ haben, während sie immer autistischer sind.«[14]

Was sollen wir mit den Sozialen Medien tun? Die letzten Jahre wurden von einer tiefen Verwirrung beherrscht. Für einige scheint Nichtnutzung ein Rohrkrepierer zu sein. Evgeny Morozov zum Beispiel tweetet: »Ich will nicht, dass #Zuckerberg zurücktritt. Und wir müssen Facebook nicht löschen (#deleteFacebook): Das ist so realistisch wie Straßen zu löschen (#deleteroads). Was wir brauchen, ist ein New Deal für #data. #Europamussaufwachen!« Und, obwohl Siva Vaidhyanathan Facebook heftig kritisiert, weigert er sich, seinen Account zu löschen. Für andere ist Nichtnutzung die richtige Antwort. Ein früher Vorschlag wäre Ulises Mejias *Off the Network, Disrupting the Digital World* von 2013, ein Buch, das von sich behauptete, »die Netzwerklogik umzudenken«.[15] Erst kürzlich hat in diesem Zusammenhang die Bewegung für das »Recht auf Vergessen« Form angenommen.[16] Oder nehmen wir die Zeitschrift *Disconnect*, eine Anthologie von Kommentaren,

12 Franco Berardi, *Futurability, The Age of Impotence and the Horizon of Possibility*, Verso, London/New York, 2017, S. 172.

13 Bernard Stiegler, *Technics and Time, 2, Disorientation*, Stanford University Press, Stanford, 2009, S. 3.

14 *Now: The Invisible Committee*, Semiotext(e), South Pasadena, 2017, S. 48.

15 Ulises Mejias, *Off the Network, Disrupting the Digital World*, University of Minnesota Press, Minneapolis, 2013.

16 Für einen Überblick siehe Pepita Hesselberth, »Discourses on dysconnectivity and the right to disconnect«, *New Media & Society*, 2018, Vol. 20(50), S. 1994-2019.

Prosa und Dichtung, die nur gelesen werden kann, wenn man sein WiFi ausschaltet.[17] Neben (widerwilliger) Nutzung oder Nichtnutzung könnte ein dritter Ansatz unter Zweckentfremdung verbucht werden. In einem Artikel in *The Guardian* mit dem Titel »Wie man aus dem Internet verschwindet« stellt Simon Parkin (online) Lesern eine Anleitung dazu bereit, wie man ein digitaler Geist wird. »Sachen zu löschen ist völlig nutzlos«, versichert er. Sein Rat? Legt Fake-Accounts an und leitet Suchanfragen fehl. Seine Schlussfolgerung steht im Kontrast zur Überschrift: verschwinden ist so gut wie unmöglich. Die Möglichkeiten sind auf das Reputation Management beschränkt, entweder akribisch von einem selbst– oder, für diejenigen mit Geld, von spezialisieren Unternehmen durchgeführt.

Was, wenn es zu spät ist, um Google, Twitter, Instagram oder WhatsApp zu verlassen, auch wenn wir noch so digital entgiftet in anderen Lebensbereichen werden? Machen wir uns nichts vor, in den Augen des Silicon Valley sind das jährliche »Offline-Burning-Man-Erlebnis« jenseits des Netzes und die unzähligen täglichen Online-Facebook-Besuche keine Gegensätze, sondern komplementäre Arrangements. Ergo sind wir sowohl offline als auch online.[18] Kritik befindet sich in einem ähnlichen Widerspruch. Die Welt habe seine Argumente eingeholt, gibt Andrew Keen in seinem 2018 erschienenen Buch *How to Fix the Future, Staying Human in the Digital Age* zu. Keen

---

17 »Wir finden, dass man sich vom Internet abwenden können sollte, ohne die Möglichkeiten einer digitalen Plattform opfern zu müssen. Durch den Zwang, die Internetverbindung physisch zu unterbinden, stellt *The Disconnect* eine Dynamik her, die erlaubt, sich im eigenen Tempo an digitalen Inhalten zu erfreuen.« https://thedisconnect.co/

18 2011 argumentierte Nathan Jurgenson, wir sollten die dualistische Annahme aufgeben, online und offline seien voneinander getrennt. »Soziale Medien haben vollauf mit der physischen Welt zu tun und unser Offline-Leben ist zunehmend beeinflusst durch Soziale Medien, selbst wenn wir nicht eingeloggt sind. Wir müssen die digitale dualistische Befangenheit abschütteln, denn unsere Facebook-Seiten sind tatsächlich das ›wirkliche Leben‹ und unser Offline-Dasein ist zunehmend virtuell.« https://thesocietypages.org/cyborgology/2011/09/13/digital-dualism-and-the-fallacy-of-web-objectivity/

fragt, wie wir unsere Handlungsmacht über die Technik wieder behaupten können. Wir sitzen schließlich nicht auf dem Rücksitz. Keen lehnt den Schutz der Privatsphäre ab, eine Haltung, die von vielen als eurozentrisch und bourgeois betrachtet wird. Stattdessen fordert er Datenintegrität. Die Pfriemelei mit Daten muss aufhören. »Überwachung ist schlussendlich kein gutes Geschäftsmodell. Und wenn es etwas gibt, das uns die Geschichte lehrt, dann ist es, dass schlechte Geschäftsmodelle irgendwann sterben.«[19] Er führt John Borthwicks »fünf Geschosse, um die Zukunft zu reparieren« an: »offene Technologieplattformen, Anti-Trust-Regulierung, verantwortliches Design, das den Menschen in den Mittelpunkt rückt, Erhalt des öffentlichen Raums und ein neues soziales Sicherheitssystem.«[20]

Doch die Handlungsmacht, die zur Implementierung dieser Reparaturen benötigt wird, scheint gelähmt. Internetkritiker haben begrenzte Macht. Unfähig zu netzwerken oder dazu, den »alten Medien« zu entkommen, werden sie in die Schublade des individuellen Experten oder Kommentators gesteckt und von jedem breiteren öffentlichen Dialog darüber, was zu tun ist, ausgeschlossen. Akademiker scheinen ebenfalls eher machtlos. Getrieben von einer Peer-Review- und Ranking-Logik veröffentlichen sie innerhalb des abgeschlossenen Universums der Fachzeitschriften mit begrenztem Zugriff und noch begrenzterem Impakt. Obwohl Forscher sicherlich wertvolle Beweise zur wirtschaftlichen Macht von Social-Media-Plattformen sammeln, bleibt Technologiekritik im Allgemeinen vereinzelt – unfähig, die eigene Praxis zu institutionalisieren und kohäsive Denkschulen zu schaffen.

Seit kurzem beobachten wir die Zunahme von »Peak Data«. Wie bei der Ölförderung ist dies der theoretische Punkt, an dem die maximale Rate an (Daten-)Extraktion erreicht ist. Aus der Nutzerperspektive werden Daten nicht intentional produziert. Das Sammeln von Daten ist vielmehr allgegenwärtig, ein ständig präsentes Verfahren, getriggert durch jede Bewegung, jeden Akt, jeden Klick oder Swipe. Aus der Unternehmensperspektive scheint Datenspeicherung grenzenlos, Kapazi-

19 Andrew Keen, *How to Fix the Future*, Atlantic Books, London, 2018, S. 192.
20 Ebd., S. 41.

tät ist keine knappe Ressource mehr. Auch wenn die meisten (KI-)Experten etwas anderes behaupten, hat der Big Data-Hype seinen Gipfel erreicht. Gartner zum Beispiel hat Big Data bereits 2015 aus seinem Hype-Zyklus entlassen. Peak Data ist der Moment, wenn die Internetgiganten schon alles über dich wissen, der Moment, wenn zusätzliche Details das Gleichgewicht kippen und ihre Datenregimes (langsam aber sicher) implodieren. Das ist der Wendepunkt. Danach – und entgegen den Evangelisten der ewigen Wahrheit – hat jeder Wert das Potential, die gesamte Sammlung statt wertvoller weniger wertvoll zu machen. Der Wert zusätzlicher Daten verringert sich auf den Nullpunkt und läuft Gefahr, die Profile in einer Weise zu »verschmutzen«, dass sie sich auflösen.

Das Datenphantom des Selbst beginnt zu bröckeln. Das System produziert solche Mengen an Daten, dass entweder alle zu Verdächtigen werden – oder aber niemand. Wesentliche Details werden nicht mehr erkannt. Die Informationsproduktion, einst definiert als die Produktion sinnvoller Unterschiede, dreht sich um und geht gegen Null: Systemüberlastung. Die »Daten-Goldmine« wird plötzlich digitaler Müll. Unternehmen wie Google sind sich der Gefahren solcher hegelianischer Wenden bewusst und beginnen mit der Rettung wertvoller Datenvermögen.[21] Es lohnt sich, anzumerken, dass eine solche Strategieverschiebung nicht aus einem Volksaufstand gegen »sozialen Raubbau« auf Grund der Übernahme durch intelligente Maschinen erfolgt. Nein, es handelt sich um eine strikt interne, auf den Selbsterhalt ausgerichtete Initiative. In der neuen Android-Version ist keine der Tracking-Funktionalitäten entfernt worden. Google sammelt einfach weniger Daten – für sein eigenes Wohl.

Plattformen sputen sich, Peak Data mit der Ankündigung neuer Maßnahmen zu begegnen. Zum ersten Mal wird Googles Android-Betriebssystem auf Zurückhaltung und Reduzierung basieren: »Statt dir alle Arten aufzuzeigen, wie du dein Telefon-Betriebssystem nutzen kannst, um mehr zu machen, erstellt es Features, die dir helfen, es

21 Geschrieben als Antwort auf und inspiriert von Bernard Stiegler, *Automatic Society, Volume 1: The Future of Work*, Polity Press, Cambridge, 2016, S. 6-18.

weniger zu nutzen.«[22] Das vorgestellte Dashboard teilt dir mit, »wie oft, wann und wie lange du jede App auf deinem Telefon nutzt. Es wird dir auch erlauben, dir selbst Grenzen zu setzen.« Man denke an den Einsatz von Quantified-Self-Dashboards wie Fitbit für die Social-Media-Apps deines Telefons, die es einfach machen, Mitteilungen abzuschalten. »Zur Schlafenszeit schaltet dein Telefon in den Do-Not-Disturb-Modus.«

Andere Produkte ziehen nach. Google Search zum Beispiel antwortet auf Peak Data mit einem neuen Plan, dir »nützlichere Werbung« zu zeigen. In ähnlicher Weise beinhaltet das neue Update für Googles YouTube-App eine Einstellung, die Nutzer daran erinnert, eine »Pause zu machen«, wenn sie Videos schauen.[23] Und parallel dazu hat Google eine »Wellbeing«-Kampagne lanciert. Der Slogan? »Großartige Technik sollte das Leben verbessern, nicht davon ablenken.«[24] Welche Werte werden betont, wenn wir zu einem höheren Entwicklungsstadium fortschreiten? Optimiertes Multitasking? Diese neue Verschiebung zur Selbstbeschränkung ist wirklich merkwürdig. Wird Google letztlich den Echtzeitaustausch entschleunigen, um Reflexion einzubauen? Was, wenn Optimierung nur dadurch erreicht werden kann, dass man sich gegen die herrschende (und tödliche) Kultur ausspricht? Warum sollte »Gut-genutzte-Zeit-Technik« dir dabei helfen, abzuschalten?[25]

Solche Reaktionen auf Peak Daten sind präventiv, sie sollen Katastrophen verhindern. Angesichts der Gefahr der Entropie, die in der (nahen) Zukunft droht, sind Datensammlungen kein Selbstzweck mehr. Für Tech-Titanen kann der nächste Schritt sein, Wert aus den gesammelten Daten herauszupressen, ohne die Nutzer zu verärgern. Dieser

22 Dieter Bohn, »Google's Most Ambitious Update in Years«, *The Verge*, 8. Mai 2018, https://www.theverge.com/2018/5/8/17327302/android-p-update-new-features-changes-video-google-io-2018. Dank an Michael Dieter für seinen Beitrag zur Recherche.

23 https://www.androidauthority.com/youtube-take-a-break-864783/

24 Slogan der Website https://www.wellbeing.google.com

25 Simone Stolzoff, »Technology's ›Time Well Spent‹ movement has lost its meaning«, https://qz.com/1347231/technologys-time-well-spent-movement-has-lost-its-meaning/

Plan zur Profilrettung wird den Nutzern als Beitrag zu ihrem »digitalen Wohl« verkauft, als eine Geste der »Corporate Responsibility«. Wir könnten das als »Backlash by Design« bezeichnen. Google hat bereits jede mögliche Unzufriedenheit vorweggenommen. In einer die »künftige Straftat« vorwegnehmenden *Minority Report*-Geste überspringt es die Phase des Widerstands und richtet die hegelianische Synthese vorbereitend ein. Wir haben die Kultur der Aneignung überwunden. Silicon Valley weiß bereits, dass wir uns nach Ruhe sehnen. Wie werden Nutzer auf den Standardmoralismus solcher Veränderungen antworten? Gegen solche Gutmensch-Gesten sollten wir eine eigene kollektive Implementierung von »Datenverhinderungs-Prinzipien« erwägen.

Angesichts dieser Bedingungen benötigen wir Internetforschung mehr denn je. Und dennoch, irgendwie ist es ihr nicht gelungen, als ernstzunehmende Disziplin anerkannt und finanziert zu werden. In Anlehnung an Habermas können wir vom »unvollendeten Projekt« der Digitalisierung als letztem Stadium der Modernisierung sprechen, das die Post-68er-Bildungselite kategorisch ausgeblendet hat, überzeugt, dass der Technik-Buzz, der die Internet-Tools hervor gebracht hat, sie nicht betreffen wird. Während wir weiterhin Film, Theater und Literatur studieren können, gilt das nicht für das Internet, das immer wieder scheiterte, sich als eigene akademische Disziplin mit ihren eigenen BA-, MA- und PhD-Studiengängen zu etablieren. Um dieses Versäumnis zu verteidigen, beten die Institutionen immer wieder denselben Satz vor, dass es »noch zu früh ist« – als ob nicht bereits genügend Leute das Internet nutzen. Wo ist unser »Kampf der Fakultäten«? Weltweit scheint niemand bereit zu sein, den ersten (wackeligen, aber wichtigen) Schritt zu machen. Künstlerische Neue-Medien-Studiengänge wurden stillschweigend geschlossen, wurden in harmlose, nach innen gerichtete akademische Unternehmungen wie »Digital Humanities« überführt oder wurden der »Rundfunk-Logik« von Medien und Kommunikation untergeordnet. In Folge haben die »weißen männlichen Geeks« aus den Ingenieurwissenschaften und die »Möchtegern-Risikokapitalisten« aus den Business Schools kulturelle Herrschaft erlangt – und replizieren endlos Silicon-Valley-Modelle, während sich diejenigen mit einem

Hintergrund in den Sozial-, Geistes- und Kunstwissenschaften oder im Design beiseitegeschoben sehen.

Die italienische Arabistin und Mit-Aktivistin Donatella della Ratta, die Digital Cultures an der John Cabot Universität in Rom lehrt, fügt ein weiteres Element hinzu: »Das Online-Subjekt ist so tief verstrickt, dass es weder das Handy noch das Internet sieht. Die junge Generation interessiert sich nicht für das technische Gerät selbst, sie hat es einfach gelöscht, vergessen. Meine Studenten langweilen sich, wenn ich über Technik selbst spreche. Sie möchten über Empfindungen sprechen, ihren Körper und ihre Gefühle … Sie nehmen Technik ganz einfach nicht mehr wahr.« Was sind die Folgen dieser sich rasch verbreitenden »Technikmüdigkeit« zu einem Zeitpunkt, an dem Kontroversen endlich die traditionelle politische Arena erreicht haben?

Wenn Sozialität sich erschöpft, werden Entscheidungen zu Verpflichtung und Verbindungen durcheinander gebracht. »Man muss wissen, für was man sich verpflichtet, und sich dann verpflichten. Selbst wenn es bedeutet, dass man sich Feinde macht. Oder auch Freunde. Sobald wir wissen, was wir wollen, sind wir nicht länger allein, die Welt bevölkert sich wieder. Überall sind Verbündete, Nähe und eine endlose Abstufung möglicher Freundschaften.«[26] Dieser ambitionierte, dezisionistische Traum des Invisible Commitee steht in Kontrast zu Mark Fishers Beobachtung eine Mangels an Sanktionen an Universitäten, der mit einem Mangel an Selbstmotivation bei Studierenden einhergeht. »Typischerweise reagieren sie auf diese Freiheit nicht, indem sie Projekte verfolgen, sondern indem sie in hedonistische Mattigkeit (oder Lustlosigkeit) verfallen: die sanfte Narkose, die ›Comfort Food‹-Vergessenheit von PlayStation, die ganze Nacht Fernsehen und Marihuana.« Es heißt, dass die mit permanentem Information Overload konfrontierten Millennials »allzu selbstsicher« seien und höflich ablehnen, »mehr zu lernen«. Stattdessen werden sie angezogen von »Dingen, die wichtiger sind«. Das Konzept eines »sozialen Inneren« ist kein Paradox mehr.

26 *Now: The Invisible Committee*, Semiotext(e), South Pasadena, 2017, S. 16.

Bevor wir uns jetzt kopfüber in Debatten über Alternativen und Strategien stürzen, hält es *Digitaler Nihilismus* für notwendig, dieses eher vage, undefinierte Gebiet der Entscheidungsmüdigkeit und Ego-Auszehrung zu erkunden. Diesmal gibt es keine Reiseberichte, keine verschwenderischen Berichte über Initiativen des Institute of Network Cultures wie Unlike Us, Video Vortex und MoneyLab. Der Markt erfordert, dass ich Online-Verzweiflung in ihrer attraktivsten Form in den Blick nehme und präsentiere. In früheren Aufsätzen habe ich über nihilistisches Blogging und die Psychopathologie des Information Overload geschrieben. Dieses Buch nimmt die Fäden wieder auf und untersucht besonders das Zusammenspiel zwischen unseren seelischen Befindlichkeiten und der technischen Verfassung. Hier untersuche ich soziale Wirklichkeit aus mentalen Perspektiven wie Zerstreuung und Traurigkeit. Der Buchtitel kann gelesen werden als eine Triangulation aus »Addiction by Design«, der bekannten Studie von Natasha Dow Schüll über Las Vegas' Spielautomaten, »Distraction by Design« von James Williams und »Privacy by Design« von Ann Cavoukian.

Und nicht zuletzt, schauen wir uns den Begriff des »Design« im englischen Originaltitel an. Ist ein anderes Design möglich?[27] Es ist *eine* Sache, die managementgeleitete »Malen nach Zahlen«-Innovation des »Design Thinking« zu dekonstruieren. Welche Rolle kann Design (und Ästhetik im Allgemeinen) noch spielen, um die aktuelle Stagnation zu überwinden? Ein möglicher Weg wäre, real existierende Designkulturen kritisch einzuschätzen, bevor wir uns in die Bevorzugung eines radikalen Designkonzepts stürzen.

Wir können nicht einfach ein Leben leben, wir sind dazu verdammt, es zu designen. Benettons farbenfrohe Fotografien der globalen Misere aus den 1990er Jahren wurden unsere tägliche Wirklichkeit. Slums werden von Designerkleidung und -schuhen überflutet. »Versace-Flüchtlinge« sind keine Seltenheit mehr. Neid und Wettbewerb haben uns in Subjekte einer ästhetischen Verschwörung verwandelt, der man nicht entkommen kann. Die Programmatik McLuhans »Lasst uns

27 »Is another design possible?« Titel der Doktorarbeit von Maja van der Velden, Universität Bergen, 2009 (www.globalagenda.org/).

Abfallhalden verschönern« ist heute globale Wirklichkeit. Die Zeiten sind vorbei, in denen man annahm, dass das Bauhaus-Design die Alltagsrealität der Arbeiterklasse verbessern würde. Wir sind weit von Design in unterstützender Funktion entfernt. Design ist nicht länger eine pädagogische Disziplin, darauf gerichtet, den Geschmack der »Normalos« anzuheben, um ihrem Alltagsleben Sinn und Zweck zu geben. Wir streben nach dem Lifestyle der Reichen und Berühmten. Das Gewöhnliche reicht nicht mehr, das Mantra ist weiter und nach oben. Wir, die 99 %, beanspruchen den exklusiven Lebensstil der 1 %. Das ist das Ziel von Planet H&M.

Ebenso wie zerrissen und gebleicht produzierte Jeans sind all unsere ersehnten Konsumgüter bereits gebraucht, angefasst, verändert, gemischt, geliked und geteilt, bevor wir sie kaufen. Wir sind vorkonsumiert. Mit dem radikalen Vertrieb von funky Lifestyles geht der Verlust der Semiologie einher. Es gibt keine Kontrolle über Bedeutung mehr. Brands können alles Mögliche für unterschiedliche Leute bedeuten. Das ist die Prekarisierung des Zeichens.

Unsere wundervolle Unordnung ist kein Zufall und kein tragisches Zeichen von nie endendem Verfall mehr, sondern ein integraler Teil des allgemeinen Layouts. Die heutige Designkultur ist Ausdruck unseres stark prototypischen Lebens. Wir sind die Erlebnis-Junkies, wir möchten auch noch den letzten Genuss des Lebens herauspressen, um alles auszuschöpfen. Und doch ist es bemerkenswert, wie wenig transformativen Fortschritt wir gemacht haben. Wir wollen so viel und machen so wenig. Unser prekärer Zustand ist dauerhaft geworden.

Wenn wir uns die »Sci-Fi-Prekarisierung« vor Augen halten – jene merkwürdige zukünftige Techno-Realität – kommen als erste Assoziation die konformistischen 1950er Jahre in den Sinn. Sicher, wir wünschten, in einem *Blade Runner*-Film zu leben, doch unsere Wirklichkeit ähnelt eher einem Roman von Victor Hugo oder einem Douglas Sirk-Film, in dem das Hyperreale die Herrschaft übernimmt. Langeweile, Ängste und Verzweiflung sind der traurige Standard. Das ist »real existierende Prekarisierung«, vergleichbar mit dem »real existierenden Sozialismus« am Ende des Kalten Krieges. Beiläufige Prekarisierung, wo immer man hinschaut. Der Terror der Bequemlichkeit treibt uns in den

Wahnsinn. Die Plattitüde all dessen wird kontrastiert und beschleunigt durch den gelegentlich modernistischen IKEA-Stil, der uns, theoretisch jedenfalls, aufmuntern sollte, aber letztlich nur eine innere Revolte gegen diese angefertigte Realität provoziert. Was macht man mit Arbeitern, die außer ihren Ray-Ban-Sonnenbrillen nichts zu verlieren haben? Wir können nicht auf Godot warten, nicht einmal für den Bruchteil einer Sekunde. Egal wie verzweifelt die Situation, ein Aufstand wird nicht stattfinden. Bestenfalls besuchen wir ein Festival, erweitern Geist und Körper – und sinken dann ins Leere zurück.

Sobald die Stille abgeklungen ist, treten wir aus unseren arty-geeky-akademischen Echo Chambers. Die aktuelle politische Lage erfordert, dass wir von »techno-solutionist«-Vorschlägen Abstand nehmen und stattdessen diese angeblich engen »Internetfragen« in größere Kontexte migrieren, z.B. Prekarisierung, postkoloniale Technologiepolitik, Geschlechterfragen, Klimawandel oder alternativen Urbanismus. Trotz allem Potential für Fatalismus und Introspektion sollten wir uns an Mark Fishers Slogan halten: »Pessimismus im Gefühl, Optimismus im Handeln.«[28] Als Hommage an diesen Anspruch schließt meine Untersuchung der kritischen Internetkulturen mit einem Beitrag zur »Commons-Debatte«. Wie Noam Chomsky sagte: »Es gibt eine Menge, was wir tun können, um den Verlauf der Geschichte hin zu Gerechtigkeit zu lenken, um einen Ausdruck zu verwenden, den Martin Luther King berühmt machte. Der einfache Weg ist, der Verzweiflung zu erliegen, und dafür zu sorgen, dass das Schlimmste passieren wird. Der vernünftige und mutige Weg ist, sich denjenigen anzuschließen, die für eine bessere Welt arbeiten, und die reichlichen zur Verfügung stehenden Möglichkeiten zu nutzen.«[29]

---

28 Mark Fisher, »Optimism of the Act«, www.k-punk.org/optimism-of-the-act

29 »The growth of right-wing forces is ominous«, Interview mit Noam Chomsky, 22. Juni 2018, https://www.frontline.in/politics/the-growth-of-rightwing-forces-is-ominous/article10108703.ece

Kapitel 1: Die Überwindung des desillusionierten Internets

Brandslogan: Properly Distracted, Totally Extracted™ – »Künstliche Intelligenz ist nicht die Antwort auf organisierte Dummheit.« Johan Sjerpstra – »Bitte senden Sie mir keine Email, außer Sie bezahlen dafür.« Molly Soda – »Der Spätkapitalismus ist wie dein Liebesleben: durch einen Instagram-Filter betrachtet, sieht er sehr viel weniger trostlos aus.« Laurie Penny – »Fragt ihr euch, wie viele Leute, die die Überzeugung der Notwendigkeit freier Meinungsäußerung und einer rationalen Debatte darüber vertreten, Trolls blockiert und still gestellt haben?« Nick Srnicek – »Das Postfaktische ist für den digitalen Kapitalismus, was Umweltverschmutzung für den fossilen Kapitalismus ist – ein Nebenprodukt des Betriebs.« Evgeny Morozov – »Ich habe die Troll-Armee gesehen und wir sind sie selbst.« Erin Gün Sirer

Die Entzauberung des Internets ist eine Tatsache.[1] Die Aufklärung bringt uns keine Befreiung, sondern Depression. Die fantastische Aura, die unsere geliebten Apps, Blogs und Sozialen Medien einst umgab, ist verblasst. Swipen, Sharen und Liken fühlen sich an wie seelenlose Routinen, leere Gesten. Wir haben damit begonnen, uns zu entfreunden und entfollowen, doch wir können es uns nicht leisten, unsere Accounts zu löschen, weil dies sozialem Selbstmord gleichkäme.

1 Eine frühere Version dieses Kapitel wurde im Juni 2017 im *e-flux journal* #83 publiziert: https://www.flux.com/journal/83/141287/overcoming-internet-disillusionment-on-the-principles-of-meme-design/. Der Teil zum Meme-Design ist ins Kapitel 8 verschoben.

Wenn »Wahrheit ist, was am häufigsten aufgerufen wird«, wie Evgeny Morozov feststellt, dann ist ein allgemeiner Click-Streik die einzig verbleibende Option. Da dies nicht passiert, fühlen wir uns gefangen und trösten uns mit Memen.

Slavoj Žižek zufolge hat der Multi-Wahrheiten-Ansatz der Identitätspolitiken eine Kultur des Relativismus hervorgebracht.[2] Lippmanns und Chomskys »Konsensfabrik« ist zum Stillstand gekommen. Wie Žižek in einem Interview mit einem britischen Fernsehsender erklärt, ist das Big Other verschwunden.[3] Es gibt keinen BBC World Service mehr, die gemäßigte Radiostimme, die uns damals ausgeglichene Meinungen und verlässliche Informationen bot. Jede Information trägt den Verdacht des Selbstmarketing in sich, angefertigt von Public-Relations-Managern und Meinungsmachern – und von uns Nutzern selbst (wir sind unsere eigenen Marketing-Praktikanten). Was kollabiert, ist die Vorstellung von einem besseren Leben. Diejenigen, die protestieren, sind nicht die »Verdammten dieser Erde«, die rebellieren, weil sie nichts zu verlieren haben, sondern die stagnierende Mittelschicht und die »Young Urban Professionals«, die permanenter Prekarisierung gegenüberstehen.

Massenkonformität hat sich nicht ausgezahlt. Wenn die Liebesbeziehung mit der App vorbei ist und die Abhängigkeit sich zeigt, dreht sich die Stimmung zu Abscheu und die Gedanken richten sich darauf, den kalten Entzug zu beenden. Was kommt nach dem exorbitanten Nachteil? Auf Hybris folgt Schuld, Scham und Reue. Die Frage

---

2 Der Designer und Forscher Silvio Lorusso (http://silviolorusso.com/), der wertvolle Kommentare zu diesem Aufsatz lieferte, bemerkte, dass ein ähnlicher Relativismus die visuelle Kultur übernommen habe. Dies könnte der Grund dafür sein, warum geschulte professionelle Grafikdesigner am wenigsten dafür ausgerüstet sind, effektive Meme hervor zu bringen. Umgekehrt werden Meme oft mit der Untergrund-Amateurkultur assoziiert. Die Kreation von Memen wird daher oft als ein mysteriöser Prozess beschrieben, zum Beispiel im Dokumentarfilm *Techno Viking* über »das erste Mem« (ausführlich in Kapitel 9 behandelt).

3 Slavoj Žižek zu Trump, Brexit und Fake News, Channel 4 News, 13. Februar 2017. https://www.youtube.com/watch?v=ByKXclPi7MI

ist, wie sich die heutige Unzufriedenheit auf der Ebene der Internetarchitektur umsetzt. Was ist Techno-Buße? Wie können wir das dezentrale Web wiedereinrichten, fragt sich die aufgeklärte amerikanische Tech-Community nach Jahrzehnten unkritischer Unterstützung ihrer süchtig machenden Monopole-in-the-Making.[4] Ihre Antwort? Mehr Code schreiben. Im Gegensatz dazu ist die europäische Antwort auf das »kaputte Internet« eine öffentliche Infrastrukturinitiative, »technische Souveränität« und »öffentlicher Stack« genannt (mehr dazu in Kapitel 5).

Was einige als Befreiung betrachten, erleben andere als Frustration, wenn nicht sogar Hass. Der »Online-Andere« kann unmöglich weiterhin als »Freund« klassifiziert werden. »Wenn Leute in der Außenwelt dir schon Angst machen, werden dich Leute im Internet regelrecht in Schrecken versetzen« ist die allgemeine Warnung, die für alle Sites zutrifft. Troll-Awareness war noch nie so hoch. Unfähig, zu entkommen, und dazu verdammt, online zu bleiben, scheint unsere existentielle Begegnung mit Trollen unausweichlich. Nutzer sind vom sozioökonomischen Kollaps bedroht und werden, wenn sie erst einmal arm sind, der Post-Money-Bewertung unterworfen, in der nur imaginäre Entitäten zirkulieren. Einmal abgeschrieben, ist Online ihre letzte Zuflucht.

»We're terrofucked.« So fasst Jarett Kobek das allgemeine Empfinden in seinem Roman *I Hate the Internet* von 2016 zusammen. Schuldgefühl und Frustration sind sowohl persönlich als auch politisch, auf globaler Ebene. Die Geschichte spielt in den gentrifizierten Straßen von San Francisco und beschreibt, wie Computer die Ausbeutung der »überschüssigen Bevölkerung als permanente Bedienstete« koordinieren. Was geschieht, wenn sich die Erkenntnis durchsetzt, dass »alle Computer dieser Welt von Sklaven in China gebaut wurden«, und dass du die Person bist, die genau diese Geräte verwendet? Was passiert, wenn wir persönlich als schuldige Partner angesprochen werden, »die

4 https://www.computing.co.uk/ctg/news/3036546/decentralising-the-web-why-is-it-so-hard-to-achieve

die moralische Empörung eines scheinheiligen Autors erfahren, der von den Gewinnen aus der Sklaverei profitiert hat«[5]?

Was, wenn die heutige Internetökonomie des Kostenlosen das künftige Standardszenario der 99 % ist? Das ist der faszinierende Teil von Kobeks DIY-Philosophie, die er als Science-Fiction der Gegenwart präsentiert. Was wird geschehen, wenn die Konzentration von Macht und Geld in den Händen einiger Weniger tatsächlich unumkehrbar wird und wir alle Hoffnung auf eine Umverteilung von Einkünften aufgeben? Kobek zufolge ist dies bereits der Fall. Traditionelles Geld ist gescheitert und wurde ersetzt durch die Mikro-Berühmtheit von Influencern, »der Welt letzte gültige Währung«, die sogar noch stärker anfällig für Schwankungen ist als Geld. »Beim traditionellen Geld ging es nicht mehr um den Austausch von Erniedrigung gegen Nahrung und Obdach. Traditionelles Geld wurde zum Äquivalent einer Fantasiewelt.«

Kobek profiliert sich selbst als Befürworter des »schlechten Romans«, in Abgrenzung zum »guten Roman«, der von der CIA gesponsorten literarischen Fiktion des Kalten Krieges – eine Kategorie, die weiterhin in der Arbeit von Jonathan Franzen existiert, »der über Leute aus dem Mittleren Westen der USA mit wenig Eumelanin in ihrer Epidermis schrieb.« Schlechte Romane werden hier als Geschichten definiert, die »das Computernetzwerk in seiner Obsession mit Junk Media imitieren, mit ihren irrelevanten und gehetzten Präsentationen von Inhalten«, Geschichten voller Charaktere, die eine »tiefe Zuneigung für Jugendliteratur hegen«, z.B. für Heinlein, Tolkien und Rand. Man fragt sich, in welche Kategorie Dave Eggers' Update von *1984* gehört, *The Circle*. Kann diese Geschichte über die vorhersagende Ökonomie am Beispiel eines fiktiven Zusammenschlusses von Google und Facebook als der ur-schlechte Roman in dieser Kategorie klassifiziert werden? Was geschieht, wenn wir nicht mehr zwischen Utopie und Dystopie unterscheiden können?

Kobek zufolge sind sowohl die Berühmtheit als auch das Internet Apparate, die uns unserer Handlungsmacht berauben. Das Versprechen von Berühmtheit täuscht Menschen mit Vorstellungen von groteskem

5 Jarett Kobek, *I Hate the Internet*, Serpent's Tail, London, 2016, S. 25.

Erfolg. Solange sie an ihre Träume glauben, ist jeder ein Performer und eine Berühmtheit. Vorbilder wie Beyoncé und Rihanna, die eher Inspiration als Halsabschneider sind, werden emuliert. Solche Celebrity-Fälle zeigen »wie machtlose Menschen ihren Herren ihr Bittgesuch vortragen.« Fans sind Mitreisende auf einer Reise durch das Leben; sie sind keine Konsumenten, die ein Produkt oder eine Dienstleistung kaufen. Kobek zufolge sind die »Armen zum Internet verdammt, einer fabelhaften Quelle für beschissenes Fernsehen und für Existenzangst angesichts anderer Leute Einkommen«. Von »bedeutungslosen Menschen« gebaut, ruft das Internet nichts als Müll und Hass hervor und lässt die Armen mit leeren Händen stehen, ohne etwas, das sie verkaufen können. Die Armen scheffeln Geld für Facebook; es wird niemals umgekehrt sein.

Kobeks Stil wurde wegen der Härte der Figuren mit dem von Houellebecq verglichen. Wir bewegen uns durch das zynische Startup-Milieu, in dem »Steine auf die Google-Busse der Bay-Area geworfen werden«, und doch weigert sich Kobek, uns mit hinein zu nehmen. Dies ist die Perspektive der Ausgestoßenen und Verzweifelten, eine Perspektive, die zumindest einige wirkliche Einsichten verspricht. Wir bemerken die wüstengleiche kollektive Vorstellung der Geek-Klasse, diese Mischung aus Hacker News, Reddit, 4Chan, Games und Porn. Anders als Cyberpunkromane betreten wir nicht den Cyberspace, wir stöpseln uns nicht ein und swipen nicht durch Profile auf Instagram. Hier geht es nicht um eine »Illusion des Endes«. Dies ist der Hauptunterschied zur revolutionär-utopischen 1968er-Generation: wir haben das unheimliche Gefühl, dass etwas kaum begonnen hat. In dieser dystopischen, hyper-konservativen Zeit stellen wir uns nicht mehr der historischen Pflicht, der Finalität gesellschaftlicher Episoden wie Wohlfahrtstaat, Neoliberalismus, Globalisierung oder Europäische Union entgegenzutreten. Stattdessen sind wir in einen Zustand der Retromanie gelockt worden, weil es, wie der verstorbene Mark Fisher bemerkte, die Gegenwart ist, die verschwunden ist (»Make America Dank Again«).

Innerhalb dieser Pseudo-Events gibt es keine zeitliche Abfolge, keine Entwicklung, weder Anfang noch Mitte, geschweige denn ein Ende. Wir befinden uns jenseits des Endprozesses, jenseits des postmodernen Patchworks. Alles beschleunigt. Das muss der Katastrophenstil des 21. Jahrhunderts sein, den so viele Filme verwenden. Doch wir bleiben eingekapselt, gefangen in kybernetischen Schleifen, die nirgends hinführen, und schauen gebannt, wie bedeutungslose Ereigniszyklen, Serien und Staffeln vorbeiziehen. Was geschieht, wenn sich die Angst vor Informationsdurchdringung umdreht und zu einem tiefen Gefühl der Leere wird? Wenn wir diesen Punkt erst einmal überschritten haben, verschwindet oder endet das Digitale nicht. Ereignisse verwandeln sich nicht mehr ganz einfach in römische Spektakel. Stattdessen erleben wir das Simulacrum als primäre Wirklichkeit. Wir können eine solche Überproduktion von Wirklichkeit nicht verarbeiten.

Wir schauen nicht mehr die Fernsehnachrichten und denken, dass wir einen Film sehen. Wir haben uns weiterbewegt. Nicht das Leben selbst ist cinematographisch geworden; es ist das Filmszenario und seine Effekte, die die großen Designs unserer technischen Gesellschaften hervorbringen. Filme nahmen unseren Zustand vorweg und jetzt befinden wir uns mitten in der Science Fiction der Vergangenheit. *Minority Report* ist heute eine techno-bürokratische Realität, getrieben von der Integration einst getrennter Datenströme. *Black Mirror* ist kein Witz. Virtuelle Realität fühlt sich an wie *The Matrix*. Trumps Reality-TV-Shows erwiesen sich als Probe. Seine Tweets sind in Wirklichkeit US-Politik. All das führt dazu, dass wir uns nach wirklich unzeitgemäßer, verrückter Fiktion sehnen. Die Avantgarde-Logik scheint noch lebendig zu sein, wobei die Rolle der unkonventionellen Künstler von Ingenieuren und Unternehmern übernommen wird. Wir haben das Stadium der Kunst und Unterhaltung als »Angebote« und »Szenarien« hinter uns gelassen. Die letzte Industrie, die sich mit dem Whirlpool aus Fake und Realem befasst, ist die Nachrichtenindustrie selbst. Hyperrealität wird unsere Alltagssituation – unabhängig davon, ob diese als langweilig oder randständig gilt.

Betrachten wir radikale Ernüchterung als Form und feiern die Rückkehr ihres Hohepriesters, Jean Baudrillard. Social-Media-Raserei ist nicht nur eine Krankheit mehr, es ist die menschliche Verfassung. Wird die Entzauberung sich in eine Revolte wenden, wie Camus einst überlegte? Die geistige Erschöpfung ist sicherlich da (#sleepnomore).

Mit leeren Händen diskutieren wir eine brillante und doch machtlose Kritik des Algorithmus nach der anderen. Räumlich ausgedrückt ist die unendliche Welt des Cyberspace – ein Raum, der ein Haus enthält, das eine Stadt enthält – in eine trockene, ungeschützte Landschaft kollabiert, in der Transparenz rasch in Paranoia übergeht. Wir haben uns weniger in einem Labyrinth verirrt, als dass wir ins Freie geworfen wurden, beobachtet und manipuliert, ohne Kommandozentralen in Sicht.

Die *Mille Plateaux* aus Tweets, Blogs, Instagram-Geschichten und Facebook-Updates haben eine Kultur tiefer Verwirrung geschaffen. Fragmentierung sollte uns doch bereichern. Erinnert ihr euch an die radikale Differenz als fraktale Schönheit? Alles gut. Warum sollten wir dann jetzt die Rechnung für all die unvorhergesehenen Folgen bezahlen? Das war nicht vorgesehen. Ist dies das Derrida-Land, von dem wir einst träumten? Mainstream-Medien spielen eine entscheidende Rolle in diesem Auflösungsprozess. Die Rolle der Mainstream Medien als »Clearing Houses« für Fakten und Meinungen wird seit Jahrzehnten von zunehmend zentripetalen Kräften in der Gesellschaft untergraben, die spezifische Baby-Boom-Gedanken wie Wahrheit und Unabhängigkeit nicht mehr akzeptieren. Doch obwohl ihre Legitimität verblasst ist, bleibt ihr Einfluss erheblich. Dies schafft eine Atmosphäre permanenter Ambivalenz.

Nach Jahrzehnten harter Arbeit der Dekonstruktion der herrschenden Ideologie der Mainstream-Medien gibt es keinen Weg zurück. Der liberale Konsens ist zerbrochen. Die erstaunliche Unfähigkeit »der Presse«, sich mit den gesellschaftlichen Veränderungen (von Klimawandel bis Einkommensungleichheit) auseinanderzusetzen, hat zu weit verbreiteter Gleichgültigkeit geführt. Warum sollte man sich um die lebenden Toten kümmern? Die theoretischen blinden Flecken der sukzessiven postmodernen Generationen sind zu zahlreich, um sie aufzulisten. Der große Elefant hier im Raum ist Jürgen Habermas. Viele von uns unterschreiben immer noch sein Konzept der bürgerlichen Öffentlichkeit als eine Arena, in der unterschiedliche Meinungen in einem rationalen Dialog in Wettbewerb treten – selbst wenn wir nicht an die zentralen Werte der westlichen Gesellschaft wie Demokratie glauben. Und wer wäre denn die »Gegenöffentlichkeit« in diesem Kontext? Die »nutzergenerierten Inhalte« von 4Chan, Reddit oder YouTube-Kanälen wie PewDiePie? Was ist die organisierte Antwort auf all dies? Moralische Verdammung und Leugnung. Und wir selbst als Aktivisten, was haben wir zu bieten? Wie sieht die heutige Version von Indymedia aus? Und wo ist sie, wo wir sie so dringend brauchen? Wenn ein föderatives Modell des Bottom-up-Filterns möglich ist, dann lasst es uns bauen.

Es gibt eine Krise der »partizipativen Kultur«. Schauen wir uns das Beispiel von danah boyd an und wie sie den Diskurs zur Medienkompetenz dekonstruiert, in den viele von uns große Hoffnungen setzten. Eine zynische Lesart der Nachrichten hat die kritischen Kapazitäten überschattet. In der Folgezeit nach der Wahl von Donald Trump 2016 fragte sie, ob Medienkompetenz nach hinten losgegangen sei.[6] Es ist faul, einfach nur Trolling, Clickbait und Fake News für den Rückgang der Nachrichtenlegitimität verantwortlich zu machen. Für die Vor-Internet-Baby-Boomers bestand Kompetenz oder Literazität darin, Quellen zu hinterfragen, Meinungen zu dekonstruieren und Ideologie in neutral anmutenden Mitteilungen offenzulegen. Heute hat sich die Bedeutung von Kompetenz verschoben und verweist auf die Fähigkeit von Bürgern, ihre eigenen Inhalte in Form von Antworten, Beiträgen, Blog-Postings, Social-Media-Updates und Bild-Uploads auf Video-Kanälen und auf Foto-Sharing-Sites zu produzieren.

Diese Verschiebung vom kritischen Konsumenten zum kritischen Produzenten hat allerdings ihren Preis: Informationsinflation. Die Autorität, Nachrichten zu filtern, ging von den Top-Down-Rundfunkmedien an die Tech-Giganten über. boyd zufolge entspricht Medienkompetenz heute einem Misstrauen in Medienquellen, nicht mehr jedoch faktenbasierter Kritik. Statt Beweise von Experten zu prüfen, reicht es heute aus, seine eigene Erfahrung anzuführen. Entrüstung triumphiert, die begründete Debatte verkümmert. Das

6 danah boyd, *Did Media Literacy Backfire?* 12. Januar 2017, http://dmlcentral.net/media-literacy-backfire/

Ergebnis ist eine zutiefst polarisierte Kultur, die Tribalismus und Selbst-Abspaltung favorisiert.

Die aktuelle Situation verlangt danach, die üblichen Forderungen von Aktivisten und zivilgesellschaftlichen Akteuren hinsichtlich »Medienkompetenz« zu überdenken. Wie kann das allgemeine Publikum besser informiert werden? Ist dies überhaupt die richtige Diagnose des aktuellen Problems? Wie können Löcher in Filter-Blasen gemacht werden? Wie kann Do-It-Yourself eine machbare Alternative sein, wenn Soziale Medien diesbezüglich bereits Erfahrung haben? Und können wir überhaupt auf das emanzipatorische Potential von »talking back to the media« über die vertrauten Social-Media-Networking-Apps bauen? Wie funktioniert Manipulation heute? Ist es noch produktiv, die *New York Times* (und ihre Pendants) zu dekonstruieren? Wenn die siebziger Jahre *How to Read Donald Duck*[7] hervorbrachten, wer wird *How to Use Facebook* schreiben? Wie würde man der Nutzerbasis das Funktionieren des Facebook-Newsfeed erklären? Ist es noch eine Black Box?

Wenn wir Algorithmen die Schuld geben wollen, wie können wir ihre Komplexität einem großen Publikum vermitteln? Ein Beispiel dafür könnte Cathy O'Neils *Weapons of Math Destruction* sein, wo sie beschreibt, wie »schlecht konzipierte mathematische Modelle die Wirtschaft mikromanagen, von Werbung bis zu Gefängnissen«[8]. Sie fragt, wie man gefährliche Algorithmen zähmen und, ja, entwaffnen kann. Solche mathematischen Modelle sind keine neutralen Instrumente. In unserem Alltag jedoch erfahren wir Ranking zunehmend als Schicksal. »Mit dem Versprechen von Effizienz und Fairness deformieren sie die höhere Bildung, treiben Schulden und Masseninhaftierung in die Höhe, prügeln bei jeder Gelegenheit auf die Armen ein und untergraben Demokratie.« In diesem Bericht über ihre Jobs in verschiedenen Industrien zeigt sie, dass diese Software »nicht nur auf Daten basiert, sondern auf Entscheidungen, die wir dazu treffen, welchen Daten Aufmerksamkeit zu schen-

7 2018 publizierte OR Books eine Neuauflage von Dorfmans und Mattelaerts Klassiker von 1971 *How to Read Donald Duck*: https://en.wikipedia.org/wiki/How_to_Read_Donald_Duck

8 Cathy O'Neil, *Weapons of Math Destruction*, Penguin, London, 2016.

ken ist – und welche ausgelassen werden. Bei diesen Entscheidungen geht es nicht nur um Logistik, Profit und Effizienz. Sie sind zutiefst moralisch.« Und, fügt sie hinzu, sie sind gegenüber bestimmten Klassen voreingenommen: »Die Privilegierten werden von Menschen verwaltet, die Massen von Maschinen.« Einmal installiert und für eine Zeitlang lauffähig, schaffen diese »Differenzmaschinen« ihre eigene Realität und legitimieren ihre eigenen Ergebnisse, ein Modell, das O'Neil als selbstverstärkend und hochgradig destruktiv bezeichnet.

Techniken wie Leaks, Fake News, Social Bots, Kompromat und Agitprop irritieren das politische Klima. Desorientierung reicht aus; es ist nicht länger notwendig, Wahlergebnisse zu manipulieren. In dieser postfaktischen Ära bleiben uns die spontanen Überzeugungen von Celebrity-Kommentatoren und Medienexperten. Man schaue auf Donald Trumps Tweets, eine ultimative Form der Medienkompetenz und eine pervertierte Manifestation der Selbstdarstellung.[9] Persönliche Tweets sind ununterscheidbar von Politik, staatlicher Propaganda und Informationskriegen geworden. In diesem Sinn operiert Macht nicht mehr dadurch, dass man hochauflösenden 3D-Bildern pornografisch ausgesetzt und dadurch verführt wird. Wir haben es nicht mehr mit Big Data zu tun, sondern eher mit Singular Data – winzige Botschaften mit einem »gewaltigen« Ergebnis. Auf dieser Ebene lassen wir sowohl Hollywood-Glamour als auch Reality-TV hinter uns und betreten die Echtzeitsphäre der Kommunikation-mit-Folgen, ein Hybrid auf der nächsten Ebene, auf der souveräne Exekutivgewalt und Marketing untrennbar sind.

Was hat die heutige Psychoanalyse außer techno-dezisionistischen Impulsen zu bieten? Der Ausgangspunkt scheint eine Renaissance des Narzissmus als kulturelle Diagnose zu sein. Ich beziehe mich hier auf Kristin Dombeks Arbeit *The Selfishness of Others – An Essay on the Fear*

9 Siehe: www.cjr.org/tow_center/donald_trump_media_organization.php. Ein Zitat: »In mehrfacher Hinsicht betrachtet Donald Trump sich nicht nur in Opposition zur existierenden Presse, sondern auch im Wettbewerb mit ihr.« Der Beitrag argumentiert, dass Trump durch Twitter und verschiedene andere Kanäle sein eigenes Medienunternehmen betreibt (Dank an Marc Tuters für den Hinweis).

of Narcissism. Obwohl dieser Text Bezugnahmen auf Internetkulturen vermeidet und von Klagen über Selfies und Soziale Medien Abstand nimmt, verweist der Aufsatz auf die entscheidende Veränderung in der Analyse durch den Wechsel von therapeutischen zu quantitativen Methoden. Der heutige Narzissmus ist von seiner Natur her sozial und ansteckend und weist Eigenschaften auf, »die über große Gruppen von Menschen gemessen werden können«[10]. Die Generation Me umspannt den Planeten. Wir müssen über die Krankheitsmetaphern hinausgehen, wenn wir Trump, Alt-Right und Soziale Medien im Allgemeinen diskutieren. Es könnte sich als fataler Irrtum (sowohl auf der Ebene der Diagnose als auch der Taktik) herausstellen, zu versuchen, die selbstbezogene populistische Rechte als »kranken Patienten« zu marginalisieren. In einer Besprechung lesen wir, dass »Frau Dombeks Betrachtungsweise derjenigen des Philosophen René Girard entspricht, der argumentierte, dass unsere Tendenz, Narzissmus in Eltern und Partnern zu sehen, ein Bemühen ist, um uns rückzuversichern, dass, wenn diejenigen, die wir begehren, nicht wie gewünscht auf uns reagieren, dies so ist, weil sie krank sind, nicht weil wir uninteressant sind«[11].

Werfen wir, über die Angst vor dem Narzissmus hinaus, einen weiteren Blick auf Trump, ein Mann, der »sich extrem bewusst zu sein scheint, dass er ständig schauspielert. Er bewegt sich durchs Leben wie ein Mann, der weiß, dass er ständig beobachtet wird.« Dieses Zitat stammt aus der Zeit vor der Wahl und ist dem Beitrag »The Mind of Donald Trump«[12] in *The Atlantic* von Juni 2016 entnommen. Trump wird darin als »lummoxing« beschrieben: »extrem hohe Extrovertiertheit kombiniert mit extrem geringer Liebenswürdigkeit«. Die Liste seiner Eigenschaften ist atemberaubend. Er wird als Dynamo beschrieben

10 Kristin Dombek, *The Selfishness of Others—An Essay on the Fear of Narcissism*, Farrar, Straus & Giroux, New York, 2016.

11 Jennifer Schuessler, *I'm OK, You're a Narcissist*, New York Times, 31. Juli 2016 https://www.nytimes.com/2016/08/01/books/review-the-selfishness-of-others-or-im-ok-youre-a-narcissist.html?_r=0

12 Dan P. McAdams, *The Mind of Donald Trump*, The Atlantic (Juni 2016), https://www.theatlantic.com/magazine/archive/2016/06/the-mind-of-donald-trump/480771/

– getrieben, ruhelos, unfähig, still zu sitzen, mit geringem Schlafbedarf. Ein wesentliches Merkmal hoher Extrovertiertheit ist die unablässige Suche nach Bestätigung. Veranlasst durch die Aktivität von Dopaminkreisläufen im Gehirn, sind hoch extrovertierte Schauspieler davon getrieben, positive emotionale Erfahrungen zu suchen. »Wut kann Bosheit anfeuern, aber sie kann auch soziale Dominanz motivieren und den Wunsch nach der Bewunderung durch andere schüren […]. Wut liegt Trumps Charisma zugrunde […] [,] beherrscht von überschäumender Extrovertiertheit, unaufhörlicher Zurschaustellung und überlebensgroßer Berühmtheit.« Trump ist der kollaterale Schaden gleichgültig, den er hinterlässt.

Stark narzisstische Menschen ziehen Aufmerksamkeit auf sich. Wiederholter und übermäßiger Selbstbezug ist ein kennzeichnendes Merkmal ihrer Persönlichkeit. Im Laufe der Zeit verärgert ihr Egozentrismus oder macht sogar wütend. Wenn der Narzissmus beginnt, diejenigen zu enttäuschen, die er einst geblendet hat, kann der Abstieg besonders schroff sein. Ein uraltes Sprichwort trifft auch heute noch zu: »Hochmut kommt vor dem Fall.« Die Welt ist getränkt mit einem Gefühl der Gefahr und einem Bedürfnis nach Härte. Man kann der Welt nicht trauen. In dieser rabiaten Arena ist der erfolgreiche Held der wilde Krieger, der kämpft, um zu gewinnen. Beschäftigt dich der Gedanke, dass die Welt wegen des Egoismus anderer ihrem Ende zugeht? »Wer ist Donald Trump wirklich? Was verbirgt sich hinter seiner Theatermaske? Ich kann wenig mehr erkennen als narzisstische Motivationen und ein passendes persönliches Narrativ des Gewinnens um jeden Preis. Es sieht aus, als habe Trump so viel von sich selbst in die Entwicklung und Optimierung seiner gesellschaftlich beherrschenden Rolle investiert, dass nichts mehr übrig ist, um eine sinnstiftende Geschichte für sein Leben oder die Nation zu entwerfen. *Es handelt sich immer um Donald Trump, der Donald Trump spielt*, der kämpft, um zu gewinnen, aber nie weiß, warum.«[13]

Wo könnten wir den Ausgangspunkt für eine heutige Philosophie des Zweifels finden? Sollen wir nach einer säkularen Nachfolge für die

13 Ebd.

Religionskritik suchen? Was ist Atheismus im Kontext von Information? Was ist unser Totem und was ist Tabu? Die Vielzahl an Quellen und Standpunkten, einst als »Meinungsverschiedenheit« gefeiert, erreicht heute einen nihilistischen »Nullpunkt«. Statt zu einer Bedeutungsansammlung zu führen, die potentiell kritische Erkenntnisse (oder sogar Wissen) erlaubt, implodiert Information in einem Pool der Gleichgültigkeit (eine Situation, die möglicherweise zum Verschwinden von Kanälen wie Twitter führt, da sie von individuellen Äußerungen, Urteilen und Präferenzen profitieren).

Heutzutage sind institutionelle Dogmen in Medienfolklore verborgen, fest verdrahtet in die Netzwerkarchitektur, gesteuert von Algorithmen. Die mentale Ablehnung von Autorität ist heute so weit verbreitet und so tief in die täglichen Routinen und Mentalitäten verwoben, dass es irrelevant geworden ist, ob wir eine bestimmte Information leugnen, befürworten oder dekonstruieren. Dies ist der heikle Aspekt der aktuellen Disposition der Sozialen Medien.

In ihrem Schlafzimmer verbarrikadiert sind Memproduzenten immun gegenüber jeglicher Kritik liberaler Third-Way-Moralisten geworden. Ihre Firewalls der Gleichgültigkeit sind noch nicht gehackt worden. Ironische Dekonstruktion funktioniert hier ebenfalls nicht. Tara Burton sagt: »Angesichts der ideologischen Anarchie, die Shitpostings inhärent ist, widersetzen sie sich der Analyse. Shitposters sind zu nichts verpflichtet und stellen ihren Widersachern, die tendenziell einem tatsächlichen Argument verpflichtet sind, eine rhetorische Falle.«[14] »Shitpostings können nicht widerlegt werden; sie können nur wiederholt werden«, schließt Burton. Dies ist nicht das Zeitalter des Renaissance-Menschen; die Ernüchterung ist einfach überwältigend.

Wir sind überwältigt von Medien-Events, die sich in Echtzeit entfalten. Ist dieses Spektakel ein Deckmäntelchen für drastischere Langzeitmaßnahmen? Was ist unser Plan? Die politisch korrekten Strategien der »Zivilgesellschaft« sind alle wohlmeinend und auf wichtige Fragen bezogen. Aber sie scheinen sich auf ein Paralleluniversum zuzubewegen,

14 Tara Burton, »Apocalypse Whatever«, *Real Life* (13. Dezember 2016), http://reallifemag.com/apocalypse-whatever/

unfähig, auf das zynische Memdesign zu reagieren, das rasch zentrale Machtpositionen übernimmt. Gibt es Möglichkeiten, nicht einfach nur zurück zu schlagen sondern vielmehr einen Schritt voraus zu sein? Was denken wir?

Wie können wir uns von Daten zu Dada bewegen und die Avantgarde des 21. Jahrhunderts werden, eine, die die technischen Imperative wirklich versteht und zeigt, dass *wir* das Soziale in den Sozialen Medien sind? Kurz, wie entwickeln wir kritische Konzepte und skalieren sie dann hoch und bringen Politik und Ästhetik in einer Weise zusammen, die die Online-Millionen anspricht? Lasst uns die Hindernisse identifizieren, im Wissen, dass es Zeit zum Handeln ist. Wir wissen, dass es nichts bringt, uns über die engstirnige Welt der Fremdenhasser lustig zu machen. Sie sind in der Offensive, nicht wir. Was können wir anderes tun, als zusammenzukommen?[15] Können wir irgendetwas vom Designer als einsamer Wolf erwarten? Wie kann heutige politische Arbeit außerhalb von Facebook und Twitter organisiert werden? Brauchen wir noch mehr Tools, um uns zusammenzubringen? Haben wir schon damit begonnen, DuckDuckGo, Meetup, Diaspora, Mastodon, DemocracyOS oder Loomio zu verwenden? Wo sind die kollektiven Dating-Sites für politischen Aktivismus? Wie können wir ein kollektives, vernetztes Verlangen designen und dann mobilisieren, das uns in einer »tiefen Vielfalt« vereint? Wird das Versprechen offener, verteilter Netzwerke funktionieren oder suchst du nach Strong Ties – und all den damit zusammenhängenden Folgen?

Generationen haben die fatalen Fehler untersucht, die in der Zwischenkriegszeit gemacht wurden, aber was ist die Folgerung, nun, da wir uns in eine ähnliche Situation bewegen? Wie würde ein nicht-faschistisches Leben heute aussehen? Können wir uns noch immer von

15 Materialien zum vorgeschlagenen Konzept der »organisierten Netzwerke«, über das ich im Laufe der Jahre mit Ned Rossiter geschrieben habe, sind zusammengetragen in *Organization after Social Media*, Minor Compositions, 2018. Das Buch steht kostenlos zum Download zur Verfügung: www.minorcompositions.info/wp-content/uploads/2018/06/organizationaftersocialmedia-web.pdf

Hannah Arendts *Elemente und Ursprünge totaler Herrschaft* inspirieren lassen (in dem wir ein Zitat von David Rousset finden: »Normale Menschen wissen nicht, dass alles möglich ist«), von Wilhelm Reichs *Massenpsychologie des Faschismus*, von Adornos und Horkheimers *Dialektik der Aufklärung*, von Elias Canettis *Masse und Macht* und vom Werk, das meine eigene intellektuelle Orientierung definierte, Klaus Theweleits *Männerphantasien*? Dies ist natürlich eine subjektive Liste, da es so viele Klassiker dieses Genres gibt.[16] Können diese Autoren uns helfen herauszufinden, was die bestimmenden Ursachen von Regression sind? Wie können wir die Kernfragen feststellen und dann auf ihrer Basis handeln, im Wissen, dass wir die sozio-psychologischen Faktoren identifiziert haben, die den Wendepunkt verursachen?

16 Es könnte an dieser Stelle wichtig sein, den New Yorker Psychohistoriker Lloyd de Mause (https://en.wikipedia.org/wiki/Lloyd_deMause) zu erwähnen, dessen Studie *Reagan's America* von 1984 als Inspirationsquelle für die heutige Zeit gelesen werden kann.

Kapitel 2: Die Ideologie der Sozialen Medien

»Wir sind uns unbekannt: das hat seinen guten Grund.« Friedrich Nietzsche – »Wir vertrauen auf Daten.« Priconomics – »Das Internet schafft es nicht, würdevoll zu wachsen.« Chris Ellis – »Ich will von meinem eigenen Bot überrascht werden.« – »Alles hat einen Riss. So kommt das Licht herein.« Leonhard Cohen – »Ich habe gerade meinen verschämten halbjährlichen LinkedIn-Besuch absolviert, der mich stark an die verschamte halbjährliche Entsorgung meiner Trockenreinigungs-Kleiderbügel erinnerte.« Dayo Olopade – Organic Reach Technologies (Firma) – »Es ist keine Pilotstudie. Eher ein kleiner Stapel handwerklicher Daten.« Shit Academics Say @AcademicsSay – »No Reply« The Beatles – »Eine Facebook-Opportunity ist ein Foto, das man macht, um es später auf Facebook hochzuladen.« Urban Dictionary – »Wenn du anfängst zu denken, dass die Leute schrecklich sind, kannst du dich jederzeit bei Twitter anmelden. Hol dir einen weiteren Beweis. Dann beklage dich wieder über deinen Tag.« Nein – »Die richtigen Leute können auch mit einer schlechten Technologie arbeiten, aber die falschen werden es sogar mit einer guten vermasseln.« Kentaro Toyama – »Meine Geheimnisse werden dich auch nicht glücklicher machen.« Amalia Ulman – »Du kannst jetzt aufwachen, das Universum ist zu Ende.« Jim Stark – »Hör auf, das Internet als eigene Welt zu betrachten und mach dir lieber klar, was für eine Gesellschaft du dir wirklich wünschst. Wir müssen erst die Gesellschaft reparieren, bevor wir das Internet reparieren können.« Peter Sunde – »Wir mögen dezentralisiert sein und bei vielen Themen unterschiedliche Meinungen haben, aber unsere Aktionen sind immer sorgfältig koordiniert.« Anonymous – #Apply: »Es ist dasselbe kochende Wasser, das Kartoffeln weich und Eier hart macht.« – »Von völlig fremden Menschen beleidigt werden. Das ist das wahre Versprechen der Sozialen Medien.« Neil – »Wie wertvoll ist Reputation, wenn mich jeder Idiot von der Straße bewerten kann?« #peeple – Soziale Medien oder »wie wir unsere Gedanken brutal der Gegenwart zuwenden, wie sie ist«. Stuart Hall – »Der Mensch ist der Meister der Widersprüche.« Thomas Mann

Das Internet hat sein hegemoniales Stadium erreicht. Es besteht keine Notwendigkeit mehr, das Potential der »neuen Medien« zu untersuchen und ihre Ziele zu dekonstruieren. In den letzten Jahrzehnten wäre es voreilig gewesen, eine millionenfache intensive 24/7-Nutzung mit den tieferen Strukturen des (Unter-)Bewusstseins zu verbinden. Jetzt, da wir voll und ganz in der Zeit der Sozialen Medien leben, ist es angebracht, genau dies zu tun: Techne und Psyche zusammenzubringen. Die gesellschaftliche Angst vor bösen Absichten ist durch kontradiktorisches Bewusstseinsmanagement abgelöst worden. Dies ist seit langem die These von Slavoj Žižek. Gehen wir genauer auf sie ein, nehmen wir die zynische Aussage »sie wissen, was sie tun, aber sie tun es trotzdem« ernst und wenden sie auf die Sozialen Medien an.[1]

Die Effekte der Snowden-Enthüllungen sind tief in unsere täglichen Surf- und Swap-Routinen eingedrungen. Wir wissen jetzt, dass wir von Überwachungssystemen beobachtet werden, aber wer kann von sich ehrlich behaupten, sie tatsächlich im Blick zu haben? Kunstvolle Masken, die unsere Gesichter abschirmen sollen, werden beworben – aber wer trägt sie eigentlich? Das Internet mag zerbrochen sein, wie es so schön heißt (und die IT-Ingenieure sind sich in dieser beunruhigenden Diagnose auch einig), von den Sozialen Medien kann das jedoch nicht behauptet werden.[2] Auch Sherry Turkles Nachweis, dass Smartphones

1 Frühere Versionen dieses Kapitels erschienen im *e-flux Journal* #75, September 2016, https://www.e-flux.com/journal/75/67166/on-the-social-media-ideology/ und Lettre International 115, 2016.

2 www.netimperative.com/2016/04/facebooks-context-collapse-massive-drop-personal-sharing/. Es wird immer deutlicher, dass persönliches Material aus

unsere Fähigkeit unterdrücken, Empathie zu entwickeln und Alleinsein ohne vernetzte Geräte zu genießen, ist weiterhin gültig.[3] Wie schwer ist es geworden, Offline-Langeweile auszuhalten und einfach im spirituellen Akt der »radikalen Präsenz« zu verweilen? Gib zu, es ist die reine Folter.

»Du bist, was du teilst.«[4] Dieser Slogan drückt die Transformation der autonomen Einheit des Selbst in eine nach außen gerichtete Existenz aus, die ständig ihr soziales Kapital reproduziert, indem sie ihren Wert (Daten) anderen zur Schau stellt. Gleichzeitig sträuben wir uns dagegen, uns als »Sklaven der Maschine« zu sehen. Die derzeitigen Plattformen kratzen das Soziale weg, aber wir lehnen höflich ab, es so wahrzunehmen. Was bedeutet es, wenn wir alle zugeben, dass die heutige Nutzung der Sozialen Medien eine suchthafte Qualität hat, von uns selbst aber offenbar keiner süchtig sein soll? Kehren wir wirklich nur gelegentlich zurück?[5] Was wird hier genau erfasst? Wenn überhaupt, sind wir doch von der sozialen Sphäre als solcher umschlossen, aber nicht von der Software, den Protokollen, den Netzwerkarchitekturen und den ganzen infantilen Schnittstellen.

Vom Zauber des Sozialen hypnotisiert und von den Denkweisen und Meinungen unseres unmittelbaren sozialen Zirkels beeinflusst,

---

erster Hand von den Meiers und Müllers nicht mehr geteilt wird. Nicholas Carr nennt das »Kontext-Restaurierung«. »Wenn die Leute beginnen, die Verbreitung intimer Details über sich selbst einzustellen, ist das ein Hinweis darauf, dass sie einige Grenzen in ihrem Sozialleben wiederherstellen und die Mauern, die die sozialen Medien demoliert haben, wieder reparieren wollen […] Sie verschieben ihre Rolle von der eines Akteurs zu der eines Produzenten, Herausgebers oder Aggregators.« www.roughtype.com/, 10. April 2016.

3 Sherry Turkle, *Reclaiming Conversation*, Penguin Press, New York, 2015.

4 Charles Leadbeater, *We-Think*, Profile Books, London 2008, S. 1.

5 Wenn Begriffe oder Symptome aufgeblasen werden, verlieren sie ihre Bedeutung. Das kann auch bei einer Sucht der Fall sein. Wenn ganze Gesellschaften abhängig sind, verliert der Begriff seine Fähigkeit, Unterschiede kenntlich zu machen, und es wird Zeit, alternative Konzepte zu suchen. Infrage käme vielleicht ein Ausdruck wie »Klebrigkeit« (»stickiness«). Julia Roberts über Soziale Medien: »Es ist wie mit Zuckerwatte: Es wirkt so verlockend, dass man sich einfach nicht zurückhalten kann, und im nächsten Moment hat man klebrige Finger.«

ordnen sich unsere täglichen Routinen etwa so: erst die neuesten Geschichten ansehen, dann die Filterpräferenzen feinjustieren, zum noch nicht Gelesenen weitergehen, dem eigenen Leben neue Ereignisse hinzufügen, ausmisten und aktualisieren, als »jetzt nicht« kennzeichnen, Links für später speichern, die ganze Konversation anschauen, den/die Ex stummschalten, ein Secret Board einrichten, eine Umfrage durchführen, über ein soziales Plug-In einen Kommentar abgeben, das Profil durch ein Video ergänzen, eine Reaktion auswählen (Liebe, Haha, Wow, traurig oder wütend), sich mit Leuten verbinden, die dich erwähnen, Änderungen im Beziehungsstatus der anderen überprüfen, einem Opinion Leader folgen, Mitteilungen empfangen, eine Diashow zusammenstellen, die zu deinem Avatar verlinkt, ein Foto nochmal posten, sich im doppelten Verlauf der Chronik verirren, Freunde davon ausschließen, deine Updates zu sehen, das Titelbild anpassen, einige »Must-Click«-Überschriften erstellen, mit einem Freund oder einer Freundin chatten und nebenbei feststellen, dass »1.026.595 Leute dieses Thema mögen«. Die Sozialen Medien verlangen eine niemals endende Show – und wir sind die Performer. Permanent eingeloggt, kommen wir immer wieder zurück und machen weiter, bis die #DigitalDetox-App uns abschaltet oder wir aufgefordert werden, andere Bereiche zu betreten.

Soziales Netzwerken ist inzwischen weit mehr als nur ein beherrschender »Diskurs«. Medien sind hier nicht auf Text und Bilder beschränkt, sondern umfassen auch die Nutzung von Software, Schnittstellen und Netzwerken, ergänzt durch die Infrastrukturen von Büros und Rechenzentren wie auch Beratern und Reinigungskräften, die im Gleichklang mit den Bewegungen und Gewohnheiten der angeschlossenen Nutzermilliarden agieren. Von solcher Komplexität überwältigt, hat die wissenschaftliche Internetforschung ihren Blickwinkel von utopischen Versprechen, Impulsen und Kritiken mittlerweile auf die »Kartierung« der Wirkungsweisen des Netzwerks eingeengt. Von den digitalen Geisteswissenschaften bis zur Datenwissenschaft sehen wir eine Verschiebung bei der Erforschung der Netzwerke vom Wer, Was und Warum zum bloßen Wie. Von einer Sozialität der Gründe zu einer Sozialität der Netzeffekte. Eine neue Generation von Geisteswissenschaftlern wird in die Big Data-Falle gelockt und voll damit ausgelastet, das Verhalten von Nutzern zu erfassen und einem bildhungrigen Publikum attraktive Visualisierungen zu präsentieren (und umgekehrt).

Ohne es zu bemerken, sind wir in einem neuen, noch namenlosen Stadium angekommen, der hegemonialen Ära der Social-Media-Plattformen als Ideologie. Natürlich, Produkte und Dienstleistungen unterliegen üblicherweise einer Ideologie. Und wir haben gelernt, eine Ideologie in sie »hineinzulesen«. Aber an welchem Punkt können wir sicher sagen, dass sie selbst zur Ideologie geworden sind? Es ist das eine, zu behaupten, dass Facebook-Chef Mark Zuckerberg ein Ideologe sei, der dem amerikanischen Geheimdienst zuarbeitet, oder zu dokumentieren, wie gesellschaftliche oder politische Gruppen sein Betriebssystem auf eine Weise nutzen, die in seinem ursprünglichen Design nicht vorgesehen war. Aber an einer umfassenden Theorie der Sozialen Medien zu arbeiten, die deren ideologische Funktion analysiert, ist noch etwas anderes. Für eine kritische Theorie ist es der entscheidende Moment, um verlorengegangenes Terrain zurückzugewinnen und den Blick von den quantitativen Statistiken und den Kartierungen auf die unsauberen, subjektiven, aber gleichzeitig tieferen qualitativen Einflüsse zu verschieben, auf die unberechenbaren Auswirkungen der allgegenwärtigen Formatierung des Sozialen. Die Forschung muss sich vom instrumentellen Ansatz des (viralen) Marketings und der Public Relations befreien. Hört auf zu gefallen und promoten und fangt an, zu analysieren. Die Netzwerktechnologien sind gerade dabei, sich in atemberaubender Geschwindigkeit als »neue Normalität« zu etablieren und gleichzeitig ihre Funktionsweisen und Kontrollmechanismen dem Blick zu entziehen. Wir müssen die »Neue Elektrizität«, die privatwirtschaftlichen Versorgungsunternehmen unseres Jahrhunderts, politisieren, bevor sie in den Hintergrund verschwinden.

Nun, eine Dekade nach der 2008er-Welle der Internetkritik, geht die von Protagonisten wie Nicolas Carr, Sherry Turkle, Jaron Lanier und Andrew Keen geprägte Phase zu Ende. Anstelle der Dichotomie von kalifornischem Utopismus und europäischem Pessimismus geht es längst um viel größere, planetarische Themen, wie etwa die Zukunft der Arbeit, Klimawandel und politische Regression. Vom sozialen, politischen und ökonomischen Versprechen des Internets als dezentralisiertem Netzwerk aller Netzwerke ist nicht viel übrig geblieben. Die Alternativen zu den etablierten Sozialen Medien treten dabei, nach ihrem ersten Erscheinen im turbulenten Jahr 2011, weiter auf der Stelle.[6] Auch sind allen wohlmeinend kritischen Voraussagen zum Trotz die Herden nicht zu grüneren Weidegründen aufgebrochen. Das Gesamtbild zeigt eine Stagnation in einem Feld, das durch die kommerzielle Dominanz einiger Akteure bestimmt ist. Wir stecken alle im Morast der Sozialen Medien fest und müssen uns langsam fragen, warum.

Wie schon bei der festgefahrenen Kritik an den Mainstream-Medien in den späten 1970ern wird der politisch-ökonomische Ansatz allein nicht ausreichen, um zu praktikablen Strategien zu kommen. Wir müssen in der Internetkritik über normative Verhaltensregeln hinausgehen und die Ängste der Jugend und ihre besonderen Abhängigkeiten und Ablenkungen »politisieren«. Wie können wir die Kritik in Disziplinen wie der urbanistischen, postkolonialen oder Gender-Forschung verankern und den digitalen Raum aus diesen Feldern heraus übernehmen? Ein möglicher Ansatzpunkt läge vielleicht in einer post-freudianischen Antwort auf die Frage: Was geht im Kopf des Nutzers vor?[7] Wir müssen uns klar machen, was uns die Sozialen Medien wirklich bieten. Welche Bedürfnisse sprechen sie an? Warum ist das Profil-Aktualisieren eine so öde und doch gleichzeitig verführerische Gewohnheit? Können wir ein Register kritischer Begriffe entwickeln, das die zwanghafte Anziehung, die die Sozialen Medien auf uns ausüben, beschreibt, ohne sie auf die übliche Suchtrhetorik zu reduzieren?

Die Bedeutung des in den Debatten einst zentralen Ideologiebegriffs ist seit Mitte der 80er Jahre zurückgegangen. In den 70ern stand im Hintergrund der Ideologietheorie der spektakuläre Machtzuwachs

---

6 Siehe die Ankündigung der Gründung des Unlike-Us-Netzwerks, Juli 2011: http://networkcultures.org/unlikeus/about/

7 In Anlehnung an das berühmte Sigmund-Freud-Porträt »What's On a Man's Mind«, auf dem sein Gesicht mit dem Bild einer nackten Frau verschmilzt, ein Poster, das 1976-77 auch mein Teenager-Zimmer schmückte.

des Staatsapparats (auch Wohlfahrtsstaat genannt), der die Aufgabe hatte, den Nachkriegs-Klassenkompromiss zu verwalten. Und obwohl Daniel Bells *Das Ende der Ideologie* bereits 1960 den Sieg des Neoliberalismus und die Beendigung des Kalten Krieges angekündigt hatte, gab es eine intuitive Ahnung, dass die Ideologie (unterhalb des Radars) längst nicht abgetreten war. Trotz aller konzertierten Versuche, die Bedeutung der öffentlichen Intellektuellen und der kritischen Diskurse zu minimieren, war die Welt ohne Ideen noch nicht in Sicht.

Die »Kalifornische Ideologie«, 1995 von Richard Barbrook und Andy Cameron beschrieben, hat dabei geholfen, die dem Internet zugrunde liegenden Motive bis zu ihren Wurzeln im Kalten Krieg (und der ambivalenten Hippie-Kultur) zurückzuverfolgen. Weitergeführt wurde dies von Fred Turner in seinem Klassiker *From Counterculture to Cyberculture* (2006). Aber die historische Perspektive nützt wenig, wenn sie nicht den anhaltenden Erfolg der Sozialen Medien seit den 1990ern und ihre immer noch wirksame Anziehungskraft erklärt. Die Rolle der Ideologie bei der Navigation durch die Grenzbereiche der gegebenen Systeme ist heute ebenso real wie in den 1970ern. Und sie zu untersuchen heißt, einen genauen Blick auf eben dieses Alltagsleben, hier und jetzt, zu werfen. Ungeklärt ist insbesondere noch das offensichtliche Paradox zwischen dem hyperindividualisierten Subjekt und der Herdenmentalität des Sozialen. Was läuft falsch beim Sozialen? Oder besser noch, was läuft richtig? Die sozial-positive Einstellung ist in Kalifornien ebenso verbreitet wie in der italienischen Cyberspace-Szene, in der eine Gramscische Vereinnahmung des »sozialen Netzwerks« sogar als Zeichen verstanden wird, dass die Multitude den Mainstream in seinem eigenen Akt der Vermittlung schlagen kann. In diesem Sinne unterscheiden sich die italienischen Kritiker, Aktivisten und Künstler wenig von all den anderen, die die Kontroversen um die Produkte und Dienste aus dem Silicon Valley zwar hypergenau wahrnehmen, den magischen Zaubertrank, den man »soziale Vernetzung« nennt, aber trotzdem fortwährend positiv sehen.

Nach der Definition von Louis Althusser ist eine Funktion der Ideologie die Anerkennung, die berühmt-berüchtigte Interpellation des angerufenen Subjekts. Auf dieser Idee aufbauend, könnten wir auch von einem Prozess der Nutzer-Werdung sprechen. Dies ist der unbemerkte Teil der Social-Media-Saga. Die Plattformen präsentieren sich als selbstevident – sie *sind einfach da*. Alles in allem erleichtern sie unsere facettenreichen Leben und jeder, der wichtig ist, ist auch dabei. Aber vor dem Betreten müssen alle zuerst einen Account einrichten, ihr Profil ausfüllen und einen Nutzernamen und ein Passwort wählen. Minuten später gehört man schon dazu und fängt an zu teilen, kreieren, spielen, als ob man nie etwas anders getan hätte. Das Profil ist das A-Priori, die Komponente, ohne die individuelle Erfassung und zielgenaue Werbung nicht funktionieren können. Es ist das Tor, durch das wir zu seinen Subjekten werden.

Für Althusser leben wir gewissermaßen innerhalb der Ideologie – und auf die Sphäre der Sozialen Medien, in denen Subjekte als Nutzer adressiert werden, die ohne Profil nicht existieren, trifft diese Formel besonders zu. Das leicht autoritäre und hermetische Konzept der Ideologie ist hier auch insofern gerechtfertigt, als dass die Sozialen Medien selbst eine hoch zentralisierte Top-Down-Struktur bilden. In diesem Zeitalter des Plattform-Kapitalismus schränkt ihre Architektur nach und nach Optionen ein und lässt den Nutzern keine Möglichkeiten mehr, ihre Kommunikationsräume selbst zu definieren und zu programmieren.

Trotz allem Postmodernismus und zynischem Neoliberalismus, die die Ideologie für überflüssig erklärt haben, kann es nicht überraschen, dass sie wieder am Ruder ist (bemerkenswert ist eher, wie umfassend die zwischenzeitliche Geringschätzung des Konzepts war). Das Problem ist allerdings, dass wir immer weniger nachvollziehen können, wieso. Außerdem pflegen wir, soweit es um Soziale Medien geht, ein »aufgeklärtes falsches Bewusstsein« – wir wissen sehr gut, was wir tun, wenn wir uns in das System hineinziehen lassen, aber tun es trotzdem. Das gilt sogar, auf einer Meta-Ebene, für die Popularität der Thesen Slavoj Žižeks – und könnte eine der treffendsten Erklärungen für seinen Erfolg sein. Uns allen sind die algorithmischen Manipulationen des Facebook-Newsfeeds, die Filterblasen-Effekte der Apps und die Verführungswirkung personalisierter Werbung bewusst. Aber man hat uns beigebracht, unsere Newsfeeds als interpersonelle Indikatoren der planetarischen Situation zu lesen, und so machen wir unsere Updates, rund um die Uhr und in eine globale Echtzeit-Ökonomie der Interdependenzen eingebettet. Wie muss Louis Althusser nun aktualisiert werden?[8]

Vier Jahrzehnte später bringen wir Ideologie nicht mehr so sehr mit dem Staat in Verbindung wie er selbst und seine damaligen Anhänger. Facebook und Google der Kategorie des Althusserschen »ideologischen Staatsapparats« zuzuordnen, klingt befremdlich, wenn nicht gar exotisch. In diesen Zeiten des späten Neoliberalismus und des Rechtspopulismus verkörpert sich die Ideologie jedoch nicht mehr in den Institutionen des Staates, der sich auf die Sicherung der ökonomischen Rahmenbedingungen beschränkt, sondern im Markt. Dabei dürfen wir nicht vergessen, dass es die Ideologietheorie selbst war, die zur ›Krise des Marxismus‹ und zum Rückzug der Ideologie beigetragen hat. Sie gab den verschiedenen Themen Raum, die von der Studentenbewegung, dem Feminismus und anderen ›neuen sozialen Bewegungen‹ aufgebracht wurden, und hatte damit auch ihren Anteil an der Stagnation und dem späteren Zusammenbruch der Sowjetunion. Das wachsende Interesse an Medien und ›Cultural Studies‹ besorgte den Rest.

Der Fall der Berliner Mauer 1989, per Satellit live in den Rest der Welt gesendet, wurde zu einer verzögerungsfreien und gleichzeitig unüberschaubaren Nachricht, die gleichzeitig mit allen möglichen anderen Geschichten in den Informationskreislauf geschleudert wurde. Schon damals konnte die bunte Palette an Rechts- und Umverteilungsthemen des ›ordnungsgemäßen‹ (oder revolutionären) Sozialstaats von den geschwächten kommunistischen Parteien nicht mehr ›annektiert‹ oder eingebunden werden, ganz zu schweigen von seinen gegenkulturellen Praktiken. Deshalb funktionierte auch die Taktik der Überdeterminierung im Namen der arbeitenden Klasse nicht mehr. Das so genannte ›Patchwork der Minderheiten‹ (Lyotard), die sich dem neuen Normalen verweigerten, war buchstäblich seinen eigenen Geräten überlassen, ohne jeglichen übergreifenden politischen Rahmen

8 Eine Referenz an Louis Althussers berühmten Essay »Ideologie und ideologische Staatsapparate (Research Notes)«, zuerst erschienen in La Pensée Nr. 151, Juni 1970.

oder gar eine Organisation oder einen Gegenspieler. Innerhalb eines Jahrzehnts hat die marxistische Theorie so die Herrschaft über zwei ihrer wesentlichen zentripetalen Kräfte eingebüßt: den Staat und die Partei. In der Folge ist die Ideologie als elementarer Schwerpunkt in Philosophie und Soziologie weitestgehend verschwunden. Und diese Abwesenheit hat sich in der allgemeinen Auffassung manifestiert, dass ›Ideen zwar noch wichtig‹ seien, aber nicht mehr einflussreich genug, um das Leben der Menschen zu bestimmen. Heute werden Ideen dafür angepriesen, dass sie die Zukunft gestalten können, aber als Regeln und Normen formalisiert erscheinen sie zu starr und unbeweglich, um unser chaotisches und widersprüchliches Alltagsleben unter dem Kapital zu organisieren.

Was bei Althusser als verkrustete Orthodoxie erscheint, lässt sich durch Wendy Chuns 2004 veröffentlichtes Essay über Software als Ideologie jedoch aktualisieren. Chuns Arbeit, ebenso wie die von Jodi Dean und einigen anderen, spielte für die Auseinandersetzung der Medientheorie mit dem Siegeszug des Neoliberalismus und dem Triumph der proprietären Software eine wichtige Rolle. 2004 war das goldene Zeitalter des Web 2.0, eine Ära, in der Software als synonym mit PCs und Laptops betrachtet bzw. mit diesen durcheinandergebracht wurde. Sie schrieb damals: »Software ist ein funktionales Gegenstück zur Ideologie. In einem formalen Sinn sind Computer, verstanden als Verbindung von Hard- und Software, Ideologiemaschinen.« Ihr fiel auf, dass Software »fast alle unseren formalen Definitionen von Ideologie erfüllt, von Ideologie als falschem Bewusstsein bis hin zu Louis Althussers Definition der Ideologie als ›Repräsentation‹ der imaginären Beziehung von Individuen zu ihren realen Existenzbedingungen.«[9] In einem Zeitalter von integrierten mikro-perzeptuellen Effekten und Stream Programming bezieht sich die Ideologie nicht nur auf eine abstrakte Sphäre, in der der Kampf der Ideen ausgefochten wird. Stattdessen sollte man eher in Richtung des Spinozaschen Sinnes für das Körperli-

9 Alle Zitate aus Wendy Hui Kyong Chun, *On Software, or the Persistence of Visual Knowledge*, in *Grey Room 18*, MIT Press (Cambridge), Winter 2004, S. 26-51.

che denken – von den Dauerbelastungen des Tinder-Wischens über den SMS-Nacken bis hin zum ›Hunched Over Laptop‹- Syndrom.

Althusser bedarf also einer Anpassung – und nicht nur in Bezug auf seine Klassenanalyse. Dabei ist bemerkenswert, wie nahtlos sein Ideologie-Modell noch immer in die heutige Welt hineinpasst. Wie Chun erklärt: »Software, oder vielleicht genauer, Betriebssysteme eröffnen uns eine imaginäre Beziehung zu unserer Hardware: Ihre Repräsentationen sind keine Transistoren, sondern Schreibtische und Papierkörbe. Software produziert Nutzer. Ohne Betriebssystem (OS) gäbe es keinen Zugang zur Hardware; ohne OS keine Aktionen, keine Praktiken, und somit auch keinen Nutzer. Jedes Betriebssystem richtet durch seine Anzeigen Anfragen an einen ›Nutzer‹: ruft ihn und bietet ihm einen Namen oder ein Bild an, um sich damit zu identifizieren.« Wir könnten sagen, dass die Sozialen Medien genau dieselbe Funktion erfüllen, und sogar noch wirkungsvoller.

Die Sozialen Medien als Ideologie zu verstehen, heißt zu verfolgen, wie sie Medien-, Kultur- und Identitätskomplexe zu einer ständig wachsenden kulturellen Performance zusammenführen, in der sich Gender, Lifestyle, Mode, Marken und Gesellschaftsklatsch mit Nachrichten aus Radio, Fernsehen, Magazinen und dem Web verbinden; und darüber hinaus zu sehen, wie all dies von den Entrepreneur-Werten der Risikokapital- und Startup-Kultur durchdrungen wird, mitsamt ihren Schattenseiten wie schwindenden Lebensgrundlagen und wachsender Ungleichheit.

Die erste Frage, die Twitter uns stellte, war: »Was machst du gerade?« Sie kennzeichnet die materiellen Wurzeln der Sozialen Medien. Social-Media-Plattformen haben nie danach gefragt, was man gerade denkt (oder vielleicht auch, was man träumt). Die Bibliotheken des 20. Jahrhunderts sind voller Romane, Tagebücher, Comics, Filme, in denen Leute ausdrücken, was sie denken. Doch im Zeitalter der Sozialen Medien scheinen wir das, was wir denken, eher für uns behalten zu wollen. Es wird als zu riskant und privat betrachtet. Wir teilen, was wir tun und sehen, aber immer in einer inszenierten Form. Wir teilen Urteile und Meinungen, aber keine Gedanken. Unser Selbst ist dafür einfach zu beschäftigt. Flexibel, offen, verspielt und sexy sind wir immer in Bewegung, jederzeit bereit, uns zu vernetzen und uns auszudrücken.

Während wir rund um die Uhr sozial sichtbar sind, werden Apparat und Anwendung im Körper verinnerlicht. Das ist eine Umkehrung von Marshall McLuhans Extensionen des Menschen zu einer Inversion des Menschen. Wenn die Technologie erst einmal unsere Sinne verwirrt hat und unter unsere Haut gedrungen ist, bricht die Distanz zusammen und wir verlieren das Gefühl dafür, wie wir Abstände überbrücken. Mit Jean Baudrillard könnten wir von einer Implosion des Sozialen in das Handheld-Gerät sprechen, in dem sich eine nie dagewesene Zusammenballung von Speicherkapazität, Rechenkraft, Software und sozialem Kapital kristallisiert. Gelenkt von unseren autonomen Fingerspitzen, treten die Dinge direkt vor unsere Augen und dringen in unsere Ohren. Das ist, was Michel Serres so an der navigatorischen Plastizität der mobilen Generation bewundert, die Geschmeidigkeit ihrer Gesten, versinnbildlicht in der Geschwindigkeit des Daumens, der sekundenschnell Aktualisierungen sendet, Mini-Konversationen meistert und die Stimmung eines globalen Stamms in einem Moment erfassen kann.

Um im Reich der französischen Referenzen zu bleiben: Die Sozialen Medien als ein Apparat für aufreizendes und ausgelassenes ›aktives Agieren‹ werden so zu einem perfekten Vehikel für die Literatur der Verzweiflung, wie sie etwa in der ausufernden Körperpolitik Michel Houellebecqs zutage tritt. »Unsere Zivilisation leidet an vitaler Erschöpfung.«, schreibt er in *Die Ausweitung der Kampfzone*, »Im Jahrhundert Ludwigs XIV., als der Lebenshunger groß war, legte die offizielle Kultur den Akzent auf die Verleugnung der Lüste und des Fleisches. Sie erinnerte unablässig daran, dass das irdische Leben nur unvollkommene Freuden bieten kann und Gott die einzig wahre Quelle des Glücks sei. Ein solcher Diskurs würde heute nicht mehr akzeptiert. Wir brauchen Abenteuer und Erotik, denn wir müssen uns ständig einreden, das Leben sei wunderbar und erregend.«[10]

---

10 Michel Houellebecq, *Die Ausweitung der Kampfzone*, Wagenbach, Berlin, 1999, S. 32f.

Die Sozialen Medien verfügen über die Qualität der Selbst-Evidenz. Die Illusion, mit der sich der Nutzer umgibt, wenn er durch die Updates der Sozialen Medien wischt und tippt, fühlt sich schon im ersten Moment natürlich und selbstverständlich an. Es gibt keine steilen Lernkurven oder einen Übergangsritus, wir müssen nicht Blut, Schweiß und Tränen vergießen, um in die soziale Hierarchie einzutreten. Vom ersten Tag an fühlen wir uns in der Netzwerk-Konfiguration zuhause. Es ist, als ob WhatsApp, QQ oder Telegram immer schon dagewesen wären. Genau diese sofortige Vertrautheit wird später aber auch zur Hauptquelle des Unbehagens. Wir spielen nicht mehr, wie in den guten alten Tagen von Lambda MOO oder Second Life. Intuitiv spüren wir, dass Social Media eine Arena des Kampfes ist, in der wir unseren Erfahrungsreichtum (›Experientialism‹)[11] zur Schau stellen, es immer auch um Hierarchien geht und Profilmerkmale wie Geschlecht, Rasse, Alter und Klasse nicht bloße ›Daten‹ sind, sondern entscheidende Maßeinheiten in der sozialen Schichtung

Die Gemeinschaft der Sozialen Medien, in die wir so leicht hineingleiten (und die wir im Moment des Ausloggens wieder hinter uns lassen), mag etwas Imaginäres beinhalten, aber sie ist kein Fake. Die Plattform ist kein Simulakrum des Sozialen, Social Media keine »Maskierung« der Wirklichkeit. Ebenso wenig sind ihre Software und Interfaces ironisch, vielschichtig oder komplex. In diesem Sinne sind die Sozialen Medien nicht mehr (oder noch nicht) postmodern. Ihre Paradoxien haben nichts Spielerisches. Die Anwendungen erscheinen uns nicht absurd oder gar dadaistisch. Sie sind selbstevident, funktional, sogar etwas langweilig. Die performative Gestaltung der Schnittstellen ist nicht das Verführerische an ihnen (Performativität scheint dagegen eher die Hauptattraktion der Virtual Reality zu sein, die 25 Jahre nach ihrem ersten Auftauchen in ihre zweite Hype-Phase eingetreten ist). Nein, was uns anzieht, ist das Soziale, der nie endende Flow.

Netzwerke sind nicht einfach Orte des Wettstreits zwischen konkurrierenden sozialen Kräften. Das wäre eine viel zu idealisierende An-

11 Der Begriff wurde von James Wallman in seinem Buch *Stuffocation, Living More With Less*, Penguin Books, London, 2015, eingeführt.

sicht. Das spezielle Problem dieser Betrachtungsweise ist ihre Vorstellung der ›Inszenierung‹. Plattformen sind keine Bühnen; sie sammeln und verknüpfen (multimediale) Daten, doch fehlt ihnen das (kuratorische) Element der menschlichen Arbeit. Deshalb gibt es in den Sozialen Medien auch keine Medien. Die Plattformen arbeiten auf der Basis ihrer Software – automatisierter Abläufe, Algorithmen und Filter – nicht mithilfe großer Belegschaften von Editoren und Designern. Die geringe Mitarbeiterzahl gehört zu ihrem Wesenskern und deshalb sind die ganzen Debatten um Rassismus, Antisemitismus oder Djihadismus auch so aussichtslos. Inzwischen stellen die Social-Media-Plattformen, von der Politik dazu gezwungen, massenweise Editoren (›Cleaner‹) ein, die die Kommunikation auf ganz traditionelle Weise überwachen und vermeintlich längst vergangene Ideologien, die nicht von alleine verschwinden wollen, herausfiltern (mehr über Plattformen in Kapitel 5).

Während Gadgets wie Smartphones und Kameras eine (allerdings Hype-gesteuerte und deshalb letztlich begrenzte) Fetischqualität haben, können die sozialen Netzwerke einen solchen Stellenwert für sich nicht reklamieren. Das Netzwerk ist vielmehr ökologisch geworden im Sinne von Sloterdijks Theorie der Sphären. Es umgibt uns wie Luft. Eine *Lebenswelt*, eine (Filter-)Blase, eine unsichtbare Kuppel, ähnlich dem Kosmos des Mittelalters oder unseren Bildern von Marskolonien. Alle alten Vorstellungen gelten und haben ihre Berechtigung, von Platons Höhle bis zu Leibniz‘ geschlossener Monade. Man kann jedes Narrativ wählen; es passt auf unsere Social-Media-Realität. Auch das der ›Ideologie‹. Die Schichten der heutigen Kosmologie bestehen jedoch aus Dating-Apps, Fußball-Portalen, Softwareforen, Videospielen und TV-Anbietern wie Netflix, die alle wieder über Suchmaschinen, Nachrichtenportale und Soziale Medien miteinander verwoben sind. Wie bei Luft kann es ganz schön schwierig sein, die Existenz dieser allgegenwärtigen Umgebung nachzuweisen. Aber wenn die Ideologie einmal ihre hässliche Seite zeigt, dann beginnt auch die Therapie, arbeitet sich durch das Unbewusste, Paradoxa beginnen auseinanderzufallen und die Ideologie entwirrt sich.

Als Wendy Chun 2004 Software als neue Form des sozialen Realismus untersuchte, setzte sie sich mit dem Thema der Metaphern auseinander: »Software und Ideologie ergänzen sich perfekt, denn beide versuchen, die materiellen Wirkungen des Immateriellen zu erfassen und das Immaterielle an sichtbare Anhaltspunkte zu knüpfen. Aus diesem Prozess geht das Immaterielle als ein Gut hervor, als etwas aus sich heraus Gegebenes.« Sich mit den Details zu beschäftigen, scheint weniger wichtig: »Die Nutzer wissen sehr genau, dass ihre Folder und Desktops keine echten Ordner und Schreibtische sind, aber sie behandeln sie so, als ob sie es wären – und nennen sie auch Ordner und Schreibtische. Diese Logik ist laut Slavoj Žižek für die Ideologie zentral.« Man sollte hier festhalten, dass auch die Facebook-Kategorie der ›Freunde‹ zu einer vergleichbaren Metapher geworden ist. Dasselbe kann man mit Sicherheit auch über den Facebook-Newsfeed oder den Betrieb eines YouTube-Kanals sagen.

Was wird geschehen, wenn es einfach zu anstrengend wird, sich mit dem Publikum zu beschäftigen? Wichtiger als die Erscheinungen der Oberfläche zu dekonstruieren, ist laut Chun zu erkennen, dass »eine Ideologie eher in den Handlungen fortdauert als in den Überzeugungen. Die Illusion der Ideologie liegt nicht auf der Ebene des Wissens, sondern vielmehr auf der Ebene des Tuns.« Die Rhetorik der ›Interaktivität‹ vernebelt hier mehr als sie aufdeckt. Die Nutzer operieren mit Schnittstellen, Rechenoperationen und ihren Kontrollmöglichkeiten. Aber diese Oberflächen verdecken die darunterliegende Funktionalität, sodass sie nie genug ›interagieren‹ können, um sie zu verstehen. Die Like-Ökonomie ›hinter‹ unseren smarten Geräten ist dafür innerhalb der Sozialen Medien ein besonders relevantes Beispiel. Was würde passieren, wenn wir enthüllen, dass wir nie an unsere eigenen Likes geglaubt haben? Dass wir dich nie wirklich ›geliked‹ haben?

Stufen wir Bots und ›Like-Ökonomie‹ als das ein, was sie sind: Schlüsselfunktionen des Plattform-Kapitalismus, um hinter dem Rücken der Nutzer eine ökonomische Wertsteigerung zu erzielen. Soziale Medien sind auch keine Sache des Geschmacks oder Lebensstils wie etwa bei einer ›Konsumentenentscheidung‹, sie sind unser technologischer Modus des Sozialen. Im vergangenen Jahrhundert wären wir nie auf den Gedanken gekommen, Briefeschreiben oder Telefonieren als Geschmackssache zu bezeichnen. Es waren ›Kulturtechniken‹, massive Ströme des symbolischen Austauschs. Ebenso verwandelten sich die Sozialen Medien bald nach ihrer Einführung und Installierung von einem Hype und einem reinen Online-Dienst in eine essentielle Infrastruktur, die die sozialen Praktiken in ähnlicher Weise untermauerte wie das frühere Briefeschreiben, Telegrammeschicken und Telefonieren. Es ist genau diese Verbindungsstelle einer ›werdenden Infrastruktur‹, an der wir die Ideologie-Akte (wieder) aufschlagen.

Kapitel 3: Epidemie der Ablenkung – Von der digitalen Utopie zur Entzauberung des technosozialen Raums

»Never get high on your own supply.« Ten Crack Commandments – »Der Andere als Ablenkung: Sartre über Achtsamkeit« Open University Lecture – »Sie hatte nie das Gefühl, irgendwo hinzugehören, außer wenn sie auf ihrem Bett lag und sich vorstellte, ganz woanders zu sein.« Rainbow Rowell – »Diese Inhalte sind nicht für jeden Werbespot geeignet.« – »Vor 15 Jahren war das Internet ein Fluchtort vor der realen Welt. Heute ist die reale Welt ein Fluchtort vor dem Internet.« Noah Smith – »Das Füttern der Plattformen ist verboten« (T-Shirt) – »Meine Worte sind unwichtig und ich genauso, aber trotzdem solltet ihr mir alle zuhören.« Pinterest – »Hör auf zu liken, fang an zu lecken« Eiscreme-Werbung – #ThisIsWhatAnxietyFeelsLike – »Kick that habit, man.« W. Burroughs

Netzwerke sind nicht gerade Vergnügungstempel.[1] Ihre Formen und Gründe erzeugen vielmehr einen wachsenden Unmut: sei es die mutmaßliche Einmischung Russlands in die US-Präsidentschaftswahlen 2016 oder das Geständnis von Facebook-Mitbegründer Sean Parker, dass die Website ihren Nutzern gezielt kurze Reizimpulse gibt, die

1 Zuerst auf deutsch erschienen in *Lettre International* 120, 2018. Eine kürzere englischsprachige Fassung wurde auf Eurozine veröffentlicht: https://www.eurozine.com/distraction-and-its-discontents/. Die vollständige englische Version findet sich hier: http://networkcultures.org/geert/2018/03/27/distraction/

eine »programmierte Abhängigkeit« erzeugen. Parker gab zu: »Es ist eine soziale Bewertungs-Feedback-Schleife [...].Genau das, was ich als Hacker selbst vorschlagen würde, weil man damit eine Schwachstelle in der menschlichen Psychologie ausnutzen kann.«[2] Ähnliches erfahren wir von Justin Rosenstein, Erfinder des Facebook ›Like‹-Buttons, der Snapchat mit Heroin vergleicht. Oder Leah Perlman, die demselben Team angehörte und gesteht, dass sie mit dem ›Like‹-Button und ähnlichen süchtig machenden Rückkopplungsschleifen längst nicht mehr einverstanden ist.[3] Chamath Palihapitiya, ein weiterer ehemaliger Facebook-Manager, sagt heute, dass die Sozialen Medien die Gesellschaft zerreißen, und empfiehlt den Leuten einen »harten Schnitt«.[4] In *Anti-Social Media* schreibt Siva Vaidhyanathan, dass Facebook uns ähnlich anspricht wie eine Tüte Chips. »Es bietet häufige, belanglose Vergnügen. Es spricht unsere kritischen Fähigkeiten selten in der Tiefe an, die eine bewusste Auseinandersetzung mit unserer Erfahrung erfordern würde. Wie leicht loggen wir uns in einem Moment der Langeweile auf Facebook ein, um eine Stunde später aufzuschauen und uns zu fragen, wohin diese Stunde gegangen ist und warum wir sie für eine so unbedeutende, wenn auch nicht unangenehme, Erfahrung verwendet haben.«[5]

Wer fühlte sich beim Lesen solcher Geschichten nicht betrogen? Zynische Vernunft kommt zum Zuge, wenn wir merken, wie wir hinters Licht geführt werden. Die Bildschirme sind nicht das, was sie zu sein scheinen. Mit jedem aufgedeckten ›Behavioral Targeting‹ bestätigen sich unsere Vorbehalte; und während deren Wirkungen sich abzunutzen beginnen, gehen die Marketingabteilungen schon wieder auf die Suche nach den nächsten Formen des Wahrnehmungsmanagements. Wann werden die Sozialen Medien endlich von der Bühne

---

2 https://www.axios.com/sean-parker-unloads-on-facebook-2508036343.html

3 https://www.theguardian.com/technology/2017/oct/05/smartphone-addiction-silicon-valley-dystopia

4 https://www.theverge.com/2017/12/11/16761016/former-facebook-exec-ripping-apart-society

5 Siva Vaidhyanathan, *Anti-Social Media*, Oxford University Press, New York, 2018, S. 35.

der Weltgeschichte verschwinden? Wird es niemals aufhören? Womit wir zur nächsten Frage kommen: Welche greifbaren Folgen hat ein Bewusstwerden der ›organisierten Ablenkung‹ eigentlich? Betrachten wir die Höhen und Tiefen der Social-Media-Erfahrung mal genauer. Wir wissen, dass wir hinweggezogen werden, und lassen es trotzdem jedes Mal wieder zu – das ist Ablenkung 2.0.

Eine ähnliche Unzufriedenheit ist in meiner eigenen Netzkritik-Filterblase zu spüren. Was tun, wenn man von allen Seiten in die Ecke gedrängt wird und sich mit dieser mentalen Unterwerfung arrangieren muss? Welche Rolle spielen Kritik und Alternativen noch, wenn eine solche verzweifelte Situation allgegenwärtig wird? Nehmen wir die Kritiker der Kryptowährungen, die das Gefühl bekommen mussten, beim Bitcoin-Wahn den Kürzeren gezogen zu haben und am Ende mit einem Haufen lausiger Facebook-Freunde festzustecken. Depression ist ein allgemeiner Zustand, ob erkannt oder nicht. Das Internet – ist das jetzt wirklich alles? Die Unzufriedenheit mit der kulturellen Matrix des 21. Jahrhunderts verlagert sich unweigerlich vom Label ›Technologie‹ auf eine politische Ökonomie der Gesellschaft als Ganzer. Stellen wir unsere kollektive Unfähigkeit, die Internetarchitektur zu ändern, in den Kontext der breiteren ›Demokratiemüdigkeit‹ und des Aufstiegs des populistischen Autoritarismus, wie sie 2017 in der Anthologie *Die große Regression* diskutiert wurden.[6] Aber wir müssen uns auch der Kehrseite dieser verständlichen Geste bewusst sein: Kritische Analysen enden oft, ohne es zu wollen, in einem moralischen Urteil. Sollten wir nicht besser die unangenehme Frage stellen, warum überhaupt so viele in den Abgrund der Sozialen Medien gelockt wurden? Liegt es vielleicht an der

---

6 Heinrich Geiselberger (Hg.), *Die große Regression*, Suhrkamp, Berlin 2017. Der erste Essay, von Arjun Apadurai, trägt den Titel »Demokratiemüdigkeit« und der Ausdruck »große Regression« spielt auf die seit den 1980er Jahren wachsenden Einkommensunterschiede im Westen an (https://en.wikipedia.org/wiki/Great_Regression). Die Anthologie geht auf eine Initiative des Suhrkamp-Lektors Heinrich Geiselberger zurück, der damit eine breite Antwort auf Trump, Brexit und den Aufstieg des Rechtspopulismus in Europa präsentieren wollte. Das Buch ist in 14 Sprachen übersetzt worden *(www.diegrosseregression.de/)*.

»Desorganisation des Willens«, von der Eva Illouz in ihrer Studie *Warum Liebe weh tut* sprach?[7] Viele verteidigen den Nutzen von Facebook, WhatsApp und Instagram, während sie zu Mark Zuckerbergs moralischer Kontrolle gleichzeitig ihr Unbehagen äußern; eine Zwiespältigkeit, hinter der sich eine allgemein spürbare Unfähigkeit zu wirklichen Lebensentscheidungen verbirgt. Illouz beschreibt dies als »coole Ambivalenz«, eine neue Architektur der Wahl, in der sich rationale und emotionale Gesichtspunkte vermischen und in eine Krise des Bekenntnisses zum Partner münden, deren Muster sich auch in der Debatte über die Sozialen Medien wiederfindet. Einige der traurigsten Lieder handeln von Geliebten, die einen genau dann verlassen, wenn man sie am meisten braucht. Und in der Social-Media-Debatte sehen wir genau das: Ich möchte weggehen, aber ich kann nicht; es passiert zu viel, aber es ist langweilig; es ist nützlich, aber auch abstoßend. Wenn wir wagen, uns dies einzugestehen, füllen sich unsere Süchte in der Aussicht auf ein vom Strom abgekoppeltes Leben mit Leere. Ich will das alles löschen, aber nicht jetzt.

Die Metapher unserer Zeit heißt Dopamin. Dieser Neurotransmitter verkörpert die beschleunigten Aufwärtszyklen unserer Stimmung, das euphorische Hoch, dem unvermeidlich der Zusammenbruch folgt. Der Fluss der Sozialen Medien wechselt zwischen überschäumenden Erwartungen und langanhaltenden Phasen der Erstarrung. Die soziale Mobilität ist von ähnlichen Schwankungen geprägt. Wir stolpern vom Glück ins Pech und umgekehrt. Das Leben geht so seinen Weg, bis man plötzlich in der Erpressungsfalle sitzt, das Gerät von Ransomware gekapert. Von intensiven Erfahrungen kollektiver Arbeitszufriedenheit, wenn wir überhaupt je das Glück haben, laufen wir geradewegs in lange, bleierne Zeiten der beruflichen Unsicherheit hinein. Unser vernetztes Leben ist eine Geschichte von Wachstumsschüben und anschließenden Stagnationsphasen, in denen es keinen Nutzen bringt, weiter miteinander verbunden zu sein. Ständige psychologische Bestärkung lässt einen süchtig bleiben. Das Ergebnis ist, dass wir innerlich tot sind. Wir fühlen uns besiegt, überwältigt, gestresst, ängstlich, nervös, dumm,

---

7 Eva Illouz, *Warum Liebe weh tut: Eine soziologische Erklärung*, Suhrkamp, Berlin 2011.

albern, nutzlos.[8] Stimmungsschwankungen sind vorprogrammiert – morgens geht's stetig nach oben, gefolgt von einem parabolischen Absturz am Nachmittag.

Nennen wir es soziales Staubsaugen – wir werden wieder eingesaugt, motiviert durch die Aussicht auf verbesserte Bedingungen, die doch nie eintreten. Die Social-Media-Architekturen sperren uns ein und legitimieren sich durch den Netzwerk-Effekt, dass jeder dabei ist – oder wir das zumindest glauben. Die vor einem Jahrzehnt noch vorhandene Gewissheit, dass Nutzer wie Schwärme agieren und sich frei von einer Plattform zur nächsten bewegen, hat sich als Irrtum erwiesen. Sich loszulösen erscheint schlicht aussichtslos. Über das Treiben unserer Ex-Partner wollen wir noch genauso Bescheid wissen wie über die Event-Kalender oder sozialen Konflikte der alten und neuen Stämme. Man mag sich entfreunden, abmelden, ausloggen oder einzelne Belästiger sperren, aber am Ende siegen die Tricks, mit denen sie uns wieder in das System zurückholen. Blockieren und Löschen wird als Akt der Selbstliebe betrachtet, als Selbstschutzmechanismus, um nicht wieder abhängig zu werden. Doch die Idee, die Sozialen Medien vollständig zu verlassen, liegt jenseits unserer Vorstellungskraft.

Unser Unbehagen gegenüber ›dem Sozialen‹ beginnt wehzutun. In letzter Zeit scheint das Leben uns zu überwältigen. Wir verstummen, kehren jedoch binnen kurzem wieder zurück. Die Tatsache, dass es weder einen Ausgang noch eine Fluchtmöglichkeit gibt, führt zu Angstzuständen, Burnout und Depressionen. In seiner *Kleinen Philosophie der Digitalen Enthaltsamkeit* berichtet der niederländische Schriftsteller Hans Schnitzler von den befreienden Entzugssymptomen, die seine Studenten an der Amsterdamer Bildung Academie erleben, wenn sie die magische Erfahrung eines Parkspaziergangs ohne Instagram-Schnappschüsse machen.[9] Gleichzeitig führen solche

8 https://www.news.com.au/technology/online/social/leaked-document-reveals-facebook-conducted-research-to-target-emotionally-vulnerable-and-insecure-youth/news-story/d256f850be6b1c8a21aec6e32dae16fd

9 Hans Schnitzler, *Kleine filosofie van de digitale onthouding*, De Bezige Bij, Amsterdam, 2017.

New-Age-»School of Life«-Antworten auf die digitale Überlastung zu wachsender Verärgerung. Internet-Kritiker, die sich über den instrumentellen Einsatz der Verhaltensforschung zur Manipulation der Nutzer empören, müssen feststellen, dass ihre Mahnungen in Empfehlungen umgemünzt werden, Selbstbeherrschungskurse zur digitalen Entgiftung zu belegen. Das im Stil der *Anonymen Alkoholiker* abgelegte Geständnis, sich immer wieder ablenken zu lassen, bleibt folgenlos. Wie entkommen wir der ›Salienz‹-Falle? Kann man mit einer Verringerung der an elektronischen Geräten verbrachten Zeit um zehn Prozent zufrieden sein? Wie lange dauert es, bis sich die Wirkung verbraucht hat? Sehnst du dich nicht auch nach diesem beruhigenden Gefühl, eingewickelt zu werden, die ganze Unruhe von dir abfallen zu lassen? Die wohlmeinenden Selbsthilfe-Ratschläge werden selbst zu einem Teil des Problems und spiegeln lediglich die Flut von Applikationen wider, ›eine bessere Version von dir‹ zu kreieren.[10] Wir sollten lieber Wege finden, die Situation zu politisieren. Ein kritischer Plattformansatz müsste vor allem jede Lösung vermeiden, die von der Sucht-Metapher ausgeht: Die Online-Milliarden sind nicht krank und ich bin auch kein Patient.[11] Das Problem ist nicht unser Mangel an Willenskraft, sondern unsere kollektive Unfähigkeit, Veränderungen durchzusetzen.

Wir stehen vor einer Wiederkehr der gesellschaftlichen Aufteilung in oben und unten, mit einer Offline-Elite, die ihre Online-Präsenz an persönliche Assistenten delegiert hat, während die verzweifelten 99 %, die ohne Rund-um-die-Uhr-Zugang nicht mehr überleben können, sich mit langen Pendlerstrecken und multiplen Beschäftigungsverhältnissen abmühen, unter permanentem sozialen Druck stehen und zusehen müssen, wie sie ihre komplizierten sexuellen Beziehungen, ihre Freunde und Verwandten und den Lärm auf allen Kanälen irgendwie unter einen Hut bringen.

Eine weitere regressive Tendenz ist die ›televisuelle Wende‹ der Web-Erfahrung infolge des plattformübergreifenden Aufstiegs der

---

10 Name einer ›Technologiemesse‹ in Seoul: *www.artsonje.org/en/abetterversionofyou/*

11 Ein Beispiel aus der Kunstwelt wäre die Londoner Ausstellung *Are We All Addicts Now?* bei Furtherfield: *https://www.furtherfield.org/events/are-we-all-addicts-now/*

Online-Videos, der Wiedererweckung klassischer Fernsehkanäle auf Internet-Geräten und dem Siegeszug von Diensten à la Netflix. In einem Reddit *Shower Thought* klingt es so: »Internet-Surfen ist heute, was früher Fernsehen war, einfach durch eine Handvoll Websites zappen und schauen, was es Neues gibt.«[12] Dass die Sozialen Medien zum neuen Fernsehen werden, gehört zur fortschreitenden Erosion der einst gefeierten partizipativen Kultur und der damit einhergehenden Verschiebung von Interaktivität zu Interpassivität[13]. Diese Welt ist riesig, aber leer. Was die Kommentierenden hinterlassen, sind die sichtbaren Spuren einer kollektiven Empörung. Wir lesen, was die Trolle zu sagen haben, und wischen den verbalen Dreck angewidert weg.

Zu den ungeplanten Folgen der Nutzung sozialer Medien gehört eine wachsende Unlust, sich unmittelbar auf verbaler Ebene auszutauschen. So beklagt James Fisher in seinem Blogbeitrag »I hate telephones« die Dysfunktionalität von Call-Centern und bezeichnet alle ›synchrone‹ Telekommunikation als ineffizient: »Asynchrone Textkommunikation ist die Form, in der man heute fernkommuniziert. Und das wird auch so bleiben.«[14] Fisher sieht in der Eliminierung des Telefons auch die Eliminierung eines großen Markts. Sie ist Teil einer stillen Revolution. Es gibt keine Auflehnung gegen das Telefon – die wirksams-

---

12 *https://www.reddit.com/r/Showerthoughts/comments/7dki8w/surfing_the_web_has_become_like_watching_tv_back/*

13 Ich verwende den Begriff hier, etwas abweichend von Robert Pfaller, der Interpassivität als »delegiertes Genießen« definiert hat, in einem medientechnologischen Sinne. In meiner Definition steht Interpassivität für den dialektischen Rückschritt in die »e-Regression« nach der visuellen Wende des Webs. Chronologisch kann der in die Soziale Medienökologie eingebaute Algo-Empfehlungsmodus des Betrachtens, Browsens und Wischens als Wiedereinführung des passiven Konsums einer begrenzten Zahl von Kanälen in der Nachkriegsperiode angesehen werden, während sich zwischenzeitlich, im Zeitalter von Kabel- und Satellitenfernsehen, ein aktives Fernsehschauen (wie in den Cultural Studies analysiert) und in den 1990er Jahren (das neue Medienzeitalter) die Interaktivitäts-Ermächtigung des Nutzers entwickelt hatten. Siehe: Robert Pfaller, *On the Pleasure Principle in Culture, Illusions Without Owners*, Verso, London 2014, S. 18.

14 *https://jameshfisher.com/2017/11/08/i-hate-telephones*

te Methode, das Medium zu sabotieren, besteht einfach darin, keine Anrufe mehr anzunehmen. Und für Teenager bedeuten Anrufe heute Stress. Beim Besuch einer Fachhochschule für Medien in Amsterdam erfuhr ich, dass dort vor kurzem eine ›Kommunikationsklasse‹ für Digital Natives eingerichtet worden war, nachdem sich Firmen darüber beschwert hatten, dass ihre Praktikanten nicht mehr in der Lage seien, mit Kunden zu telefonieren. In Einklang mit den Erkenntnissen Sherry Turkles[15] unterweist der Kurs die Studenten nun darin, wie man am Telefon und im echten Leben ein Gespräch führt.

Bei einem Dialog, ob telefonisch oder nebeneinandersitzend im Café, gehen wir den ›hermeneutischen‹ Weg und breiten die Konversation aus. Darin liegt die Kunst der Interpretation, wir lassen uns auf die Auslegung einer Situation, eines Postings oder einer Episode ein. Es ist eine ausgedehnte semiotische Landschaft, in der Bedeutung nichts Verpflichtendes hat. Vielmehr geht es gerade um das Verzichten auf Entscheidungen und um Sondierungen im Raum des Möglichen. Während wir fragen, erklären, unterbrechen und versuchen, die Bedeutungen des Zögerns und der Körpergesten unseres Gesprächspartners zu erraten, vergessen wir die Zeit. Eine solche weitgespannte Erfahrung ist das genaue Gegenteil der Komprimierungstechnik, die in der verdichteten Form der Meme sichtbar wird. Deren visuelle Botschaften verdichten komplexe Probleme zu einem Bild und bringen sie gleichzeitig auf eine ironische Ebene, mit dem klaren Ziel, eine Nachricht zu verbreiten, die in Sekundenbruchteilen erfasst werden kann, bevor sie wieder weggewischt wird, um zum nächsten Beitrag zu springen. Meme betteln darum, gelikt und geteilt zu werden und machen die Ablenkung sichtbar, wie zum Beispiel beim Mem vom ›abgelenkten Boyfriend‹[16].

»Bitte komm auf mich zu, überrasche mich.« Doch egal wie perfekt die Technologie ist, der reibungslose und schnelle Austausch bleibt die Ausnahme, wenn wir auf die harte Realität des Anderen treffen. In dem

---

15 Sherry Turkle, *Reclaiming Conversation, The Power of Talk in a Digital Age*, Penguin, London 2015.

16 *http://knowyourmeme.com/memes/distracted-boyfriend*

Moment, in dem jemandem eine Textnachricht zugeschickt wird, wird eine zurückerwartet. Dieser sich hinziehende und schmerzhafte Moment der Vorerwartung auf die Antwort nennt sich auch ›Texpectation‹. Der elektronische Geist des Anderen sucht uns heim, bis er schließlich auf dem Display erscheint.[17] »Jedes Mal, wenn mein Telefon vibriert, hoffe ich, dass du es bist.« Roland Barthes beobachtete, dass »jemanden warten zu lassen das ständige Vorrecht aller Macht« ist. Immer bin ich es. »Er, der andere, wartet nie. Manchmal möchte ich den Nicht-Wartenden spielen. Ich versuche mich anderweitig zu beschäftigen, zu spät zu kommen; aber bei diesem Spiel verliere ich immer; was ich auch tue, ich finde mich müßig, ich komme rechtzeitig, ja sogar zu früh. Die fatale Identität des Liebenden liegt genau darin: Ich bin derjenige, der wartet.«[18] In den dunklen Tagen nach der ersten Erregung können die Sozialen Medien die Leere nicht mehr füllen. In diesen Stadien des Liebesentzugs fühlt man sich matt, wie ein Versager, emotional ausgelaugt. Manche werden schnell wütend und entwickeln eine wachsende soziale Angst. Und wenn die Stimmungsaufheller nicht mehr funktionieren und du dich tagsüber nicht mehr ordentlich anziehst, weißt du, dass du eingesaugt worden bist.

Die wischenden Finger helfen dabei, den Geist woandershin zu tragen. Das Smartphone zu checken ist die heutige Art des Tagträumens. Ohne uns unserer kurzen Abwesenheit bewusst zu sein, genießen wir das Gefühl der Fernpräsenz. Wir erinnern uns daran, wie es ist, zu fühlen. Doch beim Überprüfen der Statusaktualisierungen bewegt sich unser Bewusstsein nicht weg, sondern die Bewegung kehrt sich um, und der Andere tritt ohne Vorankündigung in unsere Welt ein. Das Smartphone in jedem ungenutzten Moment herauszuholen, um einen kurzen Impuls zu empfangen, lässt die Angst nicht verschwinden. Die Abstecher in die Sozialen Medien können wie Tagträume als »kurzzeitige Loslösung einer Person von ihrer unmittelbaren Umgebung, während

17 Siehe auch das verwandte Thema der Lesebestätigungen: https://www.dailydot.com/irl/swipe-this-read-receipts/.

18 Roland Barthes, *Fragmente einer Sprache der Liebe*, Frankfurt a.M. 1984, Suhrkamp, S. 100.

derer ihr Kontakt mit der Realität verschwimmt,«[19] beschrieben werden. Der zweite Teil dieser Wikipedia-Definition passt jedoch nicht. Tun wir so, als seien wir woanders, wenn wir im Aufzug schnell durch unsere Nachrichten wischen? Kurze Social-Media-Scans mögen zwar eine Flucht aus der gegenwärtigen Realität sein, aber wir können kaum behaupten, dass man sich damit in eine Phantasiewelt zurückziehen will. Wir überfliegen die Aktualisierungen und neuen Nachrichten aus dem gleichen Grund, aus dem wir tagträumen – um unsere Langeweile zu vertreiben.

Sollten wir mit Sigmund Freud die Nutzung der Sozialen Medien als Ausdruck verdrängter Instinkte betrachten? Oder Soziale Medien lieber als Ströme digitaler Zeichen lesen, die wir von verstreuten Stammesmitgliedern erhalten? Muss die Psyche enge soziale Bindungen neu verknüpfen und so in einem Zeitalter ausgedünnter Netzwerke das Gefühl der Verwandtschaft wiederherstellen? Die Sozialen Medien machen den verlorenen Stamm wieder lebendig. Wir bringen die, denen wir uns nahe fühlen, auf unseren Geräten wieder zusammen. Können wir die Online-Version des Sozialen als eine ›sekundäre Bearbeitung‹[20] beschreiben, eine Art Verarbeitung aller komplexen Vorgänge unseres ausgelasteten Alltags? Das könnte uns vielleicht der Überwindung dessen näherbringen, was Nathan Jurgenson als ›digitalen Dualismus‹ versteht: das Reale und das Virtuelle nicht mehr als getrennte Sphären, sondern als hoch integrierte, hybride Erfahrung. Könnten wir die dichten Social-Media-Aktivitäten in Cafés, auf der Straße, in Zügen, in der Küche oder im Bett als eine andere Form des Bewusstseins lesen, das diesmal von der Außenwelt gespeist wird? Wir wünschen uns, woanders zu sein. Entgegen den weitverbreiteten Forderungen nach mehr körperlicher und spiritueller Präsenz würde eine solche Betrachtungsweise der Sozialen Medien die Massenobsession umdefinieren als eine

19 *https://en.wikipedia.org/wiki/Daydream*

20 Freud nennt als eine Funktion der Traumarbeit die ›sekundäre Bearbeitung‹, die den Motiven nachträglich einen narrativen Zusammenhalt gibt. So erhält der Traum eine verständliche Bedeutung. Sigmund Freud, *Die Traumdeutung*, Frankfurt a.M. 1989, S. Fischer.

Invasion des Anderswo, als eine Telepräsenz in einer unsichtbaren äußeren Sphäre, die wir auch ›Techno-Telepathie‹ nennen könnten.

Gib deinen Neid zu: Andere haben bereichernde Erfahrungen, von denen du abgeschnitten bist. Es ist die Angst davor, übergangen zu werden, die zum permanenten Verlangen nach Austausch mit den anderen und der Welt führt. Dieses Gefühl der Eifersucht ist die Kehrseite des Wunsches, zum Stamm zu gehören, Partys zu feiern, Körper an Körper. Sie tanzen und trinken, während du draußen bist, mit dir allein, im Kalten. Noch ein anderer Aspekt kommt dazu: der Online-Voyeurismus, die distanzierte Form der Peer-to-Peer-Überwachungskultur, in der direkte Interaktion sorgfältig vermieden wird. Online beobachten wir und werden wir beobachtet. Erfüllt von einem falschen Gefühl der Vertrautheit mit dem Anderen, sind wir aber auch schnell gelangweilt und haben den Drang, weiterzuziehen. Obwohl wir uns unserer historischen Verpflichtung, etwas beizutragen, hochzuladen und zu kommentieren, noch bewusst sind, sieht die Realität anders aus. Wir sind wieder zurück in den Fängen der Nachrichtenvermarkter und professionellen Influencer: Nur wenige wissen, wie sie Aufmerksamkeit zu ihrem Vorteil nutzen.

Wenn Anwendungen nicht mehr neu sind, werden sie zur Gewohnheit. Das ist der Moment, in dem die Geeks, Aktivisten und Künstler die Szene verlassen und ihr Platz von Eltern, Psychologen, Datenanalysten und Marketingexperten übernommen wird. In *Updating to Remain the Same* argumentiert Wendy Chun, dass »die Medien dann am einflussreichsten sind, wenn sie überhaupt keinen Einfluss zu haben scheinen, das heißt, wenn sie vom Neuen zum Gewohnten übergegangen sind«[21]. Chun beschreibt Gewohnheiten als seltsame, widersprüchliche Dinge, sowohl unflexibel als auch kreativ. In einem Universum, das durch Veränderung bestimmt wird, schaffen Gewohnheiten Stabilität. Ihre regelmäßige Wiederholung gilt nicht als etwas Schlechtes. »Eine Gewohnheit wird im Gegensatz zum Instinkt erlernt, kultiviert: Bei den Stärksten der Welt ist sie ein Beweis für Kultur.«[22] Chun zufolge ist Gewohn-

21 Wendy Chun, *Updating to Remain the Same*, MIT Press, Cambridge (Mass.) 2017, S. 1.
22 Ebd., S. 6.

heit ein so zeitgemäßer Ansatz, weil »der Neoliberalismus Ermächtigung und ehrenamtliches Engagement betont«[23]. Paradoxerweise zerstört dessen Politik der Privatisierung aber auch die Privatsphäre und führt dazu, dass Internetnutzer ihr Inneres nach außen kehren, als private Subjekte, die öffentlich ausgestellt werden.

Egal, wie man es nennt, ›habituelle Medien‹ profitieren vom Wunsch nach Anti-Erfahrung und dem Teilen von Informationen mit der eigenen Filterblase (was Chun mit dem Begriff ›Homophilie‹ beschreibt). Abgekoppelt vom Neuigkeitswert des radikal Anderen, halten die Sozialen Medien den Wunsch nach einer beherrschbaren, gezügelten Verschiedenheit aufrecht – einer Verschiedenheit, die bereits entwaffnet wurde. Genauso vollzieht es sich auch auf der zwischenmenschlichen Ebene. In seinem Essay *Anaesthetic Ideology* konstatiert Mark Greif eine Krise der Erfahrung: »Erfahrung wird schrill, grell, aufdringlich. Sie ist keine Belohnung mehr, trotzdem suchen alle nach ihr. Sie ist eine Geißel. Alles, was man sich wünscht, ist irgendein Mittel, um das Gefühl abzuschwächen.«[24] Wenn Freunde uns emotional zu sehr in Anspruch nehmen, werden wir überaus distanziert und bewerten unsere Abwehrmechanismen auch als positiv. Sobald uns etwas gleichgültig geworden und das Melodrama vorbei ist, schauen wir nur noch kurz drüber, ›liken‹ es und wischen weiter. Soziale Angst nutzt sich ab und verflacht in eine Stimmung der Indifferenz, in der die Welt sich immer noch weiterbewegt, aber in einem Zustand der Empfindungslosigkeit. Wenn die Welt bedeutungsleer geworden ist, sind wir ohne Umstände auch bereit, Erfahrungen an Freunde zu delegieren. Keine harten Gefühle. Die Distanz wächst und das Gefühl der Eifersucht verschwindet in den Hintergrund.

Der niederländische Technologiekritiker Tijmen Schep hat eine Website eingerichtet, um den Begriff ›soziale Abkühlung‹ (*Social Cooling*) zu beleuchten, der die langfristigen Folgen des Lebens in einer Reputationsökonomie zu erfassen versucht. Abkühlung beschreibt die einfache Erfahrung, dass man sein Verhalten ändert, wenn man

---

23 Ebd., S. 12.

24 Mark Greif, *Against Everything, On Dishonest Times*, Verso, London 2016, S. 225.

sich beobachtet fühlt. »Die Menschen beginnen festzustellen, dass ihr ›digitaler Ruf‹ ihre Möglichkeiten einschränken könnte.«[25] Das Ergebnis ist eine Kultur der Konformität, Risikoaversion und sozialen Härte. Diese Logik zu bekämpfen kann nur darauf hinauslaufen, die Algorithmen auszuschalten und die Datenerfassung zu kriminalisieren. Erst wenn die Datenanalysedienste nicht mehr nutzbar sind, wird es eine Chance geben, solche Kulturtechniken und ihre schrecklichen Langzeitfolgen kollektiv zu ›vergessen‹. Seine Schlussfolgerung: »Daten sind nicht das neue Gold. Daten sind das neue Öl. Sie schädigen die soziale Umwelt.« In einer ähnlichen Richtung argumentiert ein aktuelles *Data-Prevention*-Manifest: Es reicht nicht, die Privatsphäre durch Regulierung zu ›schützen‹. Sowohl Datengenerierung als auch -erfassung müssen schlicht unterbunden werden.[26] Für Schep bedeutet Privatsphäre das Recht, unvollkommen zu sein. Wir müssen für die Freiheit gestalten, eine Freiheit, die sich dem technologischen Druck, ein berechenbares Leben zu führen, aktiv widersetzt. Wenn das nicht geschieht, werden wir möglicherweise irgendwann von einem sozialen Kreditsystem beherrscht. Willkommen in der *Minority-Report*-Gesellschaft, in der die Verbrechensvorbeugung bereits so sehr verinnerlicht ist, dass Vorhersagen gar nicht mehr benötigt werden.

Erinnert sich jemand an *Her*? In diesem Film von 2013 verliebt sich der Protagonist, ein Mann in der Midlife-Crisis, in eine weibliche KI namens Samantha. Was hier erschreckt, ist nicht die mutmaßliche rechnerische Perfektion der weiblichen Kunstfigur oder die unverblümte Darstellung von Telefonsex mit Robotern, sondern die introvertierte Konformität, die mit dem grassierenden Auftreten von persönlichen KI-Freundschaften einhergeht. Wenn sich die Aufmerksamkeit der Massen einmal nach innen gekehrt hat und zur Routine geworden ist, warum soll man sich dann noch mit seinem Aussehen befassen? Das ist allerdings nicht gerade der Trend, den wir in der Social-Media-Kultur beobachten. Der Film ist sowohl eine moralische Warnung vor narzisstischer Einsamkeit als auch eine tröstende, ›seelenvolle‹ Geschichte

---

25 https://www.socialcooling.com/, siehe auchhttps://www.socialcooling.de/
26 *The Data Prevention Manifesto* by the Plumbing Birds: http://dataprevention.net/

über Maschinen, die uns beim schwierigen Übergang von einer Beziehung zur nächsten helfen. Besonders auffällig sind die einheitlichen, plumpen, geekigen Klamotten, die jeder trägt. Jonze, der Regisseur, sagt dazu: »Hast du jemals High-Waist-Hosen getragen? Als wir die Garderobe anpassten, probierte ich sie mal an, und es war irgendwie: ›Oh, die fühlen sich aber gut an!‹ Es ist, wie umarmt zu werden.« Die schlichte, zeitlose Mode der 1940er Jahre gibt uns ein Gefühl von Vertrautheit und Behaglichkeit. »Wenn man Dinge hinzufügt, die nicht aus dieser Zeit stammen, merkt man es sofort und es ist sehr irritierend«, räumt der Kostümbildner des Films ein. Jeder trägt diese großen klobigen Taschen. Im *Retro-Future*-Szenario von *Her* haben wir uns an ein einheitliches Leben angepasst und scheuen die Vielfalt. Wie auch bei der heutigen Nutzung der Sozialen Medien können wir nicht behaupten, dass die Figuren von *Her* geistesabwesend seien. Aber die ›künstliche Innerlichkeit‹, in der sie leben, ihre strukturelle Unaufmerksamkeit gegenüber äußeren Dingen schützt sie vor dem Kontakt mit der Außenwelt, genau wie die unschuldigen *Hello-Kitty*-Kleider, die seit Jahrzehnten die Straßen der asiatischen Metropolen beherrschen. Ihr positives Bekenntnis gibt *Her* einen dystopischen Beigeschmack.

In ihrem Buch *Verteilte Aufmerksamkeit. Eine Mediengeschichte der Zerstreuung* verhilft uns die Medienhistorikerin Petra Löffler zu einem in diesem Zusammenhang wichtigen Perspektivwechsel.[27] Sich auf Schriften Walter Benjamins und Siegfried Krakauers beziehend, legt sie dar, dass Zerstreuung ursprünglich als ein Recht verstanden und von der frühen Arbeiterbewegung verlangt wurde. Die Eintönigkeit der Fabrikarbeit sollte durch Unterhaltung kompensiert werden. Unterstützt wurde diese Nachfrage nach Freizeitgestaltung durch Technologien und Ereignisse wie Panoramabilder, Weltausstellungen, Kaleidoskop und Stereoskop sowie schließlich das Kino – und eine

---

27 Petra Löffler, *Verteilte Aufmerksamkeit, Eine Mediengeschichte der Zerstreuung*, Diaphanes, Zürich-Berlin 2014. Eine Zusammenfassung des Buchs und ein Interview, das ich mit der Autorin führte, gibt es unter: https://necsus-ejms.org/the-aesthetics-of-dispersed-attention-an-interview-with-german-media-theorist-petra-loffler/

Großstadtkultur entstand, die in der Gestalt des Gaffers ihren Ausdruck fand. Mit dem Aufkommen der Medientechnologien nach dem Zweiten Weltkrieg änderte sich diese Einstellung allerdings langsam und eine Phase der Desorientierung setzte ein.[28] Da wir Ablenkung und Unterhaltung voneinander getrennt haben, können wir das Smartphone nicht mehr als notwendiges Spielzeug zur Reproduktion der Arbeitskraft betrachten.[29] Zu welchem Preis? Statt das digitale Tagträumen zu überwachen, sollten wir lieber auf das Pferd setzen, das sich »Langeweile« nennt. Irgendwann wird das Silicon Valley seinen Kampf um die Aufmerksamkeit verlieren und sein werbungsabhängiges Geschäftsmodell wird unweigerlich abrutschen. An dem Punkt sind wir aber noch nicht. Seine Strategien der Verhaltensoptimierung und Überraschung funktionieren noch.

Facebook fasziniert. Loefflers Rückblick in die Vergangenheit könnte uns helfen, den Moralismus abzuschütteln, der den Ablenkungsdiskurs begleitet, und stattdessen zu fragen, was genau uns immer tiefer in diese Netzwerke hineinzieht. Untersuchen wir, so wie Roland Barthes in der Fotografie[30], was in den Sozialen Medien das ›Punktum‹ ist. Wie ließe sich das entscheidende Element identifizieren und analysieren, das einen quält und gleichzeitig anzieht, das hervorsticht, das ungewöhnliche Detail, nach dem das Auge sucht? Es sind die Möglichkeiten der Unabhängigkeit und Befreiung von der orchestrierten Stimulation und die unwahrscheinlichen Informationen, die uns der Routine entkommen lassen. Die Ironie dabei ist, dass diese unablässige Suche zu einem widersprüchlichen Gefühl der Wiederholung führt. Schon sehnen wir uns nach der nächsten Welle der Disruption – während wir

---

28 Der Untertitel von Bernard Stieglers *Technics and Time 2* lautet *Disorientation* (Stanford University Press, Stanford 2009). Stiegler weist auf die doppelte Bewegung hin, die hier im Spiel ist: Desorientierung sowohl als Orientierungsverlust, der sich überall ausbreitet, als auch als Verlust des ›Orients‹, des imaginären Orts des Andersseins (S. 65).

29 Rob Horning: »Distraction is no longer a relief from tedium but its metronome.« https://thenewinquiry.com/blog/ordinary-boredom/

30 Roland Barthes, *Die helle Kammer: Bemerkungen zur Photographie*, Suhrkamp, Frankfurt a.M. 1985, S. 53.

gleichzeitig merken, dass wir nicht mal dazu fähig sind, unser eigenes Verhalten umzukrempeln. Wir sind in eine Situation geraten, die uns keinen Spielraum lässt, ›die Disruptoren zu disruptieren‹.

Während sich das Unbehagen am Ablenkungsdiskurs weiter ausbreitet, lehnen sich immer mehr gegen die Unterstellung auf, das sei alles nur unser eigenes Problem. Nehmen wir Catherine Labiran, die nicht länger hinnimmt, dass das Sich-um-sich-selbst-Kümmern mit Verwöhnen gleichgesetzt wird, und deutlich macht, dass sie »der Gespräche, die Selbstfürsorge immer mit irgendeiner Form von Meditation in Verbindung bringen, mittlerweile müde« ist.[31] Laut der niederländischen Medienphilosophin Miriam Rasch, meiner geschätzten Kollegin am Institute of Network Cultures, bekämpft die digitale Entgiftung nur die Symptome. »Sie übersieht die Ursachen von fortwährender Ablenkung, Konzentrationsverlust und Burn-out. Ohne Smartphone in die Wälder zu gehen, um den Stress abzubauen, wird einem auf Dauer nicht helfen. Es ist wie die Karotte vor der Nase des Esels: etwas, das dich antreibt, scheinbar aus freiem Willen, während es in Wirklichkeit eine Funktion dessen ist, was Byung-Chul Han Psychopolitik nennt, die nächste Stufe nach Foucaults Biopolitik. Es bedeutet, dass die Psyche in sich selbst Kontrollmechanismen unterworfen ist, die nach Han wiederum neoliberalen Regeln folgen. Die Aufforderung zur Selbstdisziplin, für die der digitale Entzug ein Beispiel ist, ist eine von vielen Strategien des Marktes, in die Psyche einzudringen, um Effizienz, Produktivität und Profit zu steigern.« Nach Ansicht von Rasch ist Ablenkung der erste Schritt in diesem Prozess. »Wenn die Ablenkung bereits so unverhältnismäßig zugenommen hat, dass wir gegen sie protestieren, werden als nächster Schritt Entgiftungsprogramme und andere disziplinierende Strategien vorgeschlagen, die gleichzeitig den Unternehmen helfen, noch mehr Geld zu verdienen.«

Aber Rasch ist nicht gewillt, das Internet aufzugeben. »Neben den negativen ›Symptomen‹ bietet es immer noch viele vorteilhafte Aspekte wie Vergnügen, Freundschaft, Flirten, Wissen und Arbeit. Wir brauchen eine neue Form, mit der Ablenkung umzugehen, die dem ›postdi-

---

31 www.forharriet.com/2017/09/self-care-after-incense-burns-out.html

gitalen‹ Zeitalter entspricht, eine die anerkennt, dass das Internet nicht verschwinden wird – und dass wir das auch nicht wollen. Ich fordere eine Strategie, die sich nicht einfach von den Errungenschaften abwendet und nach innen in Meditation oder Achtsamkeit begibt, sondern sich der postdigitalen Situation frontal stellt, sie einsaugt, sich in ihr herumwälzt und dabei auch noch prächtig gedeiht.«

Wäre es möglich, unsere eigene Ablenkung zu politisieren, fragt Miriam Rasch. »Wir sollten aufhören, uns von den Dingen, die uns ablenken, verfolgen zu lassen. Was in der Welt zieht meine Aufmerksamkeit auf sich? Hör auf das, was deinem Ohr gefällt. Ich würde das ›meine‹ in meine Aufmerksamkeit betonen. Lass dich nicht von etwas einfangen, das Aufmerksamkeit zu erschleichen versucht. Sei deiner Aufmerksamkeit bewusst: genau auf sie haben es die Medienunternehmen abgesehen und indem sie sie suchen, zerstören sie sie. Es ist mir egal, ob etwas online oder offline ist – das ist beides kaum unterscheidbar – wenn mir etwas wichtig ist, achte ich darauf, und mir sind viele Dinge wichtig.«

Der Medienwissenschaftler Michael Dieter widerspricht dem und warnt, es sei zu einfach, Rückzüge in die digitale Entgiftung nur als neoliberale List anzuprangern. In Anlehnung an Peter Sloterdijks *Du mußt dein Leben ändern* stellt er fest, »sogar auf einen kurzzeitigen Abbruch der Verbindung sind die Reaktionen oft sehr extrem. Der Rückzug macht zumindest die Notwendigkeit kollektiver Praktiken und einer veränderten Nutzungsumgebung deutlich; ich bin mir nicht sicher, ob wir nur unseren persönlichen Interessen vertrauen müssen, um die Ablenkung zu bekämpfen. Warum die Dinge nicht mit einer experimentelleren Denkweise angehen? Wir haben keine Erfahrung darin, die mögliche Unreinheit solcher Übungen zu erkennen. In dieser Hinsicht könnte das Postdigitale tatsächlich ein nützliches Konzept sein. Der reine Entzug ist ein riskantes Unterfangen, wie medizinische Experten betonen: Er kann die Impulse oder Gewohnheiten, die wir loswerden wollen, sogar verstärken. Hybride Medienerfahrungen, abwechslungsreiche interdisziplinäre Schulungsformen und Methoden, die dezidiert über den digitalen Bereich hinausblicken, können uns dagegen voranbringen, zusammen mit der Bereitschaft, Krisen als Momente der Klarheit zu erleben.«[32]

Die globale Elite ist in ihrer Haltung zur ›Ablenkungsepidemie‹ hin- und hergerissen, eine Verwirrung, die nachhaltige Auswirkungen auf Bildungsstandards und pädagogische Konzepte hat. Die Mächtigen träumen von totalitären Maßnahmen, um die aktuelle Bildungskrise zu überwinden, die zwei klar voneinander abgegrenzte Modi kombinieren sollen: schnell umschaltende, zerstreute digitale Fertigkeiten und reflektiertes, tiefgehendes Lernen. Es liegt nicht in ihrem Interesse, den hohlen Nutzer zu erschaffen. Wir reden aber nicht nur von ethisch begründeten Zweifeln; das Aufmerksamkeitsproblem rührt an die Kernfrage, wie die globale Wirtschaft zu gestalten ist. Einerseits verspricht eine Studie nach der anderen erhebliche Produktivitätsgewinne, wenn es während der Arbeitszeit keinen Zugang mehr zu den Sozialen Medien gibt. Andererseits profitieren immer mehr Unternehmen gerade von den verschwimmenden Grenzen zwischen Arbeit und Privatleben und den prekären Bedingungen der 24/7-Verfügbarkeit, die permanenten Zugang zur Grundvoraussetzung und Offline-Sein zu einer potentiell gefährlichen Angelegenheit machen. Um es mit Stiegler zu sagen: Die App, die uns am Haken hat, wird uns auch die Freiheit schenken.[33] Sollte die frühere Forderung nach ›Zugang für alle‹ nun zu einem ›Recht auf Abschaltung‹ aktualisiert werden? Können wir über diese Dichotomie hinausgehen?[34] Den existierenden Sozialen Medien fehlt es an Hybris, Stil und Geheimnis. Es ist ihre kleingeistige, schäbige und hinterhältige Mentalität, die attackiert werden muss.

32 Email-Austausch, 12. Dezember 2017.

33 Gerald Moore sagt es so: »Dieselbe Droge, die uns in einer toxischen Umgebung noch weiter vergiftet, kann uns unter anderen Umständen helfen, Visionen für einen Umweltwandel zu entwerfen. Und daraus folgt, dass der Schlüssel für die Therapie sicherlich darin liegt, Pharmakazu entwickeln, die die Konstruktion von Alternativen erleichtern, statt sie zu hemmen.« http://pharmakon.fr/wordpress/on-the-pharmacology-of-the-dopamine-system-fetish-and-sacrifice-in-an-%e2%80%98addictogenic-society%e2%80%99-gerald-moore/

34 Siehe das Interview mit Pepita Hesselberth: http://blogs.cim.warwick.ac.uk/outofdata/2017/06/01/on-disconnection/

Um die unausbleibliche Offline-Romantik zu überwinden, könnten wir fragen: Was sind die vitalen Informationen[35] für uns, wie können wir garantieren, dass sie trotz diverser Filter zu uns gelangen, und in welchem Maß akzeptieren wir eingebaute Verzögerungen? Können wichtige Informationen auf nicht-elektronischem Wege transportiert und empfangen werden, auch ohne dass wir in den Netzwerken präsent sein müssen?[36] Wie können wir unser soziales Leben in einer solchen Weise organisieren? Aber ob offline oder online, was zählt ist, wie wir gemeinsam aus einem berechneten Leben herauskommen. Es hat Spaß gemacht, solange es stattfand, aber jetzt ziehen wir weiter.

---

35 Das Konzept der vitalen (lebenswichtigen) Informationen wurde im Kontext des Amsterdam Seropositive Ball (1990) definiert und von der Wissenschaftsbeauftragten der Stadt Amsterdam, Caroline Nevejan, weiter präzisiert: »Mit ›vital‹ meine ich Informationen, die ein Individuum in seinem oder ihrem spezifischen Umfeld unterstützen. [...] Damit eine Information vital ist, muss sie unsere natürliche Präsenz physisch oder sozial berühren. Auch die vermittelte Präsenz, die vitale Informationen generiert, wird letztlich diese Wirkung haben, [...] es geht um Informationen, die aus der Perspektive des Empfängers wichtig sind.« Caroline Nevejan, *Presence and the Design of Trust*, University of Amsterdam (PhD), 2007, S. 174-176. www.being-here.net/page/375/vital-information

36 Caroline Nevejan schrieb mir: »Neulich ist es mir entgangen, als eine Person in unserer Nachbarschaft gestorben ist. Es war auf Facebook mitgeteilt worden, wo ich aber nicht reinschaue, und so habe ich die Beerdigung verpasst. Ich hätte es wissen wollen, jemand hätte mich anrufen können. Als ich jedoch vor der Frage stand, ob ich mich auf Facebook und seine Geschwister einlasse oder nicht, habe ich mich dagegen entschieden und akzeptiert, dass ich auch Dinge verpasse. Wenn ich die sozialen Netzwerke einmal benötigen sollte, um die für mich vitalen Informationen zu erhalten, werde ich teilnehmen. Aber je länger ich es hinauszögern kann, umso besser; die Kollateralschäden, die meine Nichtbeteiligung zur Folge hat, nehme ich in Kauf.« Email, 11. Dezember 2017.

Kapitel 4: Programmierte Traurigkeit

> »Einsame Tränen sind nicht verschwendet.« Rene Char – »Ich habe letzte Nacht von Autokorrektur geträumt.« Darcie Wilder – »Das Persönliche ist unpersönlich.« Mark Fisher – »Nach links wischen und weitermachen.« Motivationsredner – »Nein sagen ist keine Option.« Maisa Imamovic – »Why don't you just meet me in the middle? I am losing my mind just a little.« Zedd, Maren Morris, Grey – »Wenn der Geist schwindet, erscheint die Form.« Charles Bukowski – »Es ist mir egal. Ich liebe es.« – Icona Pop – »Anteil der Fahrgäste der Shanghaier U-Bahn, die auf ihr Handy starren: 100%.« Kevin Kelly – »Wenn du zu lange ignoriert wirst, überprüfe den ›zuletzt online‹-Status der Leute, um sicher zu sein, dass sie nicht tot sind.« Addie Wagenknecht – »Ich mag nicht schreiben, was ich eben geschrieben habe, aber ich mag es auch nicht löschen.« Søren Kierkegaard – »Das eigentliche Ziel unseres Lebens ist die Suche nach Glück.« Dalai Lama

Träume, wenn du kannst, von einer trauernden App. Das Handy ist unserem psychischen Knochen gefährlich nahegekommen, bis zu einem Punkt, an dem die beiden nicht mehr getrennt werden können. Wenn mein Telefon nur leise weinen könnte. McLuhans »Erweiterungen des Menschen« sind direkt ins innerste Selbst implodiert.[1] Social Media und

---

1 »Es beruhigt mich, wenn mein Smartphone beim Schlafen möglichst nahe bei mir liegt.« – Online-Zitat aus der Studie von Jean M. Twenge, »Have Smartphones Destroyed a Generation?«, *The Atlantic*, September 2017, https://www.theatlantic.com/magazine/archive/2017/09/has-the-smartphone-destroyed-a-generation/534198/. Twenge beobachtet, dass »Teenager, die überdurchschnittlich viel Zeit mit Bild-

Psyche haben sich vereinigt und machen das tägliche Leben zu einer »sozialen Realität«, die – ähnlich wie künstliche und virtuelle Realität – unsere Wahrnehmung der Welt und ihrer Bewohner in Besitz nimmt. Die soziale Realität ist ein körperschaftlicher Hybrid zwischen den mobilen Medien und der psychischen Struktur der Nutzer. Eine verteilte Form des sozialen Rankings, die sich nicht mehr auf die Interessen staatlicher und privatwirtschaftlicher Plattformen reduzieren lässt. Als Online-Subjekte sind wir selbst darin eingebunden und viel zu tief involviert. Das soziale Leben ist in den Peer-to-Peer-Modus übergegangen. Es geht nur um dich und dein Profil. Dein Status wird bestimmt durch die Zahl deiner Follower. Aber was geschieht, wenn einen nichts mehr motivieren kann, alle Selbstoptimierungstechniken versagen und man beginnt, die Emotionsanalysen sorgfältig zu vermeiden? Im Vergleich mit den anderen rangierst du weit unten – und das macht dich traurig.

In *Zehn Gründe, warum du deine Social Media Accounts sofort löschen musst* fragt Jaron Lanier: »Warum enden so viele berühmte Tweets mit dem Wort ›traurig‹?« Er assoziiert dieses Wort mit dem Fehlen einer echten Verbindung. »Ja, es ist toll, wenn Menschen miteinander vernetzt werden, aber warum sollten sie die Manipulation durch Dritte als Preis für diese Vernetzung hinnehmen?« Als Gründe für die Traurigkeit in den Sozialen Medien nennt Lanier unter anderem »die Herausbildung unrealistischer Schönheits- und Statusideale [...] oder die Gefahr von Troll-Angriffen«. Google und Facebook wissen, wie man negative Emotionen leichter nutzen kann, und so findet ein solches System auch immer personalisierte Wege, um bei seinen Nutzern eine schlechte Stimmung zu erzeugen. Es gibt nicht die eine Methode, mit der man alle unglücklich macht. Lanier stellt auch an sich selbst fest,

---

schirmaktivitäten verbringen, mit höherer Wahrscheinlichkeit auch unglücklich sind.« Er sieht einen Verlust an sozialen Fähigkeiten. »Da sie weniger Zeit mit ihren Freunden direkt verbringen, haben sie weniger Gelegenheiten, diese Fähigkeiten zu praktizieren. Vielleicht sehen wir im nächsten Jahrzehnt mehr Erwachsene, die für eine Situation nur noch das passende Emoji kennen, aber nicht mehr den passenden Gesichtsausdruck.«

dass bestimmte Online-Designs unglücklich machen, weil die Sozialen Medien ihm eine Untergebenen-Rolle zuweisen und schon strukturell demütigend sind. »Es macht mich unglücklich, süchtig zu sein und manipuliert zu werden. [...] Aufgefallen sind mir diese Eindrücke schon bei den Anfängen von Social Media, selbst bei urtümlichen Formen der Vernetzung wie Usenet stellte ich nach der Sitzung ein seltsames, hohles Gefühl in mir fest, eine tiefgreifende Verunsicherung, die Befürchtung, durchzufallen, abgelehnt zu werden. Wie aus dem Nichts war es wieder da.«

Lanier entdeckte auch seinen ›inneren Troll‹, einen Troll, der durch die von ihm so genannte ›Arschloch-Verstärkungstechnologie‹ hervorgerufen wird und widerspiegelt, wie die Sozialen Medien auf ihn selbst einwirken. »Ich mag es absolut nicht, wenn eine Masse von Nutzern mich gedankenlos abschätzt oder ein dämlicher Algorithmus Macht über mich hat. Ich mag es nicht, wenn ein Programm zählt, ob ich mehr oder weniger Freunde als andere habe.« Er will keiner Rangordnung unterworfen werden und stellt fest: »Dass ich mir keinen Freiraum mehr schaffen und mich darin ungestört neu erfinden kann, ohne ständig beurteilt zu werden – das macht mich unglücklich.«[2] Einen ähnlichen Hinweis finden wir in Adam Greenfields Radical Technologies, wo er bemerkt, dass es »seltsam erscheint, zu behaupten, dass etwas so Allgemeines wie eine Gattung von Technologien eine emotionale Grundstimmung haben könnte, aber beim Internet der Dinge ist das der Fall. Diese Grundstimmung ist Traurigkeit ... eine Melancholie, die in Wellen und Strömen aus ihm herausdringt. Den Vorwand hierfür liefert ein Klima der ständig gestörten Aufmerksamkeit, des überlasteten Bewusstseins und der Kluft zwischen den Einzelnen, die durch Sensoren, APIs und Skripte kaum überbrückt wird.« Es ist ein Leben, »das nur mit beschissenen Jobs, übertakteten Zeitplänen und langen Wegen bewältigt wird und in dem Intimität

---

2 Alle Zitate aus Jaron Lanier, *Zehn Gründe, warum du deine Social Media Accounts sofort löschen musst*, Hoffmann & Campe, Hamburg 2018, S. 119-129.

durch Erschöpfung und die Unfähigkeit oder Unwilligkeit, emotional anwesend zu sein, erstickt wird.«[3]

Natürlich gab es Traurigkeit auch schon vor den Sozialen Medien. Und selbst wenn das Smartphone außer Reichweite ist, kann man sich immer noch elend und abgehängt fühlen. Verlassen wir das deterministische Karussell, das sich allzu schnell von der kapitalistischen Entfremdung über verheerende Gemütszustände bis hin zur Schuldzuweisung ans Silicon Valley für die eigene Misere dreht. Sogar technologische Traurigkeit ist ein Style, wenn auch ein kalter. Das Leiden, egal wie kurz es anhält, ist real. Es passiert genau, wenn wir nicht mehr zwischen Handy und Gesellschaft unterscheiden können. Wenn wir unsere Profile nicht ändern können und uns zu schwach fühlen, die App zu löschen, bleibt uns nichts anderes übrig als die kurzen Zwischenmomente unserer vollgepackten Tage dafür zu nutzen, fieberhaft nach Updates zu suchen. In Sekundenbruchteilen hat uns die Echtzeitmaschine aus unserer aktuellen Situation herausteleportiert, auf ein anderes Spielfeld voller Kurzberichte, denen wir kurz mal nachgehen müssen.

Die omnipräsenten Sozialen Medien erheben Anspruch auf unsere verstrichene Zeit, unsere zersplitterten Leben. Wir sind alle auf unsere eigene Art und Weise traurig.[4] Es gibt keine Pausen oder Ruhephasen mehr und das Ergebnis sind Müdigkeit, Erschöpfung und Energieverlust. Wir sind ständig mit Warten befasst. Wie lange bist du von deinen Lieben vergessen worden? Die Zeitspanne, minutiös von jeder App ermittelt, wird dir direkt ins Gesicht gesagt. Chronos tut weh. Soll ich irgendwas posten, um Aufmerksamkeit zu wecken und zu zeigen, dass

---

3 Adam Greenfield, *Radical Technologies*, Verso Books, London, 2017– Dank an Miriam Rasch für den Hinweis.

4 Man vergleiche hierzu die Bemerkung von Amos Oz: »Sie erinnern sich wahrscheinlich an die berühmte Aussage am Anfang von Anna Karenina, in der Tolstoi von oben herab erklärt, dass alle glücklichen Familien einander gleichen, während jede unglückliche Familie auf ihre eigene Weise unglücklich ist. Bei allem Respekt vor Tolstoi sage ich Ihnen, dass das Gegenteil der Fall ist: Unglückliche Menschen stecken normalerweise in einem konventionellen Leiden und leben in steriler Routine eines von fünf oder sechs abgedroschenen Klischees des Elends aus.« Amos Oz, *Black Box*, 1993, S. 94. – Dank an Franco Berardi für den Hinweis.

ich noch da bin? Keiner mag mich mehr. Immer neue beliebige Mitteilungen kommen herein und es gelingt nicht, sie anzuhalten und sich mal einen Moment Zeit zu nehmen, um über alles nachzudenken.[5]

Delacroix hat einmal erklärt, dass jeder Tag, der nicht festgehalten wird, wie ein Tag ist, der nicht existiert. Die Aufgabe, ihn festzuhalten, hat einmal das Tagebuchschreiben erfüllt und Teile der frühen Blogkultur versuchten, die Tagebuchform für die Online-Welt zu aktualisieren, aber dieser Moment ist Vergangenheit. Anders als die Blog-Einträge der Web-2.0-Ära haben die Sozialen Medien – in ihrem verzweifelten Bemühen, mit dem Echtzeit-Regime Schritt zu halten – die Phase des zusammenfassenden Tagebuchs längst hinter sich gelassen. Instagram-Tagebücher zum Beispiel bringen die Nostalgie einer sich entfaltenden Kette von Ereignissen zurück – und verschwinden dann am Ende des Tages, wie ein Racheakt, eine Satire alter, vergangener Gefühle. Aufbewahrung macht die Schmerzen nur dauerhaft. Vergiss sie lieber und geh weiter.

Es ist leicht, den unablässigen Wechsel zwischen Telefon und Leben mit dem zu kontrastieren, was Anthropologen als Metamorphose beschreiben. Initiation und Ritual sind langsame Ereignisse, die Zeit erfordern und von Phasen der freiwilligen Einsamkeit eingeleitet werden. Das immerwährende Jetzt, das den ›smarten‹ Zustand definiert, ist dagegen alles andere als ein Ausdauertest. Wenn wir durch die Updates browsen, nähern wir uns der Maschinenzeit an – zumindest solange, bis wir unter dem Gewicht der Partizipationsermüdung zusammenbrechen. Organische Lebenszyklen werden kurzgeschlossen und bis zu einem Punkt beschleunigt, an dem das persönliche Leben von Milliarden endlich mit der Kybernetik gleichgezogen hat. Es ist Zeit, sich mal auszuklinken, despacito.

---

5 Ich habe vor Längerem, teilweise beeinflusst von den Schriften Howard Rheingolds, über die Psychopathologie der Informationsüberflutung geschrieben, zum Beispiel im Buch *Das halbwegs Soziale* von 2012. Während die Diagnose immer noch relevant sein mag, treten psychische Zustände wie Traurigkeit auf, wenn wir rund um die Uhr online sind, die Unterscheidung zwischen Psyche und Telefon fast zusammengebrochen ist und wir die eingehenden Informationsflüsse nicht mehr auf großen Bildschirmen und via Dashboards überschauen können.

Im Online-Kontext erscheint Traurigkeit als ein kurzer Moment der Unentschiedenheit, ein Augenblick, der die Möglichkeit zur Reflexion eröffnet. Das häufig verwendete Etikett »traurig« ist ein Vehikel, ein seltsamer Attraktor, der in das flüssige Durcheinander, genannt Soziale Medien, eindringt. Traurigkeit ist ein Container. Jede Situation kann potentiell als ›traurig‹ betrachtet werden. Durch diese milde Form des Leidens kommen wir in den Blues des In-der-Welt-Seins. Wenn etwas traurig ist, werden die Dinge rundherum grau. Du vertraust der Maschine, weil du das Gefühl hast, sie unter Kontrolle zu haben. Aber dann implodiert dein abgestütztes Selbst und das Versagen der Selbstachtung wird wieder sichtbar. Der Preis der Selbstkontrolle in einem Zeitalter sofortiger Belohnungen ist hoch. Wir sehnen uns nach Auflehnung gegen den rastlosen Zombie in uns, aber wissen nicht wie. Unsere psychische Rüstung ist dünn und von innen erodiert, offen für ›Verhaltensänderungen‹. Die Traurigkeit entsteht an dem Punkt, an dem wir von der Online-Welt erschöpft sind.[6] Nach der soundsovielten App-Session, in der wir kein Date gefunden und stattdessen was bei Amazon bestellt und eine Runde Videos geschaut haben, erwischt uns die Post-Dopamin-Stimmung mit voller Wucht. Die schiere Geschäftigkeit und Selbstherrlichkeit der Welt macht uns freudlos. Nachdem wir in das Netzwerk eingetaucht waren, sind wir erschöpft und fühlen uns sozial unbehaglich. Der wischende Finger ist müde und wir müssen aufhören.

Traurigkeit drückt die wachsende Kluft zwischen dem Selbstbild eines wahrgenommenen sozialen Status und der tatsächlichen prekären Realität aus. Das temporäre Tief, das hier unter dem Codenamen ›Traurigkeit‹ beschrieben wird, kann am besten als ein Spiegelphänomen der Selbstvermarktungsmaschine verstanden werden, die die Links für uns vorgibt. Der geistige Zustand ist so durchdringend und die Verschmelzung der Sozialen Medien mit dem Selbst so totalisierend, dass wir den Traurigkeitskomplex als Manifestation einer ›Anti-Selbst‹-Phase sehen,

---

6 Ich verwende den Begriff Erschöpfung hier, analog zu einer Beschreibung von Gilles Deleuze, im Kontrast zu Müdigkeit. Im Vergleich mit dieser können wir uns von Erschöpfung nicht so leicht erholen. Es gibt hier keine »heilende Müdigkeit« (Byung-Chul Han).

in die wir hineinschlüpfen, um uns dann wieder von ihr abzulösen.[7] Der Anti-Höhepunkt, den wir Traurigkeit nennen, reist mit dem Smartphone mit und ist überall. Es ist einfach traurig, wenn die meisten deiner Freunde Bots sind. Das konservative Urteil, dass es vielen Freunden an Charakter und ›Gestalt‹[8] fehlt, läuft ins Leere, denn es handelt sich ohnehin meist um maschinell erzeugte Beziehungen. Wenn es inzwischen nicht mehr als verwerflich gilt, Follower zu kaufen, muss der soziale Status nicht mehr von Grund auf durch harte Online-Arbeit aufgebaut werden.[9]

Wir sollten Traurigkeit von ›Anomalien‹ wie Selbstmord, Depression und Burn-out sorgfältig unterscheiden. Alles und jeder kann als traurig beschrieben werden, aber nicht jeder wird depressiv.[10] Wie Langeweile ist Traurigkeit keine Krankheit (obwohl, sag niemals nie, alles kann in eine umschlagen). Egal wie kurz und mild, Traurigkeit ist die seelische Grundverfassung der Online-Milliarden. Ihre ursprüngliche Intensität verschwindet wieder, sickert heraus und geht über in eine allgemeine Stimmung, einen chronischen Hintergrundzustand. Gelegentlich – für einen kurzen Moment – spüren wir den Verlust. Eine brodelnde Wut kommt auf. Nachdem wir zum zehnten Mal überprüft

---

7 In seinem Blogbeitrag »Soziale Medien als Masochismus« schreibt Rob Horning: »Soziale Medien kalkulieren zu einem großen Teil mit der Akkumulation von Wertschätzung und der Gewährung von Handlungsräumen. Das Bewusstsein ihrer laufenden Nutzung könnte ein intensives Bedürfnis nach Flucht vor dem Selbst auslösen.« Die sozialen Medien, so behauptet er, »legen nahe, ›Selbstkonstruktionen‹ masochistisch und selbstverneinend zu machen.« »Man stellt einen Aspekt von sich selbst vor, um davon zu träumen, dass er verspottet wird, und dieser Schmerz der Verhöhnung trennt uns von den tieferen Verwundbarkeiten des ›realen Selbst‹, das für den Moment verschoben und geschützt ist.« https://thenewinquiry.com/blog/social-media-as-masochism

8 Bun-Chul Han, in einem Text über Carl Schmitts Freund-Feind-Unterscheidung im Facebook-Zeitalter, in: *Müdigkeitsgesellschaft*, Matthes & Seitz, Berlin, 2016, S. 71.

9 Adrienne Matei, »Seeing is Believing, What's so bad about buying followers?« http://reallifemag.com/seeing-is-believing/

10 Dies vor dem Hintergrund von William Styron's *Depression*, Vintage Minis, 2017, geschrieben 1990, im Respekt vor allen, die an schweren Formen von Depression litten oder leiden.

haben, was jemand auf Instagram zu sagen hatte, lässt der Schmerz des Sozialen uns elend fühlen und wir legen das Telefon weg. Wäre es nicht nett, mal offline zu sein? Warum ist das Leben nur so tragisch? Er hat mich blockiert. Nachts liest du den Thread noch mal durch. Müssen wir wieder aussteigen, wieder neu durch diesen Entzug gehen? Die anderen sollen uns bewegen, erregen und trotzdem fühlen wir nichts mehr. Das Herz ist eingefroren.

Hat die Erregung erst einmal nachgelassen, nehmen wir Abstand und suchen nach geistiger Unabhängigkeit. Der Wunsch nach ›Anti-Erfahrung‹ kommt auf, wie Mark Greif es beschrieben hat. Die Reduzierung der Gefühle ist ein wesentlicher Aspekt dessen, was er die ›anästhetische Ideologie‹ nennt. Wenn Erfahrung die »Gewohnheit [ist], innerhalb eines rohen Geschehens isolierte Momente zu schaffen, um sie zu speichern und zu reproduzieren«[11], so ist das Bedürfnis danach, die Erfahrung zu anästhesieren, mit einer Art Immunantwort gegen »die Stimulationen einer anderen modernen Neuigkeit, der totalen ästhetischen Umgebung«[12] verbunden.

Oft genug kleben die Augen am Bildschirm, als ob alles auf dem Spiel stünde. Wie Gloria Estefan schrieb: »Die traurige Wahrheit ist, dass die große Gelegenheit nie zweimal anklopft.« Dann stehst du auf und kehrst den Störenfrieden den Rücken. Die Angst, etwas zu verpassen, geht nach hinten los, der soziale Akku ist leer und das Telefon wird beiseitegelegt. In diesem Moment kommt die Traurigkeit auf. Es war alles zu viel, das Aufgenommene hat sich schon pulverisiert und du hörst kurz auf, ihn mit deinen unbeantworteten Nachrichten zu vergiften. Greif zufolge »ist das Kennzeichen der Umstellung auf Anti-Erfahrung eine herabgesetzte Schwelle für Ereignishaftigkeit«. Eine Facebook-Veranstaltung ist diejenige, an der du nicht teilnimmst. Wir sehen die anderen um uns herum, sind aber nicht mehr Teil des Gesprächs: »Sie sind Geschöpfe der Natur, in der vollen Anmut der Moderne. Die traurige Wahrheit ist, dass du immer noch in ihrer Welt leben möchtest. Es scheint nur irgendwie, als hätte sich diese Welt verändert,

11 Mark Greif, *Against Everything*, S. 225.

12 Ebd.

um dich ins Exil zu schicken.«[13] Du verlässt die Online-Arena, brauchst eine Pause. Dies ist eine umgekehrte Bewegung zur ständigen Suche nach Erfahrung. Zumindest, bis wir den Kopf wegdrehen, nach dem Telefon greifen, wischen und zurücktexten. Nur der liebe Gott weiß, was ich ohne die App wäre.

Die in Los Angeles lebende Theoretikerin und Künstlerin Audrey Wollen hat Traurigkeit zu einer feministischen Strategie erklärt, einer Form des politischen Widerstands, »um so verdammt unglücklich zu sein, wie wir wollen«[14]. In einem Text mit dem Titel »Sad Girl Theory« sagt sie, dass »unser Schmerz nicht im Namen der Ermächtigung verworfen werden muss. Er kann als Material, Gewicht, Keil verwendet werden, um diese Maschine zu blockieren und diese Muster zu verändern.« Für Wollen ist politischer Protest meist in männlichen Begriffen definiert, »als etwas Äußeres und oft Gewalttätiges, eine Demonstration auf der Straße, ein Aufstand, eine Besetzung von Räumen«. Eine solche Definition schließt »eine ganze Geschichte von Mädchen aus, die ihre Trauer und ihre Selbstzerstörung genutzt haben, um Herrschaftssysteme zu zerrütten«. Feminismus muss nicht versichern, dass es großartig ist und Spaß macht, ein Mädchen zu sein. Das endlose Predigen von Selbstermächtigung kann auch dazu führen, was Lauren Berlant eine Form von ›grausamem Optimismus‹ nennt. Gefühle online zu teilen ist keine Form von Narzissmus. Wie Wollen betont: »Die Traurigkeit der Mädchen ist nicht passiv, selbstbezogen oder oberflächlich; sie ist eine Geste der Befreiung, sie ist artikuliert und informiert, sie ist eine Art, die Handlungsfähigkeit über unsere Körper, Identitäten und Leben zurückzugewinnen.«

Indem sie Traurigkeit durch eine Geschlechterbrille liest und Affekte als weibliche Reaktion kontextualisiert, macht Wollen Traurigkeit

---

13 Ebd., S. 227.

14 Die Zitate stammen aus einem Interview mit Audrey Wollen von Tracy Watson, erschienen in *Dazed*, 23. November 2015; www.dazeddigital.com/photography/article/28463/1/girls-are-finding-empowerment-through-internet-sadness. Siehe auch: https://www.instagram.com/audreywollen/ und https://www.tumblr.com/search/audrey %20wollen (Dank an Miriam Rasch für den Hinweis).

zu einer politischen Waffe. Und doch ist diese Waffe in gewisser Weise bereits entschärft. Heute ist Traurigkeit zu Code verdichtet, was sie zu einem Techno-Gefühl macht. Audrey Wollen gibt zu, dass die Sozialen Medien Gefühle letztendlich mit dem Ziel eines ›positiven‹ quantifizierbaren Ergebnisses missbrauchen. »Mit Traurigkeit lassen sich auch Witze machen«, schreibt sie. »Ich kann darüber twittern, wie deprimiert ich bin, statt ein Sonett mit iambischem Pentameter zu schreiben. Wir verbringen auf den Sozialen Medien viel Zeit damit, darüber zu reden, wie wir uns selbst töten wollen, aber wann sind das letzte Mal alle deine Freunde zusammengekommen und haben geweint? Wir machen immer noch dabei mit, die Idee des ›Glücks‹ als ein Ziel aufrechtzuerhalten, für das man arbeiten kann, etwas, das man ›verdient‹, anstatt sich nur seinem Elend hinzugeben.«[15]

Zur Traurigkeit gesellen sich verwandte Gefühle, die wir näher anschauen können. Da wäre das Gefühl von Wertlosigkeit, Leere, Trübsal, die Angst vor zunehmender Langeweile, ein Gefühl der Nichtigkeit, blanker Selbsthass, während man versucht, von der Sucht loszukommen, die Aussetzer des Selbstwertgefühls, das morgendliche Sich-Wegducken, Gefühle der Überwältigung durch Furcht und Entfremdung bis hin zu lähmender Angst, Selbstverletzung, Panikattacken, tiefe Entmutigung und regelmäßig wiederkehrende Verzweiflungszustände. Wir können uns in das tiefe emotionale Reich der russischen »Toska« begeben.[16] Oder an Online-Traurigkeit auch als einen Moment kosmischer Einsamkeit denken, wie Camus sie sich vorstellte, nachdem Gott die Erde geschaffen hatte. Ich wünschte mir,

---

15 Interview mit Audrey Wollen von Yasi Salek für *Cultist Zine*, 19. Juni 2014, www.cultistzine.com/2014/06/19/cult-talk-audrey-wollen-on-sad-girl-theory/

16 Vladimir Nabokov beschrieb Toska als »ein Gefühl großer seelischer Leiden, oft ohne konkreten Grund. Auf weniger morbidem Niveau ist es eine dumpfe Seelenqual, ein Sehnen ohne zu wissen wonach, ein malades Schmachten, eine vage Unruhe, mentale Schmerzen, ungestilltes Verlangen. In Einzelfällen kann es der Wunsch nach jemandem oder etwas Bestimmtem sein, Nostalgie, Liebeskummer. Auf der schwächsten Ebene geht es in Richtung Ennui, Langeweile.« Mehr hier: https://advokatdyavola.wordpress.com/2012/05/07/an-elegy-for-passion/ - Dank an Ellen Rutten für den Hinweis.

dass jeder Chat endlos wäre. Aber was, wenn deine Unfähigkeit zu antworten siegt? Dein Herz ist gebrochen und du löschst die Konversation. Nach einer weiteren Strecke unfreiwilliger Beschäftigung mit diesen grausamen Likes, albernen Kommentaren, leeren Textbotschaften, losgelösten Emails und geistlosen Selfies macht sich Leere und Gleichgültigkeit in uns breit. Wir schweben einen Moment, vage unzufrieden. Du möchtest ruhig bleiben, aber wirst schon wieder unsicher, angewidert von deinen eigenen Facebook-Erinnerungen. Was ist denn da jetzt wieder reingekommen? Seltsam. Haben sie geantwortet?

Ängste, die nicht therapiert werden, bauen sich auf, bis es zu einem Zusammenbruch kommt. Aber anders als Burnout ist Traurigkeit ein dauerhafter Seelenzustand. Sie taucht in dem Moment auf, in dem das Ereignis zu verblassen beginnt – und wieder verkriechen wir uns in unserem Loch. Das fortwährende Jetzt kann nicht mehr festgehalten werden und hinterlässt uns als zerstreute, vereinzelte Online-Subjekte. Was passiert, wenn die Seele in der permanenten Gegenwart gefangen ist? Ist es das, was Franco Berrardi die ›langsame Löschung der Zukunft‹ nennt? Indem wir scrollen, wischen und blättern, versuchen wir hungrigen Geister die existentielle Leere zu füllen, suchen verzweifelt nach einem entscheidenden Zeichen – und scheitern. Wenn das Telefon wehtut und ihr gemeinsam weint, das ist technologische Traurigkeit. »Ich vermisse deine Stimme. Ruf an, bitte nicht texten.«[17]

Sad by Design: Fallstudien

Unser Kult der Empfindsamkeit manifestiert sich innerhalb spezifischer Apps. Das gilt genauso für Nutzer wie für Entwickler. Werfen wir zunächst einen Blick auf das Online-Video. Julia Alexander hat Burnouts, Panikattacken und andere psychische Probleme bei den Top-Produzenten auf YouTube dokumentiert. Sie berichtet, dass »ständige Änderungen am Algorithmus der Plattform, eine übermäßige Fixierung darauf, in einem rasant wachsenden Bereich relevant zu bleiben

17 https://www.captionstatus.com/sad-whatsapp-status/

sowie der Druck durch die Sozialen Medien es fast unmöglich machen, weiterhin so schnell zu arbeiten, wie Plattform und Publikum es wollen.« – »Genau das habe ich mir immer gewünscht. Warum bin ich dann so unglücklich?«[18], rief die neunzehnjährige YouTuberin Elle Mills einmal aus. Ihr Leben hatte sich so schnell verändert, dass sie vor laufender Kamera einen Zusammenbruch hatte. Während die täglichen Fernsehshows große Crews mit Redakteuren und Studioräumen haben, senden Vlogger oft aus ihren eigenen Wohnungen und produzieren die Clips selbst oder mit einer kleinen Crew. Und während TV-Moderatoren berühmte Gäste empfangen und sich mit gesellschaftlichen Themen auseinandersetzen, berichten YouTube-Promis eher von ihren eigenen Höhen und Tiefen. Die Millennials, so erklärte mir einer von ihnen, sind es von klein auf gewohnt, offener über ihren seelischen Zustand zu reden. Während sich die Unterscheidung von Arbeit und Leben verliert, wird Subjektivität zum Kerninhalt. Bekenntnisse und Meinungen werden sofort nach außen getragen. Individuation ist nicht mehr auf das Tagebuch oder eine kleine Gruppe von Freunden beschränkt, sondern wird draußen geteilt, offengelegt, so dass jeder sie mitkriegen kann.

»Wenn die Karrieren so vieler Video-Persönlichkeiten darin bestehen, ihr persönliches Leben offenzulegen, ist es fast unmöglich, eine Work-Life-Balance zu finden«, sagt Julie Alexander. Und die Vlogs am Laufen zu halten ist kaum eine freiwillige Entscheidung. Wenn man eine Pause einlegt, auch nur für einen Tag, sinkt man sofort in der ›algorithmischen Rangfolge‹, die Frequenz und Engagement bevorzugt. Wir haben es hier mit vorprogrammierten Nervenzusammenbrüchen zu tun, Überlastungen, die unmittelbar mit Software-Einstellungen zusammenhängen, kodiert von Hackern unter der Aufsicht ranghoher Ingenieure. »Niemand rät den YouTubern, sich mal etwas zu entspannen«, schließt Alexander. »Das Gegenteil ist der Fall. Die Leute

---

18 Julia Alexander, »YouTube's top creators are burning out and breaking down en masse«, 1. Juni 2018, https://www.polygon.com/2018/6/1/17413542/burnout-mental-health-awareness-youtube-elle-mills-el-rubius-bobby-burns-pewdiepie

verlangen ständig nach mehr, aber es gibt nur so viel, wie eine Person leisten kann.«

Ein weiterer Fall ist Snapstreaks, das ›Beste Freunde‹-Flammen-Emoji neben dem Namen eines Freundes, mit dem angezeigt wird, dass »du und diese spezielle Person in deinem Leben innerhalb von 24 Stunden miteinander gesnapt habt und zwar mindestens zwei Tage hintereinander«[19]. Die Streaks werden als Beweis von Freundschaft und Verbindlichkeit betrachtet und es gilt als herzzerreißend, wenn man eine Serie verliert, an der man monatelang gearbeitet hat. Wenn Nutzer für ein paar Tage offline sind, zerstört die Funktion das ganze angehäufte soziale Kapital. Das Snap-Regime zwingt Teenager, die größte Snapchat-Benutzergruppe, die App jeden Tag zu nutzen, was eine Offline-Pause praktisch unmöglich macht.[20] Während die Beziehungen zwischen Teenagern so gut wie immer im Fluss sind, Freundschaften auf der Kippe stehen und infrage gestellt werden, synchronisieren sich die durch Snaps ausgelösten Gefühle mit dem sich schnell verändernden Teenager-Körper und machen die Pubertät noch intensiver.

Die Beweise dafür, dass Traurigkeit heute programmiert ist, sind überwältigend. Nehmen wir die soziale Realität der WhatsApp-Milliarden; das passiert nicht irgendwo in einem kleinen Kaff. Die blauen und grauen Häkchen neben jeder Nachricht in der App mögen als triviales Detail erscheinen, aber wir dürfen nicht die Massenangst ignorieren, die sie auslösen. Vergiss, dass du übersehen werden könntest. Vergiss, du könntest so tun, als hättest du die Nachricht eines Freundes nicht gelesen. Manche dachten, dass es diese Funktion gäbe, aber die zwei grauen Häkchen zeigen nur an, ob eine Nachricht verschickt und empfangen, nicht ob sie auch gelesen wurde. Der Nutzer kann dann entscheiden: »Ich lese die Nachricht im Flugzeugmodus.« Wie eine Website erklärt: »Sobald dieser Modus aktiviert wurde, kann der Nutzer die App öffnen und die Nachricht lesen, ohne den Sender

19 https://www.bustle.com/articles/162803-what-is-a-snapchat-streak-heres-everything-you-need-to-know-about-snapstreaks

20 Taylor Lorenz, »Teens explain the world of Snapchat's addictive streaks, where friendships live or die«, 14. April 2017, www.businessinsider

durch Aktivieren der blauen Häkchen auf seine Aktion aufmerksam zu machen.«[21] Deine blauen Häkchen verfolgen mich in meinen schlaflosen Nächten. Diese blauen Ticks.[22]

Um den wachsenden Ängsten zu begegnen, hat WhatsApp eine Liste mit Erläuterungen zusammengestellt, warum andere Personen eine Nachricht noch nicht erhalten haben könnten: Ihre Telefone sind möglicherweise ausgeschaltet; sie könnten schlafen, besonders wenn sie in einer anderen Zeitzone leben; möglicherweise haben sie Probleme mit der Netzwerkverbindung; sie haben zwar die Benachrichtigung auf ihrem Bildschirm gesehen, aber die App nicht gestartet (oft der Fall, wenn ein iPhone benutzt wird) und vor allem, sie könnten einen gesperrt haben – nur falls man sich fragt, was passiert ist. Die App wird immer wieder geöffnet, in der Hoffnung, etwas Positives zu finden, obwohl man weiß, dass man nichts finden wird. »Du sehnst dich nach Anerkennung, Liebe, Respekt, Aufmerksamkeit, die du in der realen Welt nicht bekommst, so entwickelst du eine Erwartung an die virtuelle Welt, dass dich jemand bewundern/mögen/respektieren könnte, und aufgrund dieser Erwartungen machst du dir Sorgen und bist aufgeregt, denn diese Dinge passieren selten oder nie!«[23] Das ist Online-Verzweiflung, der schlimmste Trip aller Zeiten: »Man kommt leichter damit zurecht, wenn man nicht weiß, warum jemand nicht antwortet, als sich fortwährend zu fragen, warum jemand deine Nachricht gelesen hat, sich aber weigert zu antworten.«[24]

---

21 www.ingeniotechsarl.com/how-to-receive-your-boyfriends-whatsapp-messages-online-using-android-phones-without-jailbreak-2018

22 Die beiden blauen Häkchen erscheinen, wenn alle Teilnehmer der Gruppe eine versendete Nachricht gelesen haben. Alternativ kann man eine Nachricht aber auch gedrückt halten, um auf ein ›Message Info‹-Menü zu kommen, das darüber informiert, wann die Nachricht empfangen, gelesen oder abgespielt wurde. Nutzer können die ›zuletzt online‹-Anzeige oberhalb einer Nachricht überprüfen, um zu sehen, wann ein Kontakt zuletzt in der App war, aber die blauen Häkchen sind direkter. Man kann diese Funktion auch deaktivieren, allerdings wird man dann von WhatsApp ›bestraft‹ und kann nicht mehr sehen, was andere ›zuletzt gesehen‹ haben.

23 https://www.quora.com/Why-do-I-feel-anxiety-while-using-WhatsApp

24 https://vulcanpost.com/71431/why-im-not-keen-on-whatsapp-blue-ticks/

Auch wenn man weiß, was es mit dem ›Doppelhäkchen-Syndrom‹ auf sich hat, löst es immer noch Eifersucht, Angst und Misstrauen aus. Es kann möglich sein, dass Unwissenheit Glück bewirkt, dass nicht zu wissen, ob die Person die Nachricht gesehen oder empfangen hat, für die Beziehung besser ist. Die alles aufdeckende Natur der Sozialen Medien verursacht Risse zwischen Liebenden, die diese Informationen lieber nicht hätten. Aber im Informationszeitalter verheißt dies angesichts des sozialen Drucks, in den sozialen Netzwerken mitzumachen, nichts Gutes. Die Farbfunktion von WhatsApp kann auch entscheidende Mängel in neu entstehenden Beziehungen sichtbar machen – für einige kann das eine Chance sein, noch mal davonzukommen. Eine Möglichkeit darauf zu reagieren besteht darin, die Einstellungen zu ändern und die Farbfunktion zu deaktivieren, sodass nach dem Lesen einer Nachricht keine blauen Häkchen mehr angezeigt werden, womit die gesamte Kommunikation in die mehrdeutige Zone der grauen Häkchen verschoben wird. Dieses Design ist für Dummies. Man versteht vielleicht nichts von den technischen Details von Wi-Fi oder Algorithmen, aber es ist verdammt einfach, die Wirkung der Häkchen auf Beziehungen zu begreifen. »Du hast es offensichtlich gelesen, warum hast du also nicht geantwortet?«

Der letzte Fall, der hier diskutiert wird, dreht sich um Dating-Sites wie Tinder. Diese werden oft auch als Zeitkiller-Maschinen beschrieben – das Reality-Spiel, das die Langeweile vertreibt – oder Social E-Commerce – ich biete meine Seele an. Nach vielen Stunden des Wischens ein plötzlicher Dopamin-Sturm, wenn dich jemand zurück mag. »Ziel des Spiels ist es, die Egos aufzumöbeln. Wenn man nach rechts wischt und auf einen kleinen Applaus auf dem Bildschirm trifft, ist es manchmal genau das, was man braucht. Wir versuchen, alle unsere Optionen sofort aufzusammeln, um erst später zu entscheiden, was wir wirklich wollen.«[25] ›Lähmende soziale Angst‹ hingegen ist, wenn man einen Match mit jemandem hat, an dem man interessiert ist, aber man

25 Suzannah Weiss, »Why We Swipe Right And Then Ignore Our Tinder Matches«, 10. Mai 2016, https://www.bustle.com/articles/157940-why-we-swipe-right-and-then-ignore-our-tinder-matches

kann sich nicht überwinden, eine Nachricht zu senden oder auf die des anderen zu antworten, »weil – oh Gott – alles, was mir eingefallen ist, dumme Antworten oder Anfangssätze waren und sie denken wird, dass ich ein Idiot bin und …«.

Sherlyn aus Singapur berichtet von ihren Erfahrungen auf diesem einsamen Meer, das sich OKCupid nennt: »Ich bin mir nicht ganz sicher, warum ich mich immer wieder auf diese Website wage. Jedes Mal bin ich hoffnungsvoll und ernüchtert zugleich. Ich habe mit vielen gechattet, aber nie jemanden wirklich getroffen. Ich habe einfach einen Heidenrespekt davor, irgendwas davon in die reale Welt zu übertragen. Woher kommt diese Angst? Fürchte ich mich vor Ablehnung oder eher davor, in die Falle zu gehen?« In einem Fall begann Sherlyn einen Chat mit jemandem, der angab, Dokumentarfilmer für humanitäre Organisationen zu sein. »Das hat mich angesprochen. Wir begannen uns zu mailen und ich schickte ihm einen Link zu meinem Profil auf Academia, nur um mehr von mir sichtbar zu machen, und stellte ihm spezifischere und gezieltere Fragen zu seiner Arbeit. Er antwortete: ›Das klingt eher nach einem Vorstellungsgespräch als nach einem Treffen auf OKC.‹ Ich verstand die Botschaft und antwortete daher: ›Es ist meine Arbeit, die meine Politik, Leidenschaft und Poesie bestimmt, und es ist vielleicht die einzige Art, wie ich mein Dasein definieren kann. Ich kann spüren, dass du etwas anderes erwartest, wenn man bedenkt, wo wir uns getroffen haben, also schlage ich vor, dass du weiterziehst. Danke.‹ Seine Antwort kam prompt: ›Ich habe keine Zeit für Politik, verschwende die Zeit von jemand anderem, du politische Hure und Schlampe.‹«[26]

Keine Melancholie für dich

Vergleichen wir einmal die flüchtige Traurigkeit in ihrer technischen Form mit dem altertümlichen Zustand der Melancholie. Die melancholische Persönlichkeit scheint an einer Krankheit zu leiden. Unfähig zum Handeln, zieht sie sich aus der Welt zurück und denkt über den Tod

26 Email an den Autor, 7. August 2018.

und andere vergängliche Phänomene nach. Während einige diesen Zustand als Depression und Langeweile interpretieren, geben andere dieser ›bequemen‹ Passivität eine neue Bedeutung als kreative Strategie, um spontane Inspirationen zu empfangen. Aber statt im riesigen Arsenal historischer Quellen umherzustreifen, schlage ich hier eine ›digitale Hermeneutik‹ vor, die die Philologie mit der ewigen Gegenwart des Digitalen, das uns umgibt, kurzschließt.

Nehmen wir Susan Sontags Gedanken zu Walter Benjamin als einem von tiefer Traurigkeit verfolgten Mann, »un triste«.[27] Wie Benjamin schrieb: »Ich bin unter dem Zeichen des Saturn auf die Welt gekommen – dem Stern mit der langsamsten Rotation, dem Planeten der Umwege und Verspätungen...« Nun vergleiche man diese tiefe, anhaltende Melancholie mit den Gehässigkeiten, die wir von anderen als Reaktion auf ein Selfie mit einem Freund erhalten, und wie sie uns ohne Ende verfolgen. Wie gehen die heutigen ›Kinder des Saturn‹ (dieses Planeten der Umwege) mit der unerträglichen Leichtigkeit des Sozialen um, in welcher Reflexion zu einem seltenen Ausnahmefall geworden ist? Es ist nicht unbedingt »un bonheur d'être triste«. Ebenso wenig fällt es mit der klassischen deutschen Langeweile zusammen, jenem Gefühl, dass einem alles zuwider ist.

Melancholie, oft als ›Traurigkeit ohne Grund‹ beschrieben, hat starke existentielle Konnotationen. Während wir Kierkegaard Respekt zollen, der die Melancholie ein für alle Mal von ihrem medizinischen Stigma befreit hat und sie als das tiefstes Fundament des Menschen in einer gottlosen Gesellschaft beschreibt, ist das Problem hier nicht ein vertikales, nämlich tiefer zu gehen, sondern ein horizontales. Die Demokratisierung der Traurigkeit vollzieht sich über ihre dünne Verbreitung quer über unser Plateau – homöopathische Dosen, die mithilfe technischer Mittel flach verteilt werden. Bereits in der Antike wird Melancholie entweder als etwas Natürliches, in den menschlichen Eigen-

27 Susan Sontag, *Under the Sign of Saturn*, Vintage Books, New York, 1981, S. 111. Sie schreibt: »Langsamkeit ist ein Merkmal des melancholischen Temperaments. Die Vermischung ist ein anderes, die Tatsache, dass man zu viele Möglichkeiten wahrnimmt, dass man den Mangel an praktischem Sinn bemerkt.«

schaften Verwurzeltes oder als chronische Krankheit beschrieben, hervorgerufen durch schwere Mahlzeiten und dunkle Rotweine. Im Problem XXX.1 stellt Aristoteles die Zusammensetzung der Flüssigkeiten, des Trockenen und des Nassen, in Beziehung zu den heißen und kalten Temperaturen des Körpers.[28] Ich schlage hier vor, eine weitere Schicht hinzuzufügen: das technische Temperament. Jahrhundertelang wurde Melancholie als ein düsterer Geisteszustand verstanden. Während die alten Darstellungen erklären, dass die Düsternis von einer speziellen Mischung aus schwarzer und gelber Galle, Blut und Phlegma herrührt, könnten wir diese Diagnose aktualisieren und die blaue Galle hinzunehmen, die Farbe unserer saturnischen Apps.[29]

Aber auch wenn sie weiterhin fließen, dürften Flüssigkeiten nicht mehr der beste Anhaltspunkt sein, um unseren techno-sozialen Zustand zu analysieren. Die Ebenen für die Bemessung der heutigen Symptome wären Zeit oder Aufmerksamkeit, wie es in der Branche heißt. Während für das archaisch Melancholische die Vergangenheit nie vergeht, ist die Techno-Traurigkeit im ewigen Jetzt gefangen. Nach vorne fokussiert, setzen wir auf Beschleunigung und trauern nie einem verlorenen Objekt nach. Die primäre Identifikation ist unmittelbar da, in unserer Hand. Alles ist sichtbar, auf dem Bildschirm, direkt vor unseren Augen. Konfrontiert mit den reichen historischen Quellen, die sich mit Melancholie beschäftigten, wird der Kontrast zu unserem gegenwärtigen Zustand sofort deutlich. Während Melancholie in der Vergangenheit durch die Trennung von anderen, reduzierte Kontakte und Reflexion über sich selbst geprägt war, spielt sich die heutige Tristesse inmitten reger sozialer (Medien-)Interaktionen ab. Wie Sherry Turkle es formuliert, wir sind gemeinsam allein, als Teil der Masse – eine Form der Einsamkeit, die besonders grausam, hektisch und ermüdend ist.

---

28 Siehe die Aristoteles-Analyse in Raymond Klibansky, Erwin Panofsky, Fritz Saxl, *Saturn and Melancholy*, Basic Books, New York, 1964. (*Saturn und Melancholie*, Suhrkamp, Frankfurt a.M., 1990, S. 76-92).

29 Blau ist nicht nur die Farbe von Facebook, Twitter und IBM, es gibt auch eine Flut von medizinischen Reportagen im populären Nachrichtendschungel über die negativen Seiten von blauem Licht in Bezug auf Schlafstörungen. Siehe z.B.: https://www.health.harvard.edu/staying-healthy/blue-light-has-a-dark-side

Was wir gegenwärtig sehen, sind Systeme, die die Zeitlosigkeit der Melancholie ständig unterbrechen. Für Kontemplation oder Weltschmerz gibt es keine Zeit. Die soziale Wirklichkeit erteilt uns keine Erlaubnis, uns zurückzuziehen.[30] Selbst in unserem tiefsten Alleinsein sind wir von (online) anderen umgeben, die ewig weiterplappern und nach unserer Aufmerksamkeit verlangen. Aber die Ablenkung führt uns nicht nur aus der Welt heraus – dies ist die alte, immer noch vorherrschende Art, die fatale Anziehungskraft von Smartphones zu betrachten. Nein, die Ablenkung zieht uns nicht weg, sondern vielmehr ins Soziale zurück. Die soziale Wirklichkeit ist das magische Reich, wo wir hingehören. Hier sammeln sich die Stämme, ist der Ort, an dem man sein muss – on top of the world. Die sozialen Beziehungen im ›wirklichen Leben‹ haben ihre Vorherrschaft eingebüßt. Die Vorstellung, zur Dorfmentalität des Ortes, der früher als das ›wirkliche Leben‹ bekannt war, zurückzukehren, ist in der Tat beängstigend.

So Sad Today

Die Angst in den Sozialen Medien hat ihre literarischen Ausdrucksformen gefunden, wenn sie auch ganz anders aussehen als die Verzweiflung in Franz Kafkas Brief an Felice Bauer. Die Bereitwilligkeit, den eigenen psychischen Gesundheitszustand öffentlich auszuleben, ist zu einer brauchbaren Strategie im Rahmen unserer Aufmerksamkeitskultur geworden. Jeder, der die trostlosen Vorgänge des Lebens zu einem unterhaltsamen Paket zusammenschnüren kann, erhält zumindest die Aussicht, Geld damit zu machen und berühmt zu werden. Nehmen wir die US-Autorin Melissa Broder, die nachdem sie 2012 von New

30 In diesem Sinne ist Traurigkeit eine unerwartete Nebenwirkung des Social-Media-Geschäfts. Wolf Lepenies zufolge versprachen sowohl historische Entwürfe utopischer Gesellschaften wie auch die Avantgarden des 20. Jahrhunderts, die Zögerlichkeit des Handelns zu überwinden, die mit dieser bürgerlichen Krankheit Einzug hielt. Ein wahrer Revolutionär ist nicht melancholisch. In manchen Fällen war Melancholie sogar verboten (*Melancholie und Gesellschaft*, Suhrkamp, Frankfurt a.M., 1998, S. 40).

York nach Los Angeles umgezogen war, auf Twitter ihren So-Sad-Today-Account eröffnete. Ihre ›Twitteratur‹ profitiert von ihrem Vorleben als Dichterin. Sie beherrscht die Kunst des Aphorismus wie nur wenige andere und verdichtet Gefühle und Ängste in mundgerechte Tweets.

Broder schreibt über Themen wie geringes Selbstwertgefühl, Botox und Sucht auf eine emotionale Weise. Sie ist die zeitgenössische Expertin in Sachen Apathie, Trauer und Nutzlosigkeit. Im Laufe eines Nachmittags kann sie sich für Käsekuchen begeistern, ihr wahres Selbst als Online-Darstellerin herauskehren, sich dann einsam in die Öffentlichkeit begeben, erst rumplappern und dann weinen, ihre kurze Aufmerksamkeitsspanne kommentieren, alles hassen und sich schließlich wünschen, »das Leben zu versauen«. Die Internet-Obsession ist ihre Selbst-Obsession. Zwischen Sich-Kümmern um ihren kranken Ehemann und den obligatorischen Begegnungen mit der Prominenz von Santa Monica gibt es immer noch weitere unersättliche »spirituelle Löcher, die gefüllt werden wollen«. Je mehr wir die Ereignisse intensivieren, desto trauriger sind wir, wenn sie vorbei sind. Schon im Moment des Verlassens erwacht das Verlangen nach dem nächsten Erlebnisschub. Das Modemagazin Elle nannte sie »Twitter's amtierende Königin der Angst, Unsicherheit, sexuellen Besessenheit und des existentiellen Terrors«[31]. Andere haben sie als eine weitere Mitarbeiterin im »First-Person-Industriekomplex« charakterisiert.[32] Ich würde sie als das ideale Internetgesamtsubjekt bezeichnen.

Nach einer Selbstmordvision auf einem Bürgersteig in Venice Beach bekam Lucy, die Hauptfigur in Melissa Broders 2018 erschienenem Roman *Fische*, plötzlich Angst. »Ich holte mein Handy raus und drückte auf die Tasten, um einen Wagen zu holen, der mich nach Hause bringt. Genau so macht man das heute. Wir sind von der Emotion zum Telefon gekommen. Damit hat man im 21. Jahrhundert vermieden zu sterben.« Wie zwischen Telefon und Leben lässt sich auch zwischen real und virtuell, Faktum und Fiktion, Daten und Poesie nicht mehr unterscheiden.

---

31 Whitney Joiner, »Why is Melissa Broder So Sad Today?«, Elle Online, 14. März, 2016.
32 Laura Bennett, Slate.

In Broders Universum ist alles Teil eines großen Deliriums, einer unentrinnbaren Abwärtsspirale. »Was ich in der Liebe gesucht habe, ist eine Erlösung von den Ausschweifungen des Bewusstseins.« Sie rekapituliert ihr »Leben voller fiktiver Liebesgeschichten« durch den Schleier ihrer Unsicherheiten. In ihrem Essayband *So Sad Today* finden wir Twitter- oder SMS-lange Nachrichten, die alle mit »: a love story« enden. »Tut mir leid, dass ich eingeschlafen bin, während du mich geleckt hast: eine Liebesgeschichte.« »Ich bin heute fünf Stunden auf deiner Facebook-Seite gewesen: eine Liebesgeschichte.« »Ich denke nicht mal mehr beim Masturbieren an dich, weil es zu traurig ist: eine Liebesgeschichte.« »Ich will nicht aus dem Internet verschwinden oder mich auf die Bedürfnisse anderer einstellen: eine Liebesgeschichte.« »Wenn ich dir Nacktaufnahmen schicke, würde ich gerne eine vollständige Dissertation über ihre Bedeutsamkeit erhalten: eine Liebesgeschichte.« »Wir werden den Rest unseres Lebens in meinem Kopf verbringen: eine Liebesgeschichte.« »Keine Zähne auf der Klitoris, danke: eine Liebesgeschichte.« »Sag mir, wenn ich dir zu viel texte: eine Liebesgeschichte.«[33]

Eine weitere Episode in *So Sad Today* handelt von einer nicht so imaginären Internet-Liebesgeschichte. Es begann mit »albernen Messages, Lob für mein Schreiben und einem in meine Lieblingssüßigkeit gezeichnetem Bild. […] Er stocherte rum, schickte Nachrichten und likte jede meiner Internet-Versautheiten.« Eines Nachmittags begannen sie ein Sexting-Spiel, das sich über sechs Seiten verführerischer, expliziter Sprache erstreckt: »Er: Ich will dein Stöhnen auf meinem Schwanz spüren. Ich: Ich will, dass du meinen Bauch, meine Pussy und Schenkel aufgeilst, bis ich bettle.« Das Sexting dauerte ein Jahr, bis sie sich in einem Hotel in Manhattan verabredeten. Sie trafen sich ein paar Mal, hatten Sex in allen Farben des Regenbogens, dann kamen sie zurück zum Sexting, aber es wurde nun durch Reflexion verdorben – und versank in noch mehr Traurigkeit. Sie erkannten, dass sie keine normale Beziehung haben konnten und trennten sich. »Ich habe mich dafür entschieden, es mit Monogamie zu probieren. Das bedeutet das Ende

33 Alle Zitate aus dem Kapitel »Help Me Not Be a Human Being«, in: Melissa Broder, *So Sad Today*, Scribe, London, 2016, S. 29-36.

für dich und mich auf sexueller/textueller Ebene. Ich bin tieftraurig, während ich das schreibe. Wir haben es so gut gemacht. Gute Liebe. In einem anderen Leben? :)« Nach qualvollen Monaten beginnt sie, die Geschichte aufzuschreiben. »Was ich vielleicht am meisten vermisse ist, ins Weltraumland zu fallen und mit ihm über Sex fantasieren zu können. [...] Ich meine: War ich für dich echt? [...] Wir müssen zusammen magisch sein. Aber ist Magie überhaupt real?« Sie endet: »Online-Dating ist traurig. Schon die Teilnahme an Feiertagen und Hochzeiten ist traurig. Auch die Ehe ist traurig. Aber Liebe, Lust, Vernarrtheit – für ein paar Momente war ich nicht traurig.«

Ihre Tweets umfassen ein Spektrum von weiblicher Sensibilität bis hin zu sozialer Angst: Sie verachtet das moderne Leben (»das Aufwachen heute war eine Enttäuschung«, »am Leben zu bleiben ist eine Menge verdammter Druck«), hasst sich selbst (»ich würde mich nicht ficken«), ist selbstzerstörerisch (»ein positives Gefühl kann dich für immer kaputtmachen«, »ich will nicht tun, was gut für mich ist«), gibt nie vor, dass das Leben besser ist, als es ist (»ich bin nicht befeuchtet, hydriert oder voller Selbstliebe«), stellt Forderungen (»ich denke nicht, dass wir den Schwanz bekommen, den wir unserer Meinung nach verdient haben«, »erzähl mir nichts über Gehirnforschung, sage mir einfach, wie ich mich besser fühle«). So gibt sie in *So Sad Today* ein verbreitetes Taubheitsgefühl wieder (»kann nicht entscheiden, ob ich lebe«, »meine Droge der Wahl ist geringes Selbstwertgefühl«), ist süchtig nach sofortigen Veränderungen (»verliebte mich innerhalb von 10 Minuten in 8 Menschen«), lebt das Unvermeidliche (»Horoskop: Du solltest ihm keine SMS schreiben, aber du wirst«), fühlt sich leer (»ich war 5 Minuten wach, und es ist schon zu viel«), urteilt über andere (»Deine Positivität kommt mir wie eine Lüge vor«), hat Selbstmordtendenzen (»ich will mein ganzes Blut spenden«), radikalisiert menschliche Beziehungen (»nur Freunde zu sein ist ein Alptraum«), kann hervorragend ihre laufenden Kurzaffären zusammenzufassen (»dich zu lieben war eine Krankheit«) und präsentiert ihren Anhängern einen nie endenden

Strom hypermoderner Dilemmas (»sollte ich essen, schlafen oder masturbieren: das Musical«).[34]

Broders polyamorpher Beziehungsstatus ist weder verzweifelt noch befreiend. In der Art, wie sie ihre vielfältigen sexuellen Beziehungen beschreibt, steckt eine brutale Ehrlichkeit, die uns an Michel Houellebecq erinnert. Ist ihre Traurigkeit bloß ein literarischer Effekt, der der synthetischen Liebe eine menschliche Note gibt? Wir können die Broder-Persona auch mit der desaströsen Hauptfigur in Amos Kolleks 1997 gedrehtem Film *Sue* vergleichen, der die tragische Geschichte des sozialen Abstiegs einer New Yorker Sekretärin erzählt, die ihren Job und ihre Wohnung verliert.[35] Die medizinische Metapher der ›Sexsucht‹ steht in dem Film in enger Verbindung mit wirtschaftlichem Niedergang. Doch zwei Jahrzehnte später ist in Melissa Broders Werk keine Spur von Opferrolle zu finden. Der polyamorphe Lebensstil ist bereits integraler Bestandteil des prekären Zustands. Anstelle von Empathie lädt uns die kalte Verzweiflung ein, das Gesamtbild einer Gesellschaft in ständiger Angst wahrzunehmen. Wenn überhaupt, verkörpert Broder Slavoj Žižeks Mut zur Hoffnungslosigkeit: »Vergiss das Licht am Ende des Tunnels – es ist in Wirklichkeit der Scheinwerfer eines Zuges, der uns gleich treffen wird.«[36]

Trauer über den Kommunikationsverlust

Der Zweck des Traurigkeitsdesigns ist, wie Paul B. Preciado es nennt, »die Produktion von frustrierender Zufriedenheit«[37]. Sollten wir uns zur internetinduzierten Traurigkeit eine Meinung bilden? Wie können wir an dieses Thema herangehen, ohne auf die Online-Milliarden

34 Ausgewählte Tweets aus Melissa Broders @sosadtoday twitter account, Mai-Juli 2018.

35 Dank an Katharina Teichgräber für den Hinweis.

36 Slavoj Zizek, *The Courage of Hopelessness*, Penguin, London, 2017, S. xi. Er schreibt: »Wir müssen die Kraft sammeln, die Hoffnungslosigkeit voll und ganz anzunehmen.«

37 Paul B. Preciado, *Testojunkie*, Feminist Press, New York, 2013, S. 304.

herunterzuschauen, auf Fast-Food-Vergleiche zurückzugreifen oder die Allgemeinheit herablassend als schwache Wesen zu betrachten, die befreit und umsorgt werden müssen.[38] Ich stimme dem italienischen Designtheoretiker Silvio Lorusso zu, der schreibt: »Wenn Design einfach nur zu einem Ausdruck von Bürokreativität wird, die sich hinter der anstrengenden emotionalen Arbeit im Internet – ob online oder offline – versteckt, sollte die Ablehnung der Arbeit, ihrer körperlichen und kognitiven Dimension, Hand in Hand gehen mit der Ablehnung der obligatorischen Begeisterung, der positiven Einstellung, die eine solche Arbeit von einem verlangt. Deshalb ist mein Aufruf zur Traurigkeit eigentlich ein Plädoyer für eine emotionale Gegenkultur, eine kollektive Reaktion gegen die Verdeckung materieller Umstände mittels künstlicher Selbstmotivation. Schwindler-Freunde, hört auf zu lächeln und vereinigt euch!«[39] Bevor wir von Neuem dazu aufrufen, die ›westliche Melancholie‹ zu überwinden, ist es wichtig, erst einmal ihre Mechanismen zu untersuchen und zu dekonstruieren. In einem Designkontext wäre unser Ziel, »den Prozess, in dem sich ein Designer den Konsequenzen der gegenwärtigen Situation widmet, statt sich mit den Gründen für ein spezifisches Problem zu beschäftigen,«[40] in den Vordergrund zu stellen.

Wir überwinden Traurigkeit nicht durch Glück, sondern eher, wie Andrew Culp betonte, durch den Hass auf diese Welt. Traurigkeit entsteht in Situationen, in denen das ›Werden‹ zu einer unverhohlenen Lüge wurde. Wir leiden und es gibt keine Form des Absurden, die uns einen Ausweg anbietet. Der öffentliche Zugang zur 21.-Jahrhundert-Version des Dadaismus ist gesperrt. Auch das Verschwinden des Surrealismus schmerzt. Wie könnten unsere sozialen Phantasien aussehen? Sind rechtliche Strukturen wie z.B. Kooperativen alles, was uns dazu einfällt? Es scheint, als ob wir in Sanftheit gefangen seien und

38 Eine Formulierung von Hans Demeyer, Uitgeput op drift, Over Mark Fisher, in: De Witte Raaf 193, Mai-Juni 2018. S. 5.

39 http://networkcultures.org/entreprecariat/the-designer-without-qualities/

40 »Western Melancholy/How to Imagine Different Futures in the Real World«, http://interakcije.net/en/2018/08/27/western-melancholy-how-to-imagine-different-futures-in-the-real-world/#rf3-2509

dabei leise die mit Impressionen und Mitteilungen übersäten Flächen überfliegen. Das kollektive Imaginäre ist auf Eis gelegt. Was noch schlimmer ist, diese Banalität ist selbst makellos und bietet keinerlei Hinweise auf ihre Gefahren und Verzerrungen. Dadurch konnte sie uns überwältigen. Ist die Möglichkeit des Mythos technologisch unmöglich geworden? Statt unsere inneren Wracks kreativ nach außen zu verlagern, projizieren wir unser Bedürfnis nach Fremdheit auf humanisierte Roboter. Das Digitale ist weder neu noch alt, aber es wird – um einen Culp-Begriff zu verwenden – kataklysmisch sein, wenn geschmeidige Dienste zu tragischen Ruinen zusammenfallen. Der begrenzten Möglichkeiten der individuellen Sphäre bewusst, können wir uns aber auch nicht positiv mit der tragischen Manifestation des Kollektivs identifizieren, das als Social Media bezeichnet wird. Wir können weder zum Mystizismus noch zum Positivismus zurückkehren. Der naive Akt der Kommunikation ist verloren – und darum weinen wir.[41]

41 Siehe das Interview mit George Didi-Huberman in *Liberation*, 1. September 2016, »Tears are a Manifestation of Political Power«, https://www.liberation.fr/debats/2016/09/01/georges-didi-huberman-les-larmes-sont-une-manifestation-de-la-puissance-politique_1476324 (Dank an Marie Lechner für den Hinweis)

Kapitel 5: Medien Netzwerk Plattform – Drei Architekturen

Michel Foucault zufolge symbolisieren Krankenhaus, psychiatrische Anstalt und Gefängnis die Disziplinargesellschaft. Die heutigen Institutionen der Selbstbegrenzung sind zweifellos die Social-Media-Plattformen. Einerseits hat sich nichts verändert – diese Plattformen sind in ähnliche pädagogische Intentionen eingebettet wie Institutionen des 19. Jahrhunderts. Andererseits hat sich alles verändert – diese soziotechnischen Architekturen haben Institutionen ersetzt, konventionelle Formen der Selbstbeherrschung und Kontrolle herausgefordert. Die Schlüsselfrage dieses Kapitels ist, wie diese Architektur enträtselt werden kann, wie die Sozialen Medien auseinandergenommen werden können, so dass, in Foucaults Worten, die »verdeckte politische Gewalt in ihnen demaskiert werden kann«[1]. Mein Ziel hier ist nicht, die schwache disziplinarische Form Sozialer Medien aufzudecken. Schließlich ist Zerstreuung keine Flucht vor Disziplin. Bevor wir uns also in eine Patentkritik stürzen – Privatsphärenbelange, monopolistischer Besitz und staatliche Überwachungsmaßnahmen – möchte ich den Begriff der Plattform untersuchen. Was ist so tröstlich daran, auf der Plattform zu sein? Um ihre Anziehungskraft zu erkunden, werde ich »Plattform« mit zwei früheren und breiteren Begriffen

1 Zitat aus einer im niederländischen Fernsehen ausgestrahlten Debatte zwischen Noam Chomsky und Michel Foucault. https://www.youtube.com/watch?v=3wfNl2LoGf8 Die Transkription ist hier einsehbar: https://chomsky.info/1971xxxx/

vergleichen, die in meiner Biographie von Bedeutung waren: Medien und Netzwerk.

Sowohl in der Alltagssprache als auch im wissenschaftlichen Jargon sind die Begriffe »Medien«, »Netzwerk« und »Plattform« austauschbar geworden. Während Fernsehen, Zeitung und Smartphones als eigene materielle Träger einfach identifizierbar sind, verwischen Soziale Medien alle Grenzen in eine unscharfe Online-Erfahrung. Im heutigen Jargon ausgedrückt: Wir teilen Medien auf Plattformen durch Netzwerke.[2] Jedes der drei Konzepte war eine *grande idée*, die in einer bestimmten Ära in die Sphäre der Alltagssprache hineinplatzte. Während die 1980er Jahre die goldene Zeit der Medien waren und in den 1990er und 2000er Jahren die Netzwerke dominierten, sind wir nun mitten im Plattformzeitalter angekommen.

Seit Trump sind wir uns bewusst, wie einfach Äußerungen auf Plattformen zu Nachrichtenschlagzeilen werden. Alles schiebt sich zusammen. Ist es das, was das Medienbusiness einst als »Konvergenz« vorhersagte? Was gewinnen wir damit, dass wir auf der Unterscheidung solch distinkter Ausdrucksformen bestehen?

Technik entwickelt sich rapide, doch die akademische Klassifizierung von Disziplinen bleibt konservativ und tief in vergangenen Jahrhunderten verwurzelt. Um was geht es in der europäischen »Medientheorie«? Und was hat dieses Teilgenre der Geisteswissenschaften mit den anglo-amerikanischen »Cultural Studies« zu tun? Warum gibt es keinen Bezug dieser halbgaren Disziplinen zu denjenigen, die »Medien und Kommunikation« beforschen? Und wie passt die unsichere Zu-

---

2 Dieses Kapitel kann als eine Aktualisierung früherer Anmerkungen in Geert Lovink, *Im Bann der Plattformen*, transcript, 2017, gelesen werden. Eine noch frühere Version, auf der Basis eines Vortrags in Salzburg, wurde als »Medien-Netze-Plattformen« in *MedienJournal*, 41. Jahrgang, Nr. 1/2017, S. 26-32, publiziert. Zweifellos enthält der Text in der Wahl und Anordnung der drei Begriffe ein biographisches Element. Ich begann als Organisator alternativer Medien, wurde dann Medientheoretiker, der sich mit Computernetzwerken beschäftigte und »Netzkritik« vertrat, und schließlich musste ich mich – und das von mir 2004 gegründete Institute of Network Cultures – mit der Macht zentralisierter Plattformen auseinandersetzen.

kunft der »Dead Star«-Humanities in all das? Auch wenn die »Medienforschung« ihre Position scheinbar konsolidiert hat, nahm niemand ernsthaft die Herausforderung an, eine »Internetforschung« und schon gar nicht eine »Plattformforschung« zu etablieren – trotz überwältigender globaler Statistiken, die zeigen, dass ein Großteil der Menschheit (55 % im Juni 2018) online ist, abhängig von Plattformen.[3]

Tatsächlich beanspruchen heutige Plattformen, weder Medien noch Netzwerke zu sein, und bestehen eigensinnig auf ihre Technikerfantasie, »nur« als technischer Dienstanbieter zu operieren. Sollten wir angesichts solch schnell beweglicher Ziele und sich verändernder Labels und im Wissen um das tragische Verschwinden von »Neuen Medien« als inter- oder transdisziplinäre Forschung für Plattform- oder App-Forschung plädieren?

Trotz des akademischen Schlamassels ist es nicht wirklich schwierig, aufzuzeigen, wie wir von Medien über Netzwerke hin zu Plattformen kamen. Man muss nur den verschiedenen Stadien der Internetentwicklung folgen. Nach seinen militärischen und akademischen Ursprüngen und seiner Transformation in eine öffentliche Infrastruktur kam seine Wende im Jahr 1997. Plötzlich endete die Zeit der »Neuen Medien« – in der wir als Aktivisten, Künstler, Designer und Community-Organisatoren glaubten, eine Rolle spielen zu können – und die Monokultur des Risikokapitals übernahm. »Kein Rhizom für dich.« Gehorche dem Supermarktdesign. Unterwirf dich der Übernahme. Dem »kurzen Sommer der Netzkritik«[4] folgte der Dotcom-Hype des E-Commerce bis zu seinem Zusammenbruch 2001 (gefolgt von 9/11). Nachdem diese Blase geplatzt war, markierte das Web 2.0 eine verhaltene Zeit der Wiederherstellung. Blogs, RSS-Feeds und nutzergenerierte Inhalte übernahmen die kollektive Imagination und die Erfolgsgeschichte von Google nahm ihren Anfang. In dieser Zeit verwandelte sich das in früheren Zeiten erworbene Wissen über Netzwerke in Code – und in Profit für wenige. Die vierte Internetphase, in der wir noch stecken, begann mit

3 Siehe https://internetworldstats.com/stats.htm

4 Siehe Geert Lovink & Pit Schultz, *Jugendjahre der Netzkritik*, Institute of Network Cultures, Amsterdam, 2010.

der Finanzkrise 2008 und ist durch den Aufstieg des extraktivistischen Modells bestimmt, durch Social-Media-Plattformen, die sich Netzwerken lediglich als Werkzeuge für Hyperwachstum unterordnen.

In diesem Kapitel gehe ich zunächst die Medienfrage an, bevor ich mich dem unsicheren Status des Netzwerks zuwende, und schließe mit dem aktuellen Stand der Plattform. Eine Chronologie wie oben angerissen bietet sicherlich ein starkes Narrativ, das sich mit meiner eigenen Biographie deckt. Trotzdem ziehe ich vor, diese drei Begriffe als verflochtene »Plateaus« zu erkunden – infrastrukturelle Schichten, die ein größeres Framework für »den Stack« bilden.

Die ewige Wiederkehr der Medienfrage

Mein biographischer Ausgangspunkt, um die Medienfrage anzugehen, sind nicht »alternative Medien« oder Marshall McLuhan, sondern die deutsche Medientheorie. Als ich mich 1987, dem Jahr, als ich meinen ersten PC kaufte, entschied, »Medientheoretiker« zu werden – ohne eine klare Vorstellung davon, was dies außerhalb der akademischen Welt bedeutete – waren Klaus Theweleit (*Männerphantasien*) und Friedrich Kittler (*Grammophon Film Typewriter*) meine Vorbilder. Sie waren Geschichtenerzähler in der psychoanalytischen Tradition, die die traumatischen Wurzeln der Medien im Zweiten Weltkrieg untersuchten. Diesen Denkern zufolge konnten Medien nicht vom Militär getrennt werden, die Kybernetik kam aus Befehl und Steuerung hervor. Dieser Heckscheiben-Ansatz unterschied sich radikal von den endlosen Hype-Zyklen der IT und ihrer Obsession mit der Zukunft. Düsterer und von Gewalt durchwirkt war der von ihnen dargestellte historische Materialismus alles andere als nostalgisch.

Im Jahr 2004 veröffentlichten Günter Helmes und Werner Köster den Sammelband *Texte zur Medientheorie* in Reclams historischer Gelber Reihe. Das 352 Seiten starke Heft fasste den Diskurs übersichtlich zusammen, der damals in einem Teil Europas dominierte. Im Gegensatz zu vielen angelsächsischen Lesern mit einem Hintergrund in postkolonialen oder feministischen Cultural Studies war der Band allerdings nicht gerade politisch korrekt. Man könnte seine Position sogar geradewegs als konservativ bezeichnen. Ein weiterer Unterschied ist seine Betonung der Materialität der Medien. Zum Beispiel bezogen die Herausgeber ein Fragment von Friedrich Albert Lange mit ein, der seine Geschichte des Materialismus 1866 schrieb. Auch wenn Medienbotschaften unterschiedliche Bedeutungen repräsentieren können, ist der eigentliche Inhalt Helmes und Köster zufolge irrelevant für die Medientheorie. Diese Unterscheidung ist im heutigen Medienaktivismus wieder aufgenommen worden: Während einige die Botschaften bestimmter Medien kritisieren, arbeiten andere daran, den Medienapparat als Ganzes auseinander zu nehmen.

Die Herausgeber sind sich ihrer deutschen Blase nicht recht bewusst. Die Besonderheit deutscher Medientheorie wird nirgends eingeräumt; ihre spezifischen Probleme und Methoden werden nie mit dem Ansatz der kanadischen oder britisch-US-amerikanisch-australischen Cultural Studies kontrastiert. »Medientheorie« ist wohl eine Angelegenheit der kontinentaleuropäischen Geisteswissenschaften. Wie Florian Cramer anlässlich zahlreicher Gelegenheiten erklärte, kam die hier erkennbare Metaphysik aus einer spezifischen Krise hervor, als die deutsche Philosophie und Geisteswissenschaften sich ihrer eigenen Materialität (und Vergeblichkeit) bewusst wurden.[5] Ein positiver Aspekt ist, dass wir die Herausgeber für ihre idiosynkratische Verrücktheit preisen

5 Florian Kramer verweist auf die Verwendung eines anderen Begriffs: »Im letzten Jahrzehnt haben die deutschen Geisteswissenschaften ein breites, allgemeines und transhistorisches Medienkonzept der ›Medialität‹ entwickelt, in dem jedes Material oder jeder imaginäre Informationsträger als Medium gilt, von CPUs bis hin zu Engeln. Das Konzept des ›Mediums‹ hat somit den älteren semiotisch-strukturalistischen Begriff des ›Zeichens‹ abgelöst und verdrängt.« (https://web.archive.org/web/20090420094737/http://medienumbrueche.uni-siegen.de/groups/medienwissenschaften/blog/). Er fügt hinzu: »Vielleicht könnte man rückblickend sagen, dass die ›deutsche Medientheorie‹ so etwas ähnliches wie ›Krautrock‹ ist: ein Phänomen, das im Ausland beobachtet und konstruiert, in Deutschland selbst jedoch viel weniger als ein zusammenhängendes Phänomen verstanden wurde.« (Email, 3. September 2018). Siehe auch Claudia Breger: »Zur Debatte um den ›Sonderweg deutsche Medienwissenschaft‹«. *Zeitschrift für Medienwissenschaft*, Zürich, 1/2009, S. 124-127.

können. Medientheorie zielte auf kulturelle Überlegenheit, philosophische Vorherrschaft über ein strategisches Feld, ohne einen Kompromiss mit profanen Praktikern der Kreativindustrie schließen zu müssen. Die Folge war, dass deutsche kulturelle und akademische Eliten die (finanzielle und konzeptionelle) Freiheit hatten, in einer einzigartigen und ungewöhnlichen Weise über Medien nachzudenken.

Der Reclam-Band bietet keine vollständigen Texte; er ist eine Sammlung von ein- bis dreiseitigen Fragmenten, alle 76 ausnahmslos von Männern verfasst. Die Sammlung beginnt mit den biblischen Versen in Exodus über das Bilderverbot. Beim Blättern durch Plato, Cicero und Augustinus wird deutlich, was die Essenz von Medien ist: die Überwachung der Sinne. Diesen Denkern zufolge zerstört das Lesen unsere Fähigkeit, uns etwas zu merken, sinnvolle Dialoge zu führen und so weiter. Dann spulen wir ins 18. Jahrhundert, eine außerordentlich imaginative und innovative Zeitspanne, und in eine damit zusammenhängende Explosion von Sammelbandbeiträgen. Das 20. Jahrhundert bietet vergleichsweise weniger Überraschungen. Beginnend mit der frühen Filmtheorie, nimmt der Sammelband Beiträge der Weimarer Klassiker wir Brecht und Benjamin auf, bewegt sich durch die Technikdebatten der Nachkriegszeit, Fernsehen, Hypertext, Medien *an sich* und Virtuelle Realität und schließt am Ende mit Bill Joys und Ray Kurzweils Debatte über KI und Robotik.

Die gewählten Fragmente beschäftigen sich mit der Kunst, die Sinne zu verfeinern. Dies war ein populäres Thema um die Jahrtausendwende, damals unter dem Begriff Multimedia bekannt – ein Nachhall von Richard Wagners *Gesamtkunstwerk*. Doch die deutsche Strategie, »Medien« maximal auszuweiten, hat nicht zu einer allgemeinen Akzeptanz von Medientheorie als einer Organisationsstruktur geführt, die Philosophie oder Religion als zentralisierte Bedeutungsanbieter ersetzen könnte. Bestenfalls bot sie einer begrenzten Gruppe von Forschern wertvolle Einsichten in die Geschichte der Kultur und der Kommunikation. Uns bleibt eine dauerhafte Dominanz »partieller Medien« mit ihren eigenen Distributionskanälen und spezifischen Industrietitanen. Man denke an Kino, Fernsehen, Radio, Dichtung, Fotografie, Zeitungen, Theater und Buchverlage. Eines Tages könnte das Internet auch auf dieser Liste landen (vielleicht nur, wenn das planetarische Projekt des »medium to end all media« vollständig scheitert, eine totalisierende Fantasie, die wie das Römische Reich kollabiert).

Dies ist kein weiteres Requiem für die Medien. Es ist viel zu spät für eine solche Geste. Medientheorien kommen und gehen, doch »Medien« bleiben bestehen. Heutzutage verschwinden Phänomene nicht einfach nur, sie werden Teil der Landschaft und überleben irgendwie jede neue Welle, die verspricht, sie in die Ebbe historischer Irrelevanz zu schwemmen. Im Fall der Medien sollten wir nicht einem weithin vorhergesagten Relativismus und Gleichgültigkeit zum Opfer fallen. Von Tageszeitungen über Lokalradio und staatlichen Fernsehsendern sowie Websites, es herrscht immer noch ein kollektiver Glaube an die Bedeutung von Medien. Nischen- und Retroformate sind ebenso real wie technische Innovationen, die sie angeblich obsolet machen oder durch Überfluss überwältigen. Das Repackaging von Inhalten geht nun in alle Richtungen. Auch politisch bleiben Medien relevant, auch wenn wenige ihre Macht begreifen. Mit den nennenswerten Ausnahmen von Trump auf Twitter und Italiens Fünf-Sterne-Bewegung, die der Web 2.0-Ära entstammt, haben politische und intellektuelle Eliten keine Ahnung von den neuen Möglichkeiten. In Ermanglung einer technisch versierten kulturellen Avantgarde bleibt die politische Version des Bürgers als Nutzer unerfüllt und unzureichend.

Netzwerke als Systeme Zweiter Ordnung

Machen wir uns nichts vor, Netzwerke haben die Welt nicht übernommen. Ihre autopoietischen Dynamiken, die auf die Ermächtigung des Individuums in Gesellschaften zielten, in denen feste soziale Beziehungen abnehmen, waren rührend, aber letztlich überbewertet. Als visuelle Diagramme oder architektonische Konstrukte überzeugten Netzwerke. Als ein nachhaltiges wirtschaftliches oder institutionelles Framework genügen Netzwerke grundsätzlich nicht. Das nach innen gerichtete, feedback-basierte Wesen des Netzwerks ist zugleich seine Stärke und seine Schwäche. Bevor eine Netzwerktheorie sich entwickeln und verbreiten konnte, stand sie im Schatten des »rhizomatischen« postmodernen Denkens, ein Diskurs, der sich von den schwierigen Fragen entfernte, wie Netzwerke den statischen Formalismus des 20. Jahrhunderts in industriellen Beziehungen ablösen könnten. War der Zusammenstoß von Netzwerken und Postmoderne einfach ein Zufall oder geradewegs ein Fehler? Ich schreibe das als eine weitere Frage an, die unbeantwortet bleiben wird.

Fast-Forward in die Gegenwart, und was übrigbleibt sind zwei Netzwerk-Vermächtnisse. Das erste ist Manuel Castells *Sociology of Flows*, ein Konzept, das nach dem Erscheinen seiner Trilogie zur *Netzwerkgesellschaft* auf dem Höhepunkt der Dotcom-Manie überaus einflussreich wurde. Castells Ansatz der Netzwerkgesellschaft kann zwischen der Forschung zu Sozialen Bewegungen, Internetforschung und Stadtforschung positioniert werden. Das zweite Vermächtnis ist die Schule von Albert-László Barabási, Duncan J. Watts und anderen. Dieser ebenfalls aus den späten 1990er Jahren stammende Ansatz wurzelt in Mathematik und Informatik.[6] Keiner der beiden hat jedoch seine eigenen Forschungsinstitute aufgebaut. Stattdessen sind sie in den existierenden Disziplinen wenig präsent, beinahe unsichtbar. Das kann von der Internetforschung im Allgemeinen behauptet werden. Paradoxerweise übertreffen sich sowohl affirmative als auch kritische Netzwerktheorie im Untergraben ihrer eigenen Zukunft. Setze deine Lehre in die Tat um.

Ungeachtet des akademischen Mangels sind Netzwerke heute das zentrale Instrument jeder politischen und sozialen Arbeit. Wohl eher als Werkzeug konstituieren Netzwerke ihr eigenes Umfeld, einen Aktivitätsbereich, den wir oft kaum zur Kenntnis nehmen. Netzwerke definieren unseren Horizont und sie sind heutzutage ziemlich groß. Netzwerke erscheinen, wenn formale Hierarchien in Frage gestellt werden oder gar kollabieren. Sie sind handgefertigte Produkte menschlicher Arbeit. Sie entstehen nicht über Nacht. Anders als »Freunde« können sie nicht gekauft werden. Sobald die Arbeit abgeschlossen ist, kann das

6 Siehe https://en.wikipedia.org/wiki/Network_science und http://networksciencebook.com/

Netzwerk natürlich kartiert, simuliert und erfasst werden. Doch die Ursprünge des Netzwerks bleiben ein geheimnisvolles A-priori. Gleichgültig, wie viel Computerleistung wir haben oder wie viel Visualisierungssoftware wir besitzen, die Herstellung eines Netzwerkdiagramms generiert letztlich eine Reihe toter Entitäten. Fixiert und versteinert wird es immer daran scheitern, das lebendige Spiel sozialer Impulse zu erfassen. Bestenfalls kann es anzeigen, dass irgendwo eine soziale Dynamik stattfand. Wie Zeynep Tufeksi betont, »Netzwerkinternalitäten entstammen nicht einfach nur der Existenz eines Netzwerks, sondern der kontinuierlichen Arbeit des Verhandelns und der Interaktion, die zum Erhalt der Netzwerke als funktionierende und dauerhafte soziale und politische Strukturen notwendig ist. Der Aufbau solcher Netzwerke ist kostspielig.«[7] Sie erinnert uns daran, dass »Technik Bewegungen dabei helfen kann, sich zu koordinieren und zu organisieren, doch wenn damit einhergehende Netzwerkinternalitäten vernachlässigt werden, kann Technik zu Bewegungen führen, die hochskalieren, ohne über die erforderliche Unterstützung zu verfügen«.

Der Sammelband, der Tiefe und Umfang des Netzwerkkonzepts am besten resümiert, ist *Networks*, herausgegeben von Lars Bang Larsen, erschienen 2014, Whitechapel Gallery und MIT Press. Ausgangspunkt ist hier nicht eine Kulturgeschichte des Netzwerks als Mythos oder Symbol, wie z.B. bei Sebastian Gießmann als Sammlung an Beziehungen beschrieben.[8] Stattdessen beginnt es in der wuseligen Vor-Dotcom-Ära, einer Zeit voller Spekulationen von Visionären und Künstlern. Sadie Plant stellt die Frage nach dem »Weben des Netzes«, Joseph Beuys lässt in einer Installation für die Documenta 6 »Honig in alle Richtungen fließen« und Felix Guattari denkt über die Verflechtung seiner drei Ökologien nach. Nach der Euphorie des Netzwerks »als Seinsmodus« geht der Sammelband zu den Teilen »Austausch ist

7 Zeynep Tufekci, *Twitter and Tear Gas, The Power and Fragility of Networked Protest*, Yale University Press, London, 2017, S. 76.

8 Siehe mein Interview mit Sebastian Gießmann zu seinem Buch *Die Verbundenheit der Dinge*, Necsus, Spring 2016, https://necsus-ejms.org/philosophy-weaving-web-interview-media-theorist-sebastian-giessmann/

der Sauerstoff des Kapitals« und »Korruption, Intrige und verdeckte Solidarität« über. Von der ursprünglichen Begeisterung darüber, vernetzt zu sein, bleibt nicht viel übrig. In der Temporären Autonomen Zone fand man Drama und Schmutz vor. Doch selbst in jenen Tagen bemerkten die verrückten Multitudes irgendwie, dass die Ekstase der »telematischen Umarmung« allzu flüchtig war.

Der neue Kommunikationsstandard: Plattformen

Aktuell ersetzen Plattformen sowohl Medien als auch Netzwerke. Die Theoretisierung der Plattformen steckt noch in den Kinderschuhen. Wenn wir eine Genealogie der Plattform schreiben wollen, könnten wir mit einer Etymologie des niederländischen Ausdrucks *platte vorm* beginnen, der »flachen Form« als ebener Oberfläche, die als gigantischer Ausgleicher verschiedener Kräfte und Strömungen operiert.[9] Anders als die niedrige Ebene der Polder befindet sich das Plateau immer auf einer höheren Ebene, gemäß der alten militärischen Strategie der Positionierung von Befestigungen um Kirchen, Paläste und Schlösser auf Hügeln, um Feindbewegungen zu erkennen. In derselben Weise machen sich heute Plattformen informationelle Unterschiede »zunutze« und können nicht ohne weiteres eingenommen werden. Plattformen herrschen über das umgebende Territorium ähnlich wie einst Vauban-Festungen. Im Prinzip können sie gehackt und geflutet werden, in der Praxis sind diese Störungen temporär (unter dem Vorbehalt, dass ein

9 Einer von vielen Ausgangspunkten könnte Orit Halperns Beschreibung der Wende von der Sprache zur Landschaft in der Arbeit des Künstlers und Kybernetikpioniers György Kepes sein. Diesem Ansatz folgend, könnten Plattformen als »Formenlandschaft« definiert werden. Halpern zeichnet Kepes' Mitte des 20. Jahrhunderts entwickelte »Neukonfiguration von Kognition, Wahrnehmung und Sinn hin zu Algorithmen, Muster und Fortschritt« nach. Er betrachtete die konstanten Daten- und Interface-Interaktionen als eine »Umgebung«, eine paradigmatische Verschiebung, die zum Beispiel zu Kevin Lynchs – von Kepes betreuter – Studie *Das Bild der Stadt* von 1953 führte. Siehe Orit Halpern, *Beautiful Data*, Duke University Press, Durham, 2014, S. 80f.

richtiger Cyberkrieg noch nicht stattgefunden hat). Neben der Festung können Plattformen auch mit dem städtischen Platz verglichen werden, auf dem historische Märkte abgehalten wurden. Diese Metapher sollte jedoch von jeglichen »natürlichen« Konzepten wie Angebot und Nachfrage oder Preisgleichgewicht freigelegt werden. Weit davon entfernt, natürlich zu sein, sind diese Umgebungen hoch artifiziell – ihre Ökonomien unsichtbar von Betreibern und »First Movers« mittels Algorithmen und Code manipuliert.

Heute will jede ambitionierte Person eine Plattform starten. Ihr weltweiter Erfolg hat den Begriff über jedes Maß hinaus aufgeblasen. Doch obwohl dies wie ein löbliches Bestreben klingt, müssen wir berücksichtigen, dass die Plattform, wie wir sie bisher kannten, nicht einfach eine erfolgreiche Website ist. Eine starke Social-Media-Präsenz zu haben, ist eine Sache; eine Plattform zu bauen, ist eine völlig andere. Man bedenke die gewaltige Menge an Abhängigkeiten, die benötigt wird, damit eine Plattform entsteht. Plattformen kommen nur durch eine bereits vorhandene kritische Masse an Nutzern und Daten zustande. Dies erfordert eine komplexe Menge an darunterliegenden Netzwerken, die die Plattform untermauern. Und diese Netzwerke wiederum basieren auf einer interoperablen Menge bereits vorhandener technischer Standards und Protokolle. Langley und Leyshon zufolge »sind Plattformen spezifische Zusammenkommen von Code und Kommerz: Wenn Infrastrukturen der Partizipation und Konnektivität entworfen und Daten erfasst und einsetzbar sind, ist dies die Vermittlung digitaler ökonomischer Zirkulation in Aktion.«[10] Nick Srnicek beschreibt Plattformen als digitale Infrastrukturen, die es zwei oder mehr Gruppen ermöglichen, zu interagieren.[11]

Ältere technische Definitionen von Plattform hören sich etwa so an: »[...] der gesamte Hardware- und Softwarekontext, in dem ein Programm läuft. Ein Programm, das in einer plattformabhängigen Sprache geschrieben ist, kann abbrechen, wenn eine der folgenden

---

10 Paul Langley & Andrew Leyshon, *Platform Capitalism: The Intermediation and Capitalization of Digital Economic Circulation*. Finance and Society, 2016.

11 Nick Srnicek, *Platform Capitalism*, Polity Press, Cambridge, 2016, S. 43.

Komponenten verändert wird: Maschine, Betriebssystem, Libraries, Compiler oder Systemkonfiguration.« In dieser Beschreibung der Pearl-Programmierer-Community können wir die Bedeutung von Interdependenz in der Praxis beobachten: nimm ein Element heraus und das System funktioniert nicht mehr. Leider fehlt solchen Definitionen die notwendige neoliberale Rhetorik. Sie könnten den ökonomischen Angriff der Management-Consultants nicht überleben.

Für das Business wird die Plattform ein Metaprodukt, eine neue Architektur zur Kapitalisierung. Die US-Managementgurus McAfee und Brynjolfsson zum Beispiel verkaufen Plattformen als Synthese sozialer Flows und sozioökonomischer Ziele. Das Duo definiert Plattformen als »eine digitale Umgebung mit gegen Null gehenden, marginalen Kosten für Zugang, Vervielfältigung und Distribution«[12]. In Wirklichkeit sind Plattformen hegelianische Wirtschaftskriegsmaschinen, die *User Experience* steuern. Sie zielen darauf, Nutzer, Firmen und eigentlich alles, das in der Produktherstellung involviert ist, ihrer ökonomischen Logik zu unterstellen. »Eine Fahrt quer durch die Stadt ist ein Produkt und Uber ist die Plattform, die Leute benutzen, um Zugang zum Produkt zu erhalten.« Gewöhn' dich dran. Die Souveränität der Produktion wird zerstört, die Produzenten werden »Zulieferer« (Amazon ist das beste Beispiel dafür). Wie machen wir den riesigen Schaden für die Gesellschaft öffentlich, den diese »großen Kostensenker« verursachen?

Im Untertitel ihres Buchs verwenden McAfee und Brynjolfsson eine defensive militärische Rhetorik, um die Plattformverfassung zu beschreiben: »Unsere Digitale Zukunft einspannen.« Einspannen gegen was? Den »Deep Market« vor dem Internet? Attacken der vernetzten Multitudes oder der chinesischen und russischen Geheimdienste und ihrer Hackerarmeen? Wir nähern uns der Sache. Tatsächlich ist es Offenheit, die sie am meisten fürchten, das offene Netzwerk, das uns »Schadsoftware, Cyberkriminalität, Cyberkrieg, Darknets für den Austausch von Kinderpornografie, Identitätsdiebstahl und andere

12 Andrew McAfee & Erik Brynjolfsson, *Machine Platform Crowd*, Norton & Company, New York, 2017, S. 163.

Entwicklungen gebracht hat, die einen an der Menschheit verzweifeln lassen«[13]. Natürlich spielen Plattformen keinerlei Rolle in diesen Entwicklungen.

Im Sinne der Kapitalisierung sind es die aus dem Teilen generierten Daten, die Plattformen auf eine neue Ebene heben. Plattformbetreiber schürfen Wert – zumindest bis eine unvorhersehbare Disruption die Ökologie in Stücke schlägt. Das Wesen dieses Kollapses ist unbekannt. Durch massive ökonomische Interessen gestützt, die versuchen, die Plattform aufrecht zu erhalten, können wir nur spekulieren, dass ihr Untergang anders sein wird als der von Plattformpionieren wie Friendster, Hyves und Bebo, die sich über Nacht in Geisterstädte verwandelten. Klar ist, dass sie verwundbar sind, wenn es um Informationskomplexität geht. Bisher wissen wir nur einen kleinen Teil darüber, wie Plattformen entstehen; bald werden wir mehr über ihren Niedergang herausfinden.

Benjamin Brattons The Stack

The Stack von Benjamin Bratton erschien 2016. Diese monumentale Kosmologie, vergleichbar mit Peter Sloterdijks Trilogie *Sphären*, untersucht Designs für eine planetarische Megastruktur in kalter hegelianischer Art. Brattons Buch muss aus einer interdisziplinären Perspektive gelesen werden. Als es erschien, las ich es als Nachfolge von Lev Manovichs *The Language of New Media* aus dem Jahr 2001.[14]

Bratton zufolge existieren Netzwerke, Medien und Plattformen nicht mehr als getrennte Entitäten. Frühere Auffassungen, die versuchten, die Welt über die »Medien«-Perspektive zu lesen, sind unzureichend geworden. Stattdessen impliziert »The Stack«, dass alles geschichtet und vernetzt und in eine größere digitale Infrastruktur integriert ist.

13 Ebd., S. 164.

14 Interessanterweise lehrt Bratton am selben Institut an der University of California in San Diego an dem Manovich arbeitete, bevor er 2013 nach New York zurückging.

Obwohl dies im Buch nicht explizit diskutiert wird, hat »stack« (»Stapel«) einen technischen Ursprung und wird immer noch von Computeringenieuren verwendet, wenn sie sich auf die unterschiedlichen Schichten der Netzwerkarchitektur beziehen. Ein kürzliches Beispiel ist die geschichtete Visualisierung von »das Internet ist kaputt« der Nach-Snowden-Ära, die sich von der grundlegenden Hardware über Betriebssysteme und Router bis hin zu Nutzerschnittstellen und Apps bewegt und die zeigt, dass Aktivisten auf jeder Ebene mit Reparieren beschäftigt sind. Bratton zufolge hat die »planetarische Megastruktur« des Stacks sechs unterschiedliche Ebenen: Erde, Wolke, Stadt, Adresse, Schnittstelle und Nutzer. Wie bei jedem starken Konzept ist es so, dass man überall Stacks sieht, sobald man anfängt, danach zu suchen. Ob Fernsehen oder Gesundheitswesen, Landwirtschaft oder Logistik, sie alle nutzen dieselben Kabel, Software und Provider. Dies ist die »infrastrukturelle Wende«, eine Richtung, in die die Arbeit vieler Designer, Architekten und Akademiker geht, von Keller Easterling, Nicole Starosielski und Metahaven zu Orit Halpern, John Durham Peters und Ned Rossiter.

Die Ökologie der Geekpsyche ist eine in sich geschlossene Entität, die ihre imaginierte technische Realität als Fakt präsentiert. In ähnlicher Weise setzt Benjamin Bratton die Globalisierung der IT-Infrastruktur als gegeben voraus. »Planetarische Computation«, wie er es nennt, ist unser A-priori, etwas Gegebenes oder Vorausgesetztes. Das ist die neue Normalität. Dennoch, zumindest historisch betrachtet, ist die Cloud ein Ausnahmezustand, eine Anomalie neueren Datums. Aber schaffen wir keine Gegensätze, wo es keine gibt. Bratton denkt in pharmakologischen Begriffen. Der Stack ist Norm und Ausnahme, er ist »mächtig und gefährlich, sowohl Heilmittel als auch Gift, zugleich eine utopische und eine dystopische Maschine«[15]. Statt entweder-oder ist der Stack sowohl-als auch.

Ebenso ist der Stack weder ein Pseudo- noch ein Supra-Staat. Bratton positioniert den Kern der Sache ganz richtig in der umstrittenen Beziehung zwischen beiden. In der Tradition Carl Schmitts könnten wir

15 Benjamin Bratton, *The Stack*, MIT Press, Cambridge (Mass.), 2016, S. 5.

The Stack als politische Theologie bezeichnen. Der Staat wird beschrieben »als eine Art Maschine, ein riesiger Apparat, für den die instrumentelle Rationalität von Input und Output festgelegte Ergebnisse garantieren sollte. Plattformen jedoch nähren sich von der Unbestimmtheit der Ergebnisse.« Sie sind keine Maschinen. Plattformen »haben eine sehr viel variierendere Beziehung zu nichtstaatlichen Formen der Autorität und nichtkapitalistischen Ökonomien«. Bratton zufolge hat die Cloud einen unabhängigen Status erreicht und wird zur vierten Macht neben Land, Luft und See. Diese drei klassischen Entitäten, von Carl Schmitt einst in *Der Nomos der Erde* (1950) analysiert, haben nun einen neuen Bruder oder eine neue Schwester mit dem Namen Cyberspace. Seit Jahrzehnten gibt es heftige Debatten darüber, ob diese »Sphäre«, wie Peter Sloterdijk es ausdrückt, als eine zusätzliche Ebene funktioniert oder ob sie als autonomes Weltgehirn anerkannt werden sollte. Da wir nun in die Ära der Infrastruktur eingetreten sind, ist es an der Zeit, die vier Elemente in einer allumfassenden Analyse der »Space Force« zusammenzubringen. Was hier auf dem Spiel steht, ist die Frage danach, wem das Internet gehört. Welche Interessen liegen der zeitgenössischen Version des römischen Wegenetzes zugrunde?

Die Definition des »Nomos der Cloud« ist der wirkliche Beitrag des Buches. Der Stack ist eine (offene System-)Architektur, die Bratton auf geopolitischer Ebene erweitert hat. Auch wenn er in Südkalifornien lebt, ist Bratton weit entfernt vom Surfertypen aka New-Age-Hippie. Dennoch ist hier ein Anklang von Kevin Kellys »Unvermeidlichen«. Was immer andere denken, der Stack wird eintreffen. Es ist verlockend, sich dem hier deutlich werdenden technischen Realismus anzuschließen. Bratton fordert die Entstehung des Stack – und dies sollte das Ziel jeder interessanten Theorie sein.

Doch im Wissen, dass regressive »Realpolitik« das Cyber-Epistem zerstören könnte, präsentiert Bratton seinen Vorschlag auf machiavellistische Weise, indem er seine Absichten verbirgt. Wir sehen, wie Bratton als Berater der Macht agiert (selbst wenn es ihm an der taktischen Verspieltheit eines Sun Tzu mangelt). Diese Rolle ist in der Welt der Architektur nicht unbekannt, im »Neue-Medien-Design« jedoch relativ neu. Der Designer Bratton managt mehrere Szenarien zugleich. Die

Welt mag unter der Hegemonie des US-Militärs bleiben oder nicht. Google mag ein echt souveräner Akteur werden oder sich einfach nur zu einem weiteren brutalistisch-langweiligen US-Konzern entwickeln. Die Welt mag im Stil des Kalten Krieges mittels eines heiklen Gleichgewichts multipolarer Zentren in klar definierte geopolitische Territorien geteilt sein; oder alternativ könnte sie wirklich chaotisch werden und auf die Verwaltung durch westlich-globalistische Protokolle bauen.

Meine eigene Lesart von Brattons Wette ist eine technokratische Zukunft, die nicht mehr von geopolitischen Entitäten wie China oder den USA, sondern von einem technischen »universellen Grid« betrieben wird. »Auch wenn computationelle Kanten und Knoten durch ihre programmierte Automatisierung einige Autorität für sich in Anspruch nehmen können, beinhalten sie noch mehr Autorität durch die Verlagerung der Entscheidungsfindung vom Designer zu den Designten.« Im Einklang mit Paul Virilio warnt Bratton: »Die entstehenden Plattform-Souveränitäten bringen ihre eigenen ungeplanten produktiven Zufälle hervor.«[16]

Ungeachtet welches Zukunftsszenario eintritt, ist jedes davon nur eine von vielen möglichen Welten. Und diese Vieldeutigkeit ist der schwächste Punkt in Brattons Groß-Design. Wenn es existiert, kann es verfälscht, in Frage gestellt, gemessen und legalisiert werden. Wenn es nicht existiert, ist nichts verloren. Sicherlich haben Science Fiction und spekulative Theorie von McLuhan und VR bis zu Roboterliebe eine wichtige Rolle im kreativ-subversiven Prozess von Designern, Künstlern, Architekten und Programmierern gespielt. Doch Bratton scheint auf beide Optionen zu wetten und hinter Vorschlag und Wirklichkeit zu stehen und dieser Opportunismus schwächt seine Integrität. Der Ansatz erinnert an Putins Berater Vladislav Surkov, der Akteure quer durch das politische Spektrum mit dem Ziel finanzierte, einen Zustand der Verwirrung herzustellen. In ähnlicher Weise beinhaltet *The Stack* alle möglichen Welten, vergleichbar mit Ashbys Definition der Kybernetik als den Bereich aller möglichen Maschinen. Der Stack als ein metaphysisches Metakonzept mag niemals existieren und

---

16 *The Stack*, S. 37.

kann daher einfach als ein weiterer Traum der Welterschaffung aka Weltbeherrschung eines kalifornischen Mannes abgewinkt werden. Nichtsdestotrotz gibt es Plattformen und dieser einfache Grund macht es weniger leicht, Bratton beiseitezulegen.

Die Plattform ist, anders als zu erwarten, keine der sechs Ebenen des Stack. Prinzipiell sollten Plattformen irgendwo zwischen der Ebene der Cloud und der Stadt schweben, aber in Brattons Stack-Design tun sie das nicht. Gleich am Anfang des Buches entschied er sich dafür, Plattformen einen besonderen Status zu geben und die Beziehung zwischen Stack und Plattform zu klären. Bratton definiert den Stack als eine Kombination von Plattformen. Während Stacks Plattformen sind, sind die meisten Plattformen keine Stacks. Aufgrund der unterstützenden Eigenschaft von Standards bieten Plattformen die Voraussetzung für das Handeln anderer. Was in diesem Kontext wichtig ist, ist Brattons Beschreibung von Plattformen als standardisiertes Diagramm: keine Standards, keine Plattform, kein Stack. Auf diese Weise kann die Plattform »viele unterschiedliche Dinge auf verschiedenen Ebenen in besser handhabbare und wertvollere Formen taktisch zusammenkleben«[17]. Bratton zufolge »ziehen Plattformen Dinge in temporäre Aggregationen höherer Ordnung zusammen«[18]. Er definiert sie als hybride organisatorische Formen, die in hohem Maß technisch sind und von der Unbestimmtheit des Ausgangs leben. Als Organisationen können sie eine machtvolle institutionelle Rolle annehmen. Plattformen gleichen sowohl Märkten als auch Staaten, ohne einem von beiden vollständig zu entsprechen. Das Ergebnis ist eine neue Form der Souveränität, eine dritte institutionelle Form.

Während Plattformen auf einer horizontalen Ebene operieren, sind Stacks durch vertikale Integration definiert. Bratton zufolge ist der Stack eine »riesige Software/Hardware-Formation, eine Proto-Megastruktur, gebaut auf kreuz und quer verlaufenden Ozeanen, geschichtetem Beton und Glasfaser, urbanem Metall und fleischigen

17 Ebd, S. 64.
18 Ebd., S. 41.

Fingern, abstrakten Identitäten und überzeichneter nationaler Souveränität«[19]. Was die Brauchbarkeit von *The Stack* in der öffentlichen Debatte einschränkt, ist das Unvermögen des Buchs, Szenarien als Ideologien zu lesen und alternative Entwürfe zu präsentieren. Frank Pasquale zum Beispiel macht eine offensichtliche Unterscheidung zwischen zwei Narrativen des Plattformkapitalismus: das konventionelle und das Gegennarrativ. Während der konventionelle Diskurs behauptet, dass »Plattformen gerechtere Arbeitsmärkte begünstigen, indem sie kostengünstigeren Zugang zu diesen Märkten durch Dienstanbieter ermöglichen«, versichert das Gegennarrativ, dass »Plattformen bestehende Ungleichheiten vertiefen und Prekarisierung fördern, indem sie die Verhandlungsmacht von Arbeitern und die Beschäftigungsstabilität mindern«. Obwohl solche Dichotomien zu vereinfachend sind, geht es in diesen Szenarien doch zumindest um etwas, was uns auffordert, alternative Designs zu erstellen und wünschenswertere Zukünfte zu denken.

Von Social-Media-Alternativen zu Stacktivismus

Im Gegensatz zu Bratton fordert der französische Philosoph Bernard Stiegler explizit alternative Designs. Bratton zufolge ist die technische Welt das, was sie ist. Die Frage danach, was man tun müsse, wird nicht gestellt. Aus der französisch-europäischen Perspektive Stieglers jedoch geht es darum, Metakonzepte zu entwickeln, die eines Tages verwendet werden können, um eine sichere, dezentralisierte, verbündete Infrastruktur zu bauen, die diesen »entropischen Tendenzen« entgegentreten kann. Diese Alternativen werden von einem facettenreichen Netzwerk von Initiativen wie IRI (mit dem Centre Pompidou in Paris verbunden), dem Plaine Commune Forschungsprojekt (aus St. Denis, gemeinsam mit Orange und der Universität Compiegne), dem Ars Industrialis Network und der pharmakon.fr-Website, den Summer Schools

19 Ebd., S. 52.

in Epineuil, The Next Leap und Digital-Studies-Anträgen an die Europäische Kommission und internationale Kollaborationen in Ecuador and China entworfen und als Prototypen gebaut (wir im Amsterdamer Institute of Network Cultures sind ebenfalls Teil dieser Ökologie).

Sowohl Stiegler als auch Bratton betonen die Bedeutung von »Lokalisierung«, unterscheiden sich jedoch in ihrem Urteil, ob Lokalität eine an den »Nomos« gebundene gesetzliche Entität sein sollte. Beide teilen den Fokus auf Computing in planetarem Umfang. In *The Neganthropocene* nahm Bernard Stiegler seine einführenden Bemerkungen zu seiner Summer School 2017 mit dem Titel *Five Theses after Schmitt and Bratton* mit auf, in denen er die Bedeutung des Lokalen in der Verzögerung der Zunahme von Entropie[20] betonte. Plattformen beschleunigen eher, als dass sie verzögern, und verstärken Entropie »durch den Netzwerkeffekt und seine selbstreferentiellen Folgen.« Im Kampf gegen »computationellen Reduktionismus« und den Niedergang des sprachlichen Werts müssen wir »unkalkulierbare Felder« erhalten, die »nicht auf Durchschnittswerte reduziert werden können«. Solche Singularitäten und Ausnahmen arbeiten gegen das Prinzip der Hebelkraft, die die Welt der Algorithmen, künstlicher Dummheit und Automatisierung beherrscht, die destruktive Logik, »die ein immenses und gefährliches *Ressentiment* anstachelt«. Um dieser Destruktion entgegenzutreten, schlägt Stiegler das Konzept »lokaler Integrität« als Möglichkeit vor, die global skalierten Technologien zu unterlaufen, die deliberative Prozesse kurzschließen. Auf Software bezogen, würde das regionale Crypto-Netzwerke bedeuten, die sowohl Individuen als auch Communities durch dezentralisierte Datenspeicherung schützen würden. »Nur eine Neukonzeptionalisierung der Datenarchitekturen und, allgemeiner, der Architektonik, die das computationelle Epistem des Kapitalismus konstituiert, könnte einen Ausweg aus dem bieten, was bereits das Trumpozän genannt wurde.«

Am Ende von *Platform Capitalism* stellt Nick Srnicek die politische Forderung, die Plattform zu kollektivieren. »Statt einfach nur die Kon-

20 Bernard Stiegler, *The Neganthropocene*, Open Humanities Press, London, 2018, S. 127-138. Eine erste Version dieses Kapitels wurde dort präsentiert.

zernplattformen zu regulieren, sollen Anstrengungen gemacht werden, öffentliche Plattformen zu schaffen – Plattformen, die dem Volk gehören und von ihm kontrolliert werden, unabhängig vom staatlichen Überwachungsapparat.«[21] Er fordert, dass der Staat in solche öffentlichen Einrichtungen investiert. Dies erfordert nichts weniger als einen revolutionären politischen Wandel, eine radikale Verschiebung weg von neoliberaler Privatisierung und Austerität. »Noch radikaler«, fährt Srnicek fort, »können wir auf nachkapitalistische Plattformen drängen, die die auf diesen Plattformen gesammelten Daten nutzen und Ressourcen verteilen«. Trotz dieser Forderungen wird die Plattformlogik selbst nie hinterfragt. Dies ist eine Beschleunigungsperspektive, eine Position, die in scharfem Gegensatz zum föderativen Graswurzel-Ansatz steht, der die Macht selbst in kleinere Einheiten zerlegen will, die freiwillig mit anderen Kooperativen kollaborieren.

Im Versuch, Brattons schwammige Definitionen zu politisieren, haben Hacktivisten das totalisierende Konzept des Stack in drei distinkte Sphären geteilt: privat, staatlich und öffentlich.[22] Der private Stack ist, zumindest aktuell, für Konsumenten designt, bedient sich geschlossener Technologie und funktioniert auf der Basis von Marktprinzipien. Der staatliche Stack hingegen verfügt über Subjekte, nutzt geschlossene Technologie und wird vom Staat verwaltet. Und der öffentliche Stack, der Bürgern gehört und von ihnen betrieben wird, basiert auf offener Technologie und wird von Allmende-Prinzipien gesteuert. Während einige Aspekte fraglich sind und theoretisch anders sein könnten, ist das in der Praxis oft nicht der Fall. Der private Stack könnte sicher,

21 *Platform Capitalism*, S. 128.

22 Das Konzept des »öffentlichen Stack« wurde zum ersten Mal am 19. Juni 2018 während einer von der *Waag Society* als Teil des *We Make The City*-Festivals organisierten Schiffstour in der Umgebung von Amsterdam diskutiert, *Public Stack Summit* genannt. In der Ankündigung steht: »In den letzten 25 Jahren haben wir dem Markt erlaubt, die Entwicklungen des Internets zu steuern. Jetzt ernten wir, was wir gesät haben. Datenzentralisierung, Überwachungskapitalismus und ›Klick-Kommerzialisierung‹ sind alle Teil unserer Online-Realität. Wir müssen die Voraussetzungen schaffen, um das offene, faire und inklusive Internet zu designen, zu bauen und zu unterstützen, das wir verdienen.«

frei und offen sein – aber letztlich ist er es nicht (man denke an Googles Kontrolle über das so genannte Open-Source-Android-Betriebssystem für Smartphones). Der staatliche Stack könnte mit offener Technologie betrieben werden – aber wird das oft nicht. Wenn nur der Staat für seine Bürger da wäre. Und um was geht es bei diesem Label »öffentlich«? Ist das lediglich ein verborgenes Synonym für im Besitz des Staates? (Mehr zu diesem Begriff in Kapitel 10.)

Gehen wir weiter und definieren »Stacktivismus« als infrastrukturellen Aktivismus, der sich der multiplen vernetzten Schichten bewusst ist.[23] Dies ist Hacktivismus mit einem holistischen Bewusstsein der multiplen Ebenen, die oberhalb und unterhalb des »Code« liegen. Stacktivismus denkt (und agiert und hackt und interveniert) vertikal. Auch wenn Arbeit zu Sozialen Medien zweifellos wichtig ist, beispielsweise im Unlike-Us-Netzwerk, haben diese Architekturen eine Reife, eine Stabilität erlangt, die Möglichkeiten verschließen. Alternativen sollten mehr als weltverbesserische Kopien sein. Der Stack-in-the-making ist ein laufendes Projekt, offen für Problematisierung und Spekulation. Jedes der Elemente – sowohl einzeln als auch gemeinsam als Stack – muss designt, politisiert, föderiert und besetzt werden. Und jede Ebene hat ihre Politiken, Akteure und Kulturen. Stacktivismus ist eine Form des direkten Hacktivismus, der nicht auf den Staat oder internationale Körperschaften wartet, um »Plattformregulierung« zu entwickeln.

Stacktivismus fördert einen integralen, totalen Ansatz, der über geopolitischen Realismus hinausgeht: »Wir möchten kein Stück vom Kuchen, wir wollen die gesamte verdammte Bäckerei.« Um dorthin zu gelangen, wird eine Neueinschätzung der »Cloud« nötig sein. Clouds sind materielle Symbole einer zentralisierten Plattformgesellschaft, die niedergerissen werden müssen, ähnlich wie die Forderungen der Friedensbewegung während des ausklingenden Kalten Krieges. Wir können keine Peer-to-Peer-Lösungen (inklusive Kryptowährungen) predigen und zugleich zur Skalenfrage von Big Data schweigen. Kampagnen für die Renaissance von »Dezentralisierung« durchzuführen, ist ein Ansatz, aber er erfordert auch einen »Infra«-Teil. Stacktivismus

23 Diese These wurde gemeinsam mit Pit Schultz im Juli 2018 in Berlin entwickelt.

hilft uns, von außen nach innen zu denken. Statt nur eine schöne Zeit offline zu haben (was ohnehin geschieht), müssen wir tiefer ins Innere eintauchen: »dark patterns« aufspüren, die Politik hinter AI aufdecken, Black Boxes öffnen und offene Standards fordern. Und lasst uns schließlich Stacktivismus postkolonialisieren, damit er die angelsächsische/westliche Vorannahme von sogenannten globalen Wissensdatenbanken wie Google Scholar (im Vergleich zur Piratenlogik von Library Genesis) dekonstruieren kann.

Statt in einen Technikwahn der globalen Kontrolle abzudriften, sollten wir uns noch einmal an die radikale Bescheidenheit von Adornos Ausdruck *das Ganze ist das Unwahre* erinnern.[24] Wie können wir Formen protokollogischer Politiken entwickeln, die auf den Kern zielen und doch mit starken Wurzeln im Alltag operieren, mit starken Bindungen an die Lokalitäten, die für uns von Bedeutung sind? Eine weitere Schlüsselfrage für die nächsten Jahre wird sein, wie wir uns zur Plattform-als-Form verhalten sollten. Statt nur Ablenkung und Fragmentierung bietet die Plattform letztlich die Möglichkeit, soziale Energien zu synthetisieren und die Geschichtsschreibung zurück in unsere eigenen Hände zu legen. Die Verlockung der Plattformmacht besteht definitiv. Doch nur sehr wenige von uns werden imstande sein, eine Plattform zu betreiben, die sowohl erfolgreich als auch nachhaltig ist. Der Wunsch nach Zentralisierung und Hochskalierung hat seinen Preis. Wen werden wir mit dieser außerordentlichen Verantwortung betrauen?

Das »Plattformverlangen« wird mit neuen Formen von Netzwerkkulturen auszugleichen sein. Es gibt keine Föderation, Dezentralisierung oder technische Souveränität ohne lebendige Netzwerke. Können wir das Netzwerk-als-Form neu erfinden ohne eine Spur von Cybernostalgie? Und wenn das Netzwerk zu lose ist, welche Form wird es ersetzen? Und was würde es bedeuten, die planetarische Protokollebene aufzugeben und multipolar zu werden? Fürchten wir uns vor der »Balkanisierung« des Internets, die mit Geoblocking und nationalen Firewalls ohnehin bereits seit Jahrzehnten Realität ist? Wer wird gegen Plattformregionalismus sein? Was geschieht, wenn wir uns entscheiden, die

---

24 Theodor W. Adorno, *Minima Moralia*, Suhrkamp Verlag, Frankfurt a.M., 1951, S. 57.

sozialen Bindungen in unserer Nähe zu intensivieren? Sind Netzwerke »furchtloser Städte« ein schwacher Vorschlag, ein Zeichen einer Bewegung im Rückzug? Werden Netzwerke in der Lage sein, sich genügend von Nationalismen, Identitätspolitiken und anderen Formen von Provinzialismus zu unterscheiden? Die Horizonte der Welt sind weit und sprechen uns an, auch wenn wir den »verlorenen Geist des Kapitalismus«[25] anerkennen. Wir wählen eine Ebene, brechen einen Streit vom Zaun und handeln, wo wir handeln sollen. Terminologische Bewusstheit kann uns helfen, Verbindungen zwischen verschiedenen Kämpfen zu ziehen und eine Technokultur der Solidarität und des Respekts zu etablieren, die noch zu erfinden sein wird.

---

25 Bezug auf Bernard Stiegler, *The Lost Spirit of Capitalism*, Polity Press, Cambridge, 2014.

Kapitel 6: Von Registrierung zu Auslöschung – Über technische Gewalt

»Q: Warum handeln wir wie Maschinen? A: Tun wir nicht.« S. Alexander Reed – »Beim Hacktivismus geht es nicht immer darum, in Systeme einzubrechen, manchmal geht es darum, aus ihnen auszubrechen.« Anon – »Die abscheulichen Pogrome der 1940er waren Nebenprodukte der industriellen Revolution. Die heutigen Pogrome sind Nebenprodukte der digitalen Revolution.« Max Keiser – »Die Zeit ist reif zum Leben« Autonomous-Slogan, frühe 1980er – »Sie bedauernswert zu nennen, ist Beschönigung. Vielleicht besser euthanisieren?« Tweet

Bereits seit dem Zweiten Weltkrieg und dem darauffolgenden Kalten Krieg ist der (vernetzte) Computer kein unschuldiges Werkzeug mehr. Wir wissen aus seiner Geschichte, dass das Internet tiefe Wurzeln im militärisch-industriellen Komplex hat. Massengewalt und Genozid sind Elemente der Debatte um die Sozialen Medien, die bisher ignoriert, wenn nicht sogar aktiv unterdrückt wurden; digitale Technik als Gewalt. Solch ein Gedanke war Tabu, deprimierend und entmutigend für Internetaktivisten und Geeks, die man dringend für digitale Interventionen in diesem umstrittenen Raum braucht. Wer sonst kann die Creative Commons, die Free- und Open-Source-Alternativen und den öffentlichen Stack bauen, wenn die Werkzeuge seines Herrn im Grunde böse und nicht mehr zu reparieren sind?

Ist es gerechtfertigt, von Informationstechnologie als einer »sozialen Atombombe« zu sprechen? Im Jahr 2018 kamen Beweise ans Tageslicht, dass die Einführung von Facebook und der Genozid an den

Rohingya untrennbar miteinander verbunden waren.[1] Der Schritt vom T-Shirt-Slogan »Stop Being Poor« zu »Stop Being« ist kleiner, als wir alle zu denken wagen. Computer verwalten alles, inklusive der Verfahren von Leben und Tod. In diesen außerordentlichen Zeiten von Alt-Right und rechtsradikalem Populismus geht es nicht mehr um Business as usual. Es wird nicht ausreichen, die »Dekolonialisierung« der Informationstechnik zu fordern. Wir müssen das Undenkbare denken – auch in unserer strategischen digitalen Domäne. In seinem 2018 erschienenen *The Message is Murder* tut Jonathan Beller genau das: »Die heutigen Codifizierungen, Abstraktionen und Maschinen sind weit davon entfernt, wertneutral zu sein, vielmehr sind sie ethnische Formationen, Sex-Gender-Formationen und nationale Formationen – kurz, Gewaltformationen. Digitale Kultur ist auf und von materiellen und epistemologischen Formen des ethnischen Kapitalismus, Kolonialismus, Imperialismus und permanentem Krieg gebaut. Diese Gewalt ist buchstäblich in Maschinenarchitekturen und Körpern eingeschrieben.«[2]

In *Homo Deus* schreibt Yuval Noah Harari über das Konzept der »überschüssigen Population« als die »nutzlose Klasse« und was man mit ihr tun soll. Der Klappentext auf der Buchrückseite lautet: »Krieg ist obsolet. Eher wirst du Selbstmord begehen, als in einem Konflikt getötet zu werden.« Harari zufolge »sind wir am Rande einer folgenschweren Revolution. Menschen laufen Gefahr, ihren ökonomischen Wert zu verlieren, weil Intelligenz sie von Bewusstsein entkoppelt.«[3] Sein Vergleich zwischen der Logik des Genozids und der Bevölkerungskontrolle des 20. Jahrhunderts und der Verfassung des internalisierten Subjekts des 21. Jahrhunderts ist hier entscheidend. »Im 21. Jahrhundert ist es wahrscheinlicher, dass das Individuum sich sachte von innen heraus zersetzt als brutal von außen zermalmt zu werden.« Das 20. Jahrhundert war das Zeitalter der Massen. Hariri stellt jedoch fest, dass »das

1 https://news.vice.com/en_us/article/8xbbqg/facebook-hired-an-outside-group-to-investigate-its-role-inmyanmar-ethnic-cleansing

2 Jonathan Beller, *The Message is Murder*, Pluto Press, London, 2018, S. 2.

3 Alle Zitate aus Yuval Noah Harari, *Homo Deus*, Vintage, London, 2017. S. 408-411.

Zeitalter der Massen vorüber sein könnte, und mit ihm das Zeitalter der Massenmedizin«.

Homo Deus merkt an, wenn menschliche Soldaten und Arbeiter Algorithmen Platz machen, könnten einige Eliten zum Schluss kommen, dass »es keinen Sinn macht, für die Massen an nutzlosen armen Menschen ein Gesundheitssystem bereitzustellen, und dass es viel vernünftiger ist, sich auf die Optimierung einer Handvoll von Übermenschen jenseits der Norm zu konzentrieren«. Im Zeitalter von Piketty steigt Einkommensungleichheit exponentiell an. Daher »könnten wir in Zukunft beobachten, wie wirkliche Lücken zwischen den physischen und kognitiven Fähigkeiten einer optimierten Oberschicht und dem Rest der Gesellschaft entstehen«. Der Staat und die Elite könnten das Interesse daran verlieren, diese zunehmend marginalisierten Armen mit Gesundheitspflege zu versorgen. Hariri warnt vor der »Schaffung einer neuen Kaste von Übermenschen, die ihre liberalen Wurzeln aufgeben wird und normale Menschen so behandeln wird, wie Europäer des 19. Jahrhunderts Afrikaner behandelten«. Es wird jedoch nicht eine bloße Wiederholung sein. »Während Hitler und seinesgleichen die Schaffung von Übermenschen mittels selektiver Züchtung und ethnischer Säuberung planten, hofft der Technohumanismus des 21. Jahrhunderts, dieses Ziel sehr viel friedlicher mithilfe von genetischem Engineering, Nanotechnologie und Gehirn-Computer-Interfaces zu erreichen.«

Von Registrierung zu Auslöschung

Von Anfang an wurde der Computer mit Bevölkerungskontrolle und Genozid assoziiert. Für mich begann diese Geschichte im Alter von zehn Jahren. Ich verfolgte die niederländischen Proteste gegen die Volkszählung nicht nur über Radio, Zeitungen oder Fernsehen, sondern auch, weil meine Mutter sich der Protestbewegung angeschlossen hatte. Sie war als Teenager während der Besetzung durch die Nazis Kurier gewesen und hatte geheime Zeitungen und falsche Lebensmittelmarken auf ihrem Fahrrad in die im Süden gelegene Stadt Breda transportiert. Meine Großeltern ihrerseits versteckten zwei jüdische Frauen in ihrer

Drogerie und im Postamt. Jedes Mal, wenn ich mich die engen Treppen des Vorratskellers meiner Großeltern hinunter wagte, dachte ich daran, dass dieser beengte, dunkle Raum ihr Versteck war.

Um dieselbe Zeit sah ich die ersten Fernsehdokumentationen über den Zweiten Weltkrieg, die deutsche Besetzung der Niederlande und den Holocaust. Denkmäler und Gedenken an den Widerstand gegen diese Ereignisse bestimmten meine Kindheit. Der polnische Panzer, der Breda im September 1944 befreite, stand stolz im nahe gelegenen Park. Es war auch während jener Zeit, als ich von der Nazi-Reihenfolge der Registrierung, Zählung, Selektion, Razzia, Transport und schließlich Auslöschung erfuhr. Die Dynamitattacke einer Gruppe um den Bildhauer Gerrit van der Veen auf das Staatsarchiv in der *Plantage Kerklaan* in Amsterdam im Jahr 1943 regte immer meine Fantasie an.[4] Das Denkmal am *Café De Plantage* gibt es immer noch. Van der Veens Gruppe stellte auch etwa 80.000 falsche Ausweise her. Die meisten Mitglieder der Gruppe wurden in den Dünen außerhalb von Haarlem exekutiert.

Die Idee der Anti-Zensus-Bewegung war einfach, aber radikal: der deutsche Slogan »Wehret den Anfängen« wurde auf die Verwaltungspolitik der Volkszählung übertragen. Mögliche gute Absichten mussten ignoriert werden. Der Zensus musste verhindert werden, selbst wenn das zivilen Ungehorsam bedeutete. Die Tatsache, dass prozentual gesehen die meisten Juden in den »zivilisierten« Niederlanden deportiert und getötet worden waren, war in den 1960er Jahren bereits weithin bekannt. Die Kombination aus präzisen Zensusdaten, einer gut organisierten Verwaltung und dem Willen der Polizei und anderer Autoritäten, mit der Nazibesatzung zu kollaborieren, die den Genozid in streng gesetzlicher Weise durchführte, hatte die Niederlande nach der Besetzung in ein zutiefst gespaltenes Land verwandelt, ein Kampf zwischen denjenigen, die mit dem Naziregime kollaboriert hatten, denjenigen, die behaupteten, im Widerstand gewesen zu sein – und einer großen Gruppe opportunistischer Zuschauer.

In diesem Zeitalter großer ID-Datenbanken, überall die Möglichkeit, sich via Facebook und Google einzuloggen, nicht zu vergessen Fin-

---

4 Siehe https://de.wikipedia.org/wiki/Gerrit_van_der_Veen

gerabdrücke und Gesichtserkennung, erscheint Widerstand gegen Registrierung unmöglich. Es gibt keine Sozialen Medien ohne Profile. Alle werden getrackt. Womit könnten wir überhaupt anfangen? Es gibt diejenigen, die rechtliche Auseinandersetzungen führen wie *Europa gegen Facebook*, einige, die ihre Dateneinträge in der Hoffnung fälschen, die Maschine zu verwirren, und einige wenige, die bar bezahlen und sich weigern, eine Kreditkarte oder Kundenkarte zu besitzen. Hier möchte ich jedoch einen anderen Ansatz vorstellen, der im Allgemeinen als luddistisch abgelehnt wird: Was, wenn der Computer kein neutrales Instrument ist und strukturell gewalttätig wird und sich gegen uns wendet? Eine solche Sicht widerspricht unmittelbar dem Paradigma des PC als Befreiungsinstrument für Individuen und Communities, das in den 1970ern aufkam. Nichtsdestotrotz, es ist eine Sicht, die einmal weit verbreitet war und ihren Höhepunkt ironischerweise im Jahr 1984 erreichte.

Leben ist Sabotage

Um dieses ältere Bild von Computation aufzunehmen, wenden wir uns einen weiteren Moment meiner Biographie zu, dem Studium von Detlef Hartmanns *Die Alternative: Leben als Sabotage – zur Krise der technologischen Gewalt* von 1981, ein Klassiker der deutschen Autonomen. Dieses post-utopische Dokument meiner Generation, sperrig eingeschoben zwischen Hippies und Yuppies, Disco und Punk, ist nie ins Englische übersetzt worden. Niemand nutzt den Ausdruck »technologische Gewalt« so wie niemand mehr von »Westdeutschland« spricht. Es gibt gute Gründe dafür. Das Buch, voll von marxistischem Jargon, atmet die Bitterkeit seiner Zeit. Man denke an die hässlichen brutalistischen Hochhäuser, die Raststätten und Autobahnen, die ich als Anhalter frequentierte, Kraftwerk und Fehlfarben, die Rote-Armee-Fraktion und Peter-Paul Zahl, eine Zeit, die sich in der Fernseh-Krimiserie *Tatort* zeigt. In Bezug auf Theorie ist dies die Welt, in der Adorno von den beiden Michaels ersetzt wurde: Ende und Foucault. In dieser grauen Nachkriegszeit ist Hartmann nur einer von vielen harschen 1968er Kritikern, einem Kader von Akademikern, die außerhalb der Hochschule operierten. Ähnliche Helden waren für mich damals Autoren, die für Konkret und Edition Tiamat schrieben wie Wolfgang Pohrt, Eike Geisel und Hendrik Broder.

Für den »vitalistischen Marxisten« Hartmann bedeutet Leben nicht Aufopferung. Seine Bedeutung liegt im Akt der Sabotage. Was von unseren menschlichen Qualitäten übrig bleibt, ist der Wille zur Rebellion. Sein zentrales Argument ist, dass Menschen keine Maschinen sind. Dieses A-priori kommt weder aus einer immanenten Überlegenheit noch aus einem nostalgischen oder sentimentalen Humanismus hervor. Noch stammt es von den Idealen der wenigen Auserwählten, den Übermenschen, die über unseren kleinlichen Sorgen schweben. In diesem Sinn teilt es keine Ähnlichkeiten mit linken Lesarten von Nietzsche. Stattdessen bleibt das Leben Hartmann zufolge ein unvorhersehbarer Faktor an der Peripherie, eine Menge an Kräften, die oft Prozesse stören und daher kontrolliert und gezähmt, wenn nicht gar ausgelöscht werden müssen. »Leben ist zur Sabotage geworden, schon weil es Leben ist.«[5] Menschen werden von Hartmann und seiner deutschen Autonomengeneration als ein nutzloses Überbleibsel, ein sinnloser Traum, ein unproduktiver Rest definiert, der sich weigert, genutzt, quantifiziert und optimiert zu werden. Dieses übrig gebliebene Kernstück, das er subjektive Fremdheit nennt: der Nicht-Wert, der nicht gemessen, inkorporiert und ausgebeutet werden kann. Aus einer bürokratischen Perspektive ist dieses wertlose Überbleibsel eine Bedrohung für das gesamte System und kann nicht ignoriert werden. Es muss also entfernt, d.h. vernichtet werden.

Übereinstimmend mit der westdeutschen brutalistischen Wirklichkeit der späten 1970er Jahre sind wir der Gewalt von Institutionen unterworfen, von Einkaufszentren über Schulen und Krankenhäusern zu Gefängnissen (heute würde man Plattformen mit auflisten). Diese pädagogischen Institutionen folgen alle der Logik der Maschine, mit der Absicht, Menschen zu korrigieren, zu erziehen und zu

5 Detlef Hartmann, *Die Alternative: Leben als Sabotage. Zur Krise der technologischen Gewalt*, iva-Verlag, Tübingen, 1981, S. 4.

»verbessern«. Unabhängig davon, wie sie implementiert sind, ihre Architekturen sind identisch und gehorchen der primitiven Logik der Maschine. Hartmann zufolge kann der Reichtum der menschlichen Sprache, von Spielen und Gefühlen, nicht mit der Dürftigkeit der Maschinen erfasst werden. Hartmanns Vokabular ist klar, wenn auch bitter, und geht in eine ähnliche Richtung wie der frühe Foucault, unterscheidet sich jedoch von dessen späterem Begriff der »Biopolitik«, der, nach Foucaults Tod im Jahr 1984, in eine allgemeine Kategorie verschwamm, die alles und nichts umfasste und damit seine Arbeit effektiv entpolitisierte.

Für die deutschen Autonomen der 1970er ging es nicht um das Leben an sich. Sie sind keine Existenzialisten. Leben muss gegen einen sehr spezifischen Typ der Bevölkerungspolitik verteidigt werden, die bestimmte Gruppen der Gesellschaft mit einer kalten, effizienten, bürokratischen Rationalität attackiert. Dies ist eine spezifische Lesart des deutschen Faschismus. In ihrem archivarischen Unterfangen stieß die Hamburger Schule (wie ich sie nenne) auf historische Beweise, die aufgedeckt werden mussten. Angefangen mit den Lektionen von Hannah Arendt, begannen sie, tiefer in der antisemitischen Eugenik der Nazis zu wühlen, sowohl innerhalb des Reiches als auch in Osteuropa und Russland, dem anvisierten »Brotkorb« Deutschlands, der zunächst entvölkert werden musste, bevor er von den Ariern kolonialisiert und schließlich gänzlich bewohnt werden konnte, unterstützt von gefügigen Sklaven. Diejenigen, die genetisch nicht passten, mussten deportiert und exterminiert werden.

40 Jahre nach seiner Veröffentlichung bietet Hartmanns *Leben als Sabotage*, ähnlich wie Agambens Konzept des »nackten Lebens«, eine andere Perspektive auf unsere heutige gesellschaftliche Verfassung. Doch unsere Verfassungen sind auch unterschiedlich. Das Ergebnis ist eine Art Spannung zwischen Normentsprechung und der Kreativität und Produktivität, die der Ausreißer verspricht. Heutzutage begrüßen Konzerne Differenz, indem sie Leben auf eine Menge von Identitäten reduzieren. Das Leben selbst, mit all seinen Merkwürdigkeiten und Anomalien, ist die wichtigste Quelle kapitalistischer Verwertung geworden. Daten werden aus winzigen Unterschieden in Geschmack,

Verbraucherverhalten und -meinungen extrahiert, dann durchlaufen sie verschiedene computationelle Verfahren, werden visualisiert und an den Meistbietenden verkauft.

Hartmann zufolge ist die Maschine weder Fortschritt noch notwendiges Übel, auch keine Monstrosität, die dem menschlichen Hirn entspringt. Stattdessen ist die Maschine durch ihre Gewalt gegen das Leben definiert – und dies ist kein zufälliger Nebeneffekt. Mit Hartmann gelesen, interpretiere ich die Maschine als einen Vektor, eine vitalistische Kraft. Wie er es ausdrückt, ist die Maschine eine Strategie der Gewalt, Zerstörung, Herrschaft und Enteignung. Eine solche Sicht entspricht der kybernetischen Logik, mit der wir es im Kontext des Internets zu tun haben. Von seiner liberalen politischen Korrektheit befreit, ist Leben nicht mehr durch die Opferrolle definiert. Leben entspricht Revolte, es ist ein Aufstand, eine Forderung nach Freiheit, Autonomie und die Frische der Subjektivität. In Begriffen der 1970er ausgedrückt: Computer heften und lochen dich – aber wir wehren uns. Die von Institutionen produzierte Leere kann in revolutionäre Subjektivität verwandelt werden. Die Folge ist ein »Aufstand gegen die Maschine«, eine Verteidigung des menschlichen Überbleibsels, die Hartmann als »technologischen Klassenkampf« bezeichnet. Hartmann zufolge stand ein solcher technologischer Kampf immer im Zentrum des Klassenkampfes. Rückblickend können wir diese materialistische Analyse als ein Avantgarde-Statement lesen. Und doch scheint es, als ob wir noch ganz am Anfang dieses Prozesses stehen.

Nimm zum Beispiel das Verständnis von Subkultur als ein Ausreißerelement, das der Kapitalismus nicht mehr absorbieren kann. Über beinahe ein halbes Jahrhundert haben wir Subkulturen nur aus einem produktiven Gesichtspunkt betrachtet. In der in hohem Maß zynischen aber herrschenden Lesart kann und wird jeder Aufschrei, egal wie verstörend und ungewöhnlich, in die kapitalistische Maschine sublimiert und integriert. Die Idee des »Untergrunds« ist eine Unmöglichkeit; im kapitalistischen Realismus gibt es kein Außen. Von dem Augenblick an, in dem sie angestiftet wird, ist jede subversive Geste bereits entwaffnet, jeder widerständige Akt in die Maschine integriert. Dies hindert uns daran, gemeinsam zu handeln, und deprimiert uns. Andererseits sind diese Interventionen Hartmann zufolge so lange produktiv, wie sie kompromisslos Herrschaft auflösen. Widerstand ist nicht sinnlos, sondern fruchtbar.

Italienische und deutsche Visionen von Autonomie

Der deutsche Zweig der Autonomen lehnt sich an die Schule von Tronti, Bologna und Negri an, die 1977 ihren Höhepunkt als Bewegung erreichte. Detlef Hartmann war Teil der Szene, die die radikale Theoriezeitschrift *Autonomie* mit dem Untertitel »Materialien gegen die Fabrikgesellschaft« veröffentlichte. Auch wenn sein Diskurs äußerst abstrakt und anspruchsvoll war und Fußnoten und bibliographische Angaben enthielt, hielt sich das Magazin nicht an das Format des akademischen Journals, sondern an das DIN A4-Format der politischen Broschüre. Die erste Ausgabe berichtete über die iranische Revolution 1979 und unterstützte die Shia-Opposition und Bani-Sadr, während die zweite Ausgabe auf »neue Gefängnisse« und Gerichtsverfahren gegen den deutschen bewaffneten Widerstand fokussierte. Die dritte Ausgabe von 1980 beschäftigte sich mit der »Zweiten Zerstörung Deutschlands«: den desolaten Betonvorstädten, der Sozialwohnungspolitik, um die Arbeiterklasse in Schach zu halten, und den Strategien der Hausbesetzerbewegungen. In all diesen Kämpfen war »Autonomie« das zentrale Motiv, das Ziel, ein unabhängiges Leben zu schaffen, um die Maschine (inklusive der Partei) und ihre Rationalitätsimperative (immer übersprudelnd mit guten Absichten) abzuwehren und zu unterlaufen.

Die dreizehnte Ausgabe *Imperialismus in den Metropolen: Der technologische Angriff* von 1983, die leider ihre Autoren nicht nennt, ist besonders relevant für unseren Kontext. Ihr Thema ist die Datafizierung der Gesellschaft. Das Ziel des Herausgeberkollektivs war es, ein allgemeines Bild zu vermitteln, die neuesten, scheinbar disparaten Entwicklungen wie Mikroelektronik, Computerisierung, die Einführung von Robotern in die Automobilherstellung, Datenübertragung und die Markteinführung von Kabelfernsehen in den Großstädten zu verstehen. Interessanterweise warnt das Kollektiv davor, der Rolle des Computers in der Überwachung und Repression zu viel Gewicht zu geben und betont stattdessen, dass Computation innerhalb eines breiteren Regimes rassistischer Bevölkerungspolitiken und »atomisierender« Klassenkämpfe situiert sei. Das Magazin beginnt mit einem langen historischen Überblick, der in einer neuen »wissenschaftlichen« Phase der Sabotage gipfelt, die als »Computer Guerilla« bezeichnet wird. Wie auch seine italienischen Genossen zeigt das Kollektiv ein starkes Interesse an den Arbeitsbedingungen in post-fordistischen Automobilfabriken. Fallstudien zu Fabriken von Volkswagen und Alfa Romeo zeigen, dass die »operaistische« Dialektik zwischen Klassenkampf und Automatisierung vom Management strategisch genutzt wird, um die rebellischen Elemente unter den Arbeitskräften loszuwerden.

Zentral für die dreizehnte Ausgabe ist ein Text mit dem Titel »Erste Hypothesen über Informationstechnik als ein neues Stadium des Klassenkampfes«. Er beschreibt den Versuch des Kapitals, Arbeit ohne Arbeiterklasse zu produzieren. Der Punkt hier ist nicht, dass Produktion lebendige Arbeit vollständig aufhebt, sondern eher, dass das Kapital einen Modus der »gesellschaftslosen« Produktion sucht, die jede kollektive Inkorporation der Psyche verwehrt. Die Daten – nicht die Arbeiter – werden sozial. Dies zeigt sich im Aufstieg der post-keynesianischen Massenarbeitslosigkeit und der prekären Arbeitsbedingungen. Um es zusammenzufassen, was diesen historischen Prozess definiert, ist die Zerstörung der Klasse als solche. Innerhalb dieser Entwicklungen hat das *Autonomie*-Kollektiv ein besonderes Interesse an der Automatisierung gesellschaftlicher Politikinstrumente, die der späte Wohlfahrtstaat entwickelt, um seine (arbeitslosen) Arbeitskräfte zu kontrollieren, zusammen mit der computerisierten Verwaltung der Armen, die zugleich atomisiert und zentral kontrolliert werden.

IBM und die restlose Erfassung

Der Hamburger Arzt Karl Heinz Roth war (und ist noch) eine zentrale Figur der deutschen autonomen Linken. 1983-84 lebte er in einem besetzten Haus in Berlin. Hans Sharouns *Staatsbibliothek* war gleich neben der Mauer auf den Ruinen des riesigen Geländes des Potsdamer Platzes gebaut worden. Zwischen frisch gedruckten Stapeln sitzend, las ich begierig *Die restlose Erfassung*, die Roth gemeinsam mit dem heute berühmten Historiker Götz Aly geschrieben hatte. Das Buch ist eine kurze aber wichtige historische Studie, die die Volkszählung und die Rolle der Statistik während der Nazizeit behandelt. Hier las ich zum ersten Mal über die weit verbreitete Nutzung von IBMs Lochkartentechnik durch die Nazis in ihrer Volkszählung von 1933, ihre Nutzung innerhalb des militärisch-industriellen Komplexes unter Todt und Speer, um die Zwangsarbeit zu koordinieren, und ihre breitere Rolle im Holocaust hinsichtlich der Zählung und Aussonderung von Juden.

Das Buch von Roth und Aly war geschrieben worden, um die Boykottbewegung gegen die Volkszählung zu unterstützen, die gerade einen seltenen Sieg vor einem deutschen Gericht feierte. Statistiken wurden nicht nur zur Prozessierung großer Gruppen geschaffen; Nazi-Taktiken zielten darauf, einzelne Fälle aus großen Datenbänken zu individualisieren, zu isolieren und zu extrahieren. Ein Gemisch aus wissenschaftlich und rational, versuchten diese Methoden, »subjektive« Elemente aus dem gesellschaftlichen Kampf herauszuhalten.[6] Nachdem Aly und Roth zuerst die historische Rolle der Statistik während der Nazizeit skizzieren, präsentieren sie die individuellen Karrieren von Statistikexperten, die bis weit in die Nachkriegszeit Westdeutschlands reichen. Die Autoren bemerken, dass, während sie das Buch schrieben, dieselben Lochkarten noch in Gebrauch waren.[7] *Die restlose Erfassung* enthielt eine ernüchternde aber klare politische Botschaft: Das Sammeln von Daten für Bevölkerungsstatistiken, um soziale Gruppen auszusondern, besaß eine furchterregende historische Kontinuität.

6 Dies wäre ein idealer Platz, um die kritischen Diskurse über Technik und Individuation von Simondon und Stiegler einzufügen. Ich werde das hier nicht tun, aber die Verbindung ist offensichtlich.

7 1978 belegte ich einen SPSS-Kurs dazu, wie man Lochkarten verwendet, die in einen IBM-Mainframe-Computer eingeführt wurden – obligatorischer Teil meines Bachelorstudiums der Politikwissenschaft an der Universität Amsterdam.

Auch wenn sie ab und zu erwähnt wird,[8] ist die IBM-Lochkartentechnik und ihre Rolle im Holocaust keineswegs ein bedeutender Teil aktueller Internetdiskurse. Als Edwin Blacks monumentale Studie über die »strategische Allianz zwischen Nazi-Deutschland und Amerikas mächtigstem Konzern« 2001 erschien (mitten im Dotcom-Crash und 9/11), erhielt sie ein wenig Sendezeit, konnte jedoch nicht im Licht der Internetrevolution klar positioniert werden, die sich zu jener Zeit entfaltete. Die symbolischen Gedenkfeiern zum Ende des Krieges vor fünfzig Jahren waren vorbei und IBM schien zunehmend irrelevant, ein Relikt einer alten Garde, die gegen die neuen Baby-Boom-Giganten wie Microsoft verloren hatte. In der populären Vorstellung wurde die Geschichte der Lochkarte auch aufgrund technischer Gründe an den Rand gedrängt. Die Lochkarten wurden als tote Technologie betrachtet, in die staubigen historischen Archive der Rechenmaschinen verbannt. Der Computer stieg an ihrer Stelle auf, ein intelligentes Gerät, das viel mehr konnte, als nur Zahlen zu kalkulieren.

Seit den frühen Anfängen wurden Computer als »Denkmaschinen« präsentiert. Es war Alan Turings Arbeit in den 1930er Jahren, die von diesem utilitaristischen Addieren von Zahlen abwich und stattdessen das Konzept des »Universalcomputers« erdachte. Die Entschlüsselung des Enigma-Codes, an der Turing beteiligt war, ist bekannt als die »Krypto«-Geschichte des Zweiten Weltkriegs. Nach diesem Sieg bewegte sich die Geschichte des Universalcomputers von John von Neumann über die Kybernetik von Norbert Wiener zu Vannevar Bushs Aufsatz *As We May Think* von 1945 (der die Geburt des Internet markiert). Der Computer als Rechenmaschine tritt in den Hintergrund und verschwindet gänzlich mit dem Aufkommen des PC in den 1980ern. Computer konnten mehr als einen Mann zum Mond bringen: Sie konnten alle möglichen Fragen beantworten und alle Arten von Informationen verarbeiten.

---

8 Zum Beispiel in danah boyd and Kate Crawford, »Critical Questions for Big Data: Provocations for a Cultural, Technological, and Scholarly Phenomenon«. *Information, Communication, & Society*, 15:5, 2012, S. 662-679.

In seiner Einleitung betont Black, dass Hitlers »Obsession mit der jüdischen Zerstörung kaum einzigartig war. Doch zum ersten Mal in der Geschichte hatte ein Antisemit Automatisierung auf seiner Seite.«[9] Black zufolge war IBMs Gleichgültigkeit gegenüber diesem rassistischen Auftrag bedingt durch einen blinden Glauben an ihr eigenes wirbelndes Universum technischer Möglichkeiten: »IBM war im Griff eines besonderen amoralischen Unternehmensmantras: wenn es gemacht werden *kann*, *muss* es gemacht werden.«[10] Mehr als 2000 Lochkartensortierer wurden nach ganz Deutschland geliefert und Tausende mehr in Europa. Die sogenannten Dehomag-Hollerith-Maschinen wurden in zahlreichen Konzentrationslagern eingesetzt. Die »Automatisierung der menschlichen Zerstörung« wurde mit dem Wissen der IBM-Firmenzentrale in New York bis in die letzten Tage des Dritten Reichs durchgeführt, mit IBM-Tochterfirmen, die die Anwendungen an die spezifischen Anforderungen anpassten. Ein wesentlicher Teil von IBMs Gewinn kam aus Hitlers Deutschland. Bis zum Zeitpunkt, in dem die USA 1941 in den Krieg eintrat, fuhr IBMs Geschäftsführer Thomas Watson fort, sein Mantra »Weltfrieden durch Welthandel« zu verkünden und die Handelsboykotts mittels Tochterfirmen in Drittländern zu umgehen.

Rückblickend stellt IBMs direkte Beteiligung am Aufbau der deutschen Kriegsmaschine zwischen 1939 und 1940 ein konfrontierendes Beweisstück dar. »IBM hatte beinahe in Eigenregie die moderne Kriegsführung ins Informationszeitalter gebracht. Durch seine anhaltenden, aggressiven, unbeugsamen Anstrengungen fügte IBM gewissermaßen den ›Blitz‹ in den Krieg Nazi-Deutschlands ein. Einfach ausgedrückt, IBM organisierte die Organisatoren von Hitlers Krieg.«[11] Deutsche Bestellungen beinhalteten nicht nur die Produktion und Instandhaltung der Maschinen, sondern auch den Druck von Milliarden elektroempfindlicher Karten. Wie Black bemerkt, weit davon entfernt, in der Ferne zu geschehen, bedeutete der generische Einsatz, jede Implemen-

9 Edwin Black, S. 7.
10 Ebd., S. 8.
11 Ebd., S. 208.

tierung der Lochkartentechnik, extensive Forschung und Anpassung. »Jedes Mal mussten Außendiensttechniker der IBM-Tochterfirmen invasive Studien dessen, was gemessen werden sollte, durchführen, oft vor Ort. Ging es um Menschen? Um Vieh? Um Flugzeugmotoren? Um Pensionsgelder? Um Sklavenarbeit? Für jeden Anwendungstyp wurden verschiedene Datenerfassungs- und Kartenlayouts benötigt.«[12]

Als ein Unternehmen für »Lösungen« arbeitete IBM für beide Seiten des Konflikts. Bis 1943 waren zwei Drittel der Kapazität der Fabriken IBMs in den USA von Tabulatoren hin zu Rüstungsgütern verlagert worden. Mitten in diesem »nur technischen« Environment war ein Ermittler, Harold J. Carter, der für das US Department of Justice arbeitete, besorgt. Zwischen 1942 und 1943 sammelte er Beweise gegen IBM in einem Dokument mit dem Namen »Control in Business Machines«. Obwohl diese Nachforschungen sich als unergiebig erwiesen, erfuhr Carter, dass IBM nicht nur die US-Kriegsökonomie und die Armee mit Maschinen belieferte. IBM war zentral für beinahe 100 militärische Forschungsprojekte, »inklusive Studien zu ballistischen Flugbahnen, Flugzeugdesign, automatisierten Inventarisierungssystemen und einer avancierten drahtlosen, elektronischen Nachrichtenvermittlungseinheit, Radiohype genannt.«[13] IBM war auch in einige der strengst geheimen Operationen der Alliierten involviert, wie die Entschlüsselung des Enigma-Codes in Bletchley Park in England, wo Hollerithmaschinen eingesetzt wurden.

Um zu demonstrieren, welchen Unterschied diese Maschinen machen, vergleicht Black zwei Länder, Holland und Frankreich. Während die Registriermaschine in den Niederlanden fehlerlos arbeitete, waren die Nazi-Truppen in Frankreich dazu gezwungen, »mit ihren wahllosen und willkürlichen Razzien fortzufahren«. In Blacks Worten: »Holland hatte eine gut ausgebaute Hollerith-Infrastruktur. Frankreichs Lochkarteninfrastruktur war völlig unorganisiert.« Seine Schlüsse können mit Zahlen belegt werden: »Von den geschätzten 140.000 niederländischen Juden wurden mehr als 107.000 deportiert, und davon wurden

12 Ebd., S. 209.
13 Ebd., S. 343.

102.000 ermordet – eine Todesrate vom etwa 73 Prozent. Von den geschätzten 300.000 bis 350.000 in beiden Zonen Frankreichs lebenden Juden wurden etwa 85.000 deportiert – davon überlebten kaum 3.000, eine Todesrate von 25 Prozent.«[14]

Black beginnt mit der Rolle der Lochkartentechnik in der Organisation der Volkszählung, bevor er über die Selektion und Registrierung von Juden und anderen Nazi-Feinden schreibt. Mit den neuen Möglichkeiten des Erfassens, des Sortierens und des Aussiebens entstand eine neue informationelle Vorstellung: niemand würde entkommen. »Dies war neu für die Menschheit. Nie zuvor waren so viele Menschen so genau, so leise, so schnell und mit solch weit reichenden Folgen identifiziert worden.« Mit dieser unerbittlichen Jagd vor Augen zieht er die Verbindung zur Allgegenwart des Computers 60 Jahre später: »Der Anbruch des Informationszeitalters begann mit dem Untergang menschlichen Anstands.«[15] Und doch verfolgte ein weiteres Mysterium die Überlebenden. Nachdem sie so viele Augenzeugen befragt und so viele historische Studien gelesen hatten, »gaben die meisten zu, das Verfahren des Holocausts nie wirklich verstanden zu haben. Warum geschah er? Wie konnte das passieren? Wie wurden sie ausgewählt? Wie kamen die Nazis an ihre Namen? Sie hatten immer Namen.«[16]

Gegen Kriegsende verschoben sich die Anstrengungen IBMs und der Alliierten darauf, diese Maschinen aufzuspüren und zu bergen. So wurden kritische ökonomische Daten in die Nachkriegsperiode gerettet. Blacks Schlussfolgerung ist bitter: »Für die Alliierten kam die Hilfe IBMs zu einem kritischen Zeitpunkt. Doch für die Juden Europas kam sie zu spät. Millionen Juden trugen die Folgen der Identifizierung und Verarbeitung durch IBM-Technik.«[17]

Bislang stand Blacks monumentales Werk und besonders die Rolle IBMs für die Computation im Allgemeinen im Hintergrund der Geschichte der Kybernetik. In Thomas Rids *Rise of the Machines, the Lost*

14 Ebd., S. 322.
15 Ebd., S. 104.
16 End., S. 425.
17 Ebd., S. 424.

History of Cybernetics zum Beispiel kam IBM kaum vor, geschweige denn seine Rolle im Holocaust. Selbstverständlich kam es auch nicht in der Vision von *Wired* in den 1990ern vor, das den Mainframecomputer als ein Symbol eines zusammenbrechenden zentralisierten Zeitalters abtat. Doch die Rolle IBMs zu übersehen, erscheint eher wie ein Nebeneffekt von historischer Amnesie und Techno-Optimismus, als eine intentionale Verschwörung. In unserem Verständnis früher Kybernetik lag der Schwerpunkt immer auf dem Individuum, dem Nutzer und der Rückkopplung zwischen Mensch und Maschine. Ja, Steuerung war zentral, darauf gerichtet, den unvermeidlichen Trend zu Unordnung und Entropie aufzuhalten. Doch Steuerung erfolgt immer im Namen eines höheren Prinzips, der Verbesserung menschlichen Verhaltens.

Für Herrschaftsanalysen, die eine solche Sicht auf die Kybernetik hinterfragen, sollte die Betonung stattdessen auf der Automatisierung der Verwaltung liegen. Friedrich Kittlers Beharren auf dem Computer als Rechenmaschine weist in diese Richtung. Der allzu menschliche Zauber der Schnittstelle führt uns weg vom grundlegenden Kern der Maschine. Leider ist dies auch der Fall in den meisten Kybernetikmonographien, die im Laufe des letzten Jahrzehnts erschienen. Beeinflusst durch die Schriften von Norbert Wiener fragte Bertrand Russell einst: »Braucht man Menschen?« Diese Frage richtet unsere Aufmerksamkeit auf (legitimierte) Anliegen menschlicher Wertung und die nicht berücksichtige Arbeit, die die wahre Bedrohung der Selektion und in letzter Instanz den Genozid in den Vordergrund stellt.

Diese Frage verbindet den Einsatz von Hollerithtechnik im Dritten Reich mit aktuelleren Ereignissen wie dem Widerstand 1970 gegen die Volkszählung in den Niederlanden und den deutschen Protesten 1983. Für diese Demonstranten waren die großen Datensammlungen persönlicher Identitäten, gepaart mit Identifikatoren wie Religion, politische Überzeugung und ethnischer Hintergrund, nicht hinnehmbar. Black bemerkt: »Mit wenigen Ausnahmen holte jede holländische Familie die Fragebögen pflichtbewusst ab, füllte sie vollständig aus und gab sie beim nächsten Einwohnermeldeamt ab. Die unheimliche Folgsamkeit beruhte auf dem traditionellen holländischen Respekt für Gesetze und Regeln sowie darauf, dass bestraft wurde, wenn man sich nicht registrierte« und fügt hinzu: »Juden hatten ebenfalls verstanden, dass Widerstand sinnlos war, weil ihre Namen schon lange in aller Unschuld in zahlreichen Statistik- und Meldeämtern in ganz Holland als ›jüdisch‹ registriert worden waren.«[18] Black zufolge war es Kalkulation und nicht ein Abzeichen, was einen heraushob. »Es war nicht der für jedermann sichtbare äußerliche Ausdruck des auf der Brust getragenen sechszackigen gelben Sterns, es waren die 80 Spalten, in eine Hollerith-Einrichtung gestanzt und sortiert, die die Juden Hollands für die Deportation in die Konzentrationslager markierten.« Durch dieses funktionierende Regime der Organisation und der Identifikation konnte ein Nazi-Beamter bereits im Oktober 1941 berichten, dass »alle deutschen Juden jetzt im Sack sind«[19].

Die Soziologie der Listen

Etwa 1984 entdeckte ich »Listen« als soziologische Kategorie. Die Tatsache, dass Listen nicht einfach existieren, sondern ein distinktives Konzept waren, ein Herrschaftsmodus à la Michel Foucault, eine spezifische Weise, um Subjekte und Dinge zu organisieren, war damals eine echte Erkenntnis für mich. Dies war während einer Zeit, als die langen Menschenschlangen, die beim Bäcker und bei Ämtern anstanden, weitgehend verschwunden waren. Solche Schlangen wurden mit einem dysfunktionalen »real existierenden« Sozialismus und mit kollabierenden Dritte-Welt-Ökonomien anderswo assoziiert.

Sobald Kategorien etabliert sind, werden Listen gemacht. Listen ermächtigen, Listen unterdrücken, Listen ordnen. Was läge also näher, als eine umfassende Studie über Listen zu publizieren? Als ich in den frühen 1970ern aufwuchs, waren Listen die Top 40 von Radio Veronica, ein gefaltetes Blatt Papier, das ich im Plattenladen auf dem Stadionplein gratis bekam. Später kam der »list«-Befehl, ein kleines,

18 Ebd., S. 306.
19 Ebd., S. 313.

einfaches und doch mächtiges Internet-Tool. 1993 lernte ich elektronische Mailinglisten oder Listserv kennen, die auf dem Mailinglisten-Managementsystem »Majordomo« liefen. Internetlisten stellten sich als wichtiger Teil meines Lebens heraus, vor allem für »Nettime«, die von Pit Schultz und mir 1995 gegründete Mailingliste, die heute noch existiert. Die Praxis, Debattiernetzwerke zu organisieren, gipfelte in der »Mailman«-Domain mit dem Namen »listcultures.org«, die das Institute of Network Cultures seit einem Jahrzehnt betreibt, verwendet von Communities wie *VideoVortex, Unlike Us* und *MoneyLab*.

Sollen wir schlussfolgern, dass ziviler Ungehorsam bedeutet, Listen im Allgemeinen zu sabotieren? Listen sind nicht unschuldig. In diesem Kampf ging es nicht nur um Meinungen, Überzeugungen, Vorurteile und Ideologien. Man nehme den Autoritäten ihr Spielzeug weg. Mit der Frage danach, um was es bei Listen geht, betreten wir dunkles Territorium. Listen sind nicht per Definition »nützlich« – es geht um mehr als um die Einkaufsliste oder die To-do-Liste. In seinem Hauptwerk *Masse und Macht* von 1960 beschreibt Elias Canetti die unterschiedlichen kulturellen Techniken, die Herrscher über die Jahrhunderte eingesetzt haben, um eine Menge daran zu hindern, sich in eine gefährliche, unberechenbare Masse zu verwandeln. Menschen werden separiert und nacheinander aufgelistet. Canetti zufolge können wir sagen, dass Listen abstrakt sind, Hinweise, die darauf warten, verarbeitet zu werden. Im Gegensatz zur offenen Menge, die anschwillt und sich plötzlich wieder auflöst, ist die Liste stabil und fixiert. Erstaunlich wenige Einträge können von der Liste genommen werden. Die Liste ist ein Symbol der Hierarchie, Herrschaft und Stabilität.

Als ein Symbol für rationale Ordnung hindert die Liste die atomisierten Subjekte an der unerwünschten Artikulation kollektiver Energien. Das Gemeinsame wird isoliert und detailliert, die Menge wird handhabbar gemacht. Das Chaos ist überwunden; jetzt müssen wir nur noch warten und zusehen, wie das Number Crunching voranschreitet. Die Institution wird sich letztlich mit jedem einzelnen Eintrag befassen. Eine Liste ist keine tote Information. Sie ist weniger ein Überrest als eine leistungsstarke, verdichtete Form der Herrschaft, die uns die Macht der Organisation und die Organisation der Macht vor Augen führt. Die

Liste ist lebendiger Beweis, eine Erinnerung an die technische Gewalt, die kybernetischen Maschinen innewohnt.

Autoritäten brauchen uns auf der Liste – und dass wir ihre Regeln befolgen. Sobald wir von der räumlichen Ordnung auf der Liste erfasst sind, können wir nicht in der Schlange nach vorn springen oder einfach gehen. Dies ist bei weitem der gefährlichste Aspekt. Wie kommen wir wieder runter, wenn wir drauf sind? In der Datenbanksicht ist die Liste als »organisierte Datensammlung« ein etabliertes Konzept.[20] Für Amtspersonen und Manager sind Listen verdichtetes Wissen, das sie in eine spezifische Ordnung (oft alphabetisch oder numerisch) gruppieren. Abstrahierte und maschinenlesbar gemachte, aufgeschlüsselte und organisierte Daten sind bereit zur Verarbeitung. Sobald wir Datenbankmanagementsysteme benutzen, verschwindet die Liste als solche und transformiert sich in Tabulatoren, Zahlen, Einträge, Formulare oder einfach »Daten«, wie es heutzutage heißt. Nur in diesen Datenbanken werden Daten relational – als Teil der Liste können Daten mit anderen Daten verbunden werden. Doch dies ist ode Arbeit, eine Aufgabe, die vom Computer und früheren Rechenmaschinen übernommen wurde, die seit den frühen 1900ern einsatzfähig sind. 2017 publizierte unser Institute of Network Cultures Kenneth Werbins Studie über Listen.[21] Diese kanadische Studie macht nicht nur eine mächtige und potentiell tödliche Form der Macht sichtbar, sie nimmt uns tief in die kybernetische Logik selbst mit, in der die »Ordnung der Information« eine Voraussetzung für so gut wie jede Bewegung wird, die wir in dieser computerisierten, vernetzten Gesellschaft machen.

Datenkommunismus nach der Digitalisierung

Sabotage, in Andrew Culps Terminologie, fällt unter die Kategorie des »konspirativen Kommunismus«. Es bedeutet, mit denjenigen zu

20 Siehe https://de.wikipedia.org/wiki/Datenbank

21 Kenneth Werbin, *The List Serves, Population Control and Power*, Institute of Network Cultures, Amsterdam, 2017.

brechen, die uns auffordern, die Welt zu akzeptieren, wie sie ist. Culp zufolge ist es entscheidend, mit der »Heerschar unverbindlicher Kommentatoren zu brechen, die die Mäßigung der Mitte predigen«[22]. Stattdessen ist sein Ziel, einen Hass auf diese Welt zu kultivieren, indem man »entgegengesetzte Begriffe entwickelt, die sich von der erfreulichen Aufgabe des Erschaffens unterscheiden«[23]. Der alte deutsche Punkausspruch »Macht kaputt, was euch kaputt macht« wird als ein effektives Heilmittel gegen depressives Desinteresse präsentiert. Dies beinhaltet Aktivismus und Intervention, doch solche Störungen können nicht das eigentliche Ziel sein. Culp erkennt, dass Zusammenbruch ein zentraler Teil des Kapitalismus geworden ist, vom Konzept der »kreativen Zerstörung« über Finanzkrisen bis zur Umweltzerstörung. Die Frage ist daher: Welche Störung ist revolutionär? Wenn es irgendetwas gibt, das gestört werden muss, ist es der Cybermythos selbst.[24]

Wie könnte die »Sabotage-Logik« auf unsere Datenrealität angewendet werden? Könnte Big Data für die Belange der gewöhnlichen Menschen umgebaut werden und eine Lösung für die aktuelle existentielle Krise von liberal-linken Progressiven bieten? In einem Beitrag für *The Guardian* folgert Evgeny Morozov, dass solch ein Daten-Populismus »einen genuinen Vorteil hat, aber nur wenn er versteht, dass die traditionelle progressive Agenda, wie alles heutzutage, vollständig durch Digitaltechnik gestört ist. Statt dies zu bestreiten, sollten progressive Populisten die Datendebatte als Gelegenheit nutzen, um ihre Relevanz für die wichtigen ökonomischen Debatten von heute wiederherzustellen.« Kurz, Daten und Datenbanken sind nicht böse und sollten explizit politisiert werden. Wie können wir öffentlichen Besitz unserer Daten erreichen? Können Daten, das »Öl des 21. Jahrhunderts«, ökonomisches

---

22 Andrew Culp, *Dark Deleuze*, University of Minnesota Press, Minneapolis, 2016, S. 19.

23 Culp, S. 2.

24 Statt einfach nur in der Tradition von Hans Blumenberg »am Mythos zu arbeiten«, wie Thomas Rid in seiner Einleitung vorschlägt (S. XVIII), sollten wir den engen Cybermythos selbst stören und unser Feld sogar über die offensichtlichen antimilitaristischen, genderbasierten und postkolonialen Ansätze hinaus erweitern.

Wachstum bieten, neue Jobs kreieren und sogar das magische Vehikel für die Verteilung von Reichtum sein? Oder ist dies alles nur eine falsche Utopie?

Dies war die Frage, die über einem Kongress der deutschen radikal-linken Koalition mit dem hegelianischen Namen *Ums Ganze* im November 2016 in einem Auditoriumsgebäude der Universität Hamburg schwebte.[25] Dort traf ich Sandro Mezzadra aus Bologna, dessen Arbeit über Migration und Logistik ich bewundere. Er kannte die Organisatoren ebenfalls nicht. Die vorausgegangene Email-Kommunikation war spärlich gewesen. Vielleicht waren sie zu beschäftigt; vielleicht waren sie auf einer Datenaustausch-Diät? Der Kongress schien nicht geheim zu sein. Im Laufe des letzten Jahrzehnts hatte sich in Deutschland eine »neo-kommunistische« Bewegung gebildet, vor allem aus einem jungen, gebildeten Milieu heraus. Dank der Akzelerationisten war Technik nun Teil ihrer Agenda.

In einem Publikum von 400 jungen Leuten waren Sandro und ich die einzigen mit einem Laptop und es waren null Smartphones in Sicht, eine anthropologische Anomalie heutzutage. Nach einer Weile sah ich dann einige – doch sie waren abgeschaltet und blieben unberührt. Es ist viel über die Disziplin der deutschen Arbeiterklasse geschrieben worden und diese Szene war ein beeindruckender Beweis, dass diese jungen Genossen dazu entschlossen waren, die kapitalistischen Versuchungen zu überwinden. Das Publikum war auch nicht dominiert von »identitären« Aktivisten. Sowohl für Sandro als auch für mich war das Ereignis eine Zeitmaschinenerfahrung, die uns zurück in die Zeit vor 30 Jahren transportierte, als wir beide in Westdeutschland lebten und die politisch anspruchsvollen Debatten, das hohe Niveau der intellektuellen Genauigkeit und die philosophische Rhetorik der strategischen Diskussionen innerhalb der autonomen Bewegung bewunderten. Wir fragten uns, ob diese nächste Generation aus kommunistischen Ludditen, aus Geeks oder aus beidem besteht? Haben wir es mit einer

25 Dieser Teil basiert auf einem früheren Blog-Posting zur 4. Konferenz der Kommunistischen Allianz *Ums Ganze* zur Frage der Technik, Hamburg 24-26 November 2016, Webpage https://techno.umsganze.org/en/programm/

neuen Teilung zwischen einem öffentlichen Leben offline (in dem wir Notizen auf Papier machen, so wie sie alle es machten) und unserem Privatleben zu tun, in dem wir digitale Tools verdeckt nutzen?

Der Kongress war Teil einer breiteren Debatte um »digitale Produktionskräfte«. Marxistischen Insidern wird dieser Schlüsselbegriff bekannt sein, der beschreibt, warum der Kapitalismus so vital und dynamisch erscheint. Marx zufolge sind es die Produktivkräfte, die den Kapitalismus so revolutionär machen. Marx' Bewunderung für die Produktivkräfte ist ein Problem für den jungen, turbulenten und romantischen deutschen Geist, dessen Charakteristikum ist, skeptisch gegenüber der destruktiven und repressiven Gewalt der Maschine zu sein. Wie bearbeiten wir diese ambivalenten Gefühle, die von objektiven Widersprüchen angetrieben werden? *Ums Ganze* fragt explizit, warum die Jahrhunderte alten Debatten um Technologien und die Linke immer wieder wiederholt werden müssen.

Viele Teile der autonomen Agenda bleiben widersprüchlich. Die Paradoxien und Inkonsistenzen sind offensichtlich. Was bedeutet es, von der akzelerationistischen Bewunderung der digitalen Produktivkräfte zur radikalen luddistischen Verdammung all dessen, was digital ist, zu springen? Wir sind schließlich in Deutschland und all diese Genossen können kaum beschuldigt werden, entweder hochgradig verwirrt oder rücksichtslos pragmatisch zu sein. Die beiden heutigen Realitäten sind zutiefst dialektisch, also genieße ihre Synthese.

Wie können wir einer solch schizophrenen Beziehung zur Technik eine produktive Dimension geben? Wir müssten vielleicht eine starke und attraktive Sprache einführen, die beschreibt, was tatsächlich im digitalen Bereich passiert, eine, die die typische Managementsprache überwindet (»agile, nachhaltige, disruptive Innovation«). Nimm das Beispiel der Computerdatei. In der dominanten Sicht ist diese lediglich eine Mischung aus Daten und Code. Was würde passieren, wenn wir unsere Perspektive verschieben und Dateien als eine Akkumulation von Arbeit betrachten? Wie viel menschliche Arbeit steckt in deinem Handy oder deinem Laptop? Wir denken nicht so, weil das Silicon Valley uns gelehrt hat, analog zur »Economy of the Free« zu denken. Aber was würde geschehen, wenn Informatik, Internetkritik und IT-

Journalismus von den Enkeln Harry Bravermans und Ernest Mandels bevölkert würden? Oder wenn Social-Media-Analysten Gramsci-Schüler wären? Was, wenn wir die Kritische Theorie erneuerten und die Bezüge zu Figuren des 19. und 20. Jahrhunderts entfernten? Wir könnten sicher die »Große Entkopplung« wieder neu zusammenbauen, die zwischen historischem Marxismus und digitaler Technik stattfand – aber das ist nur für Historiker interessant. Noch wichtiger, was würde geschehen, wenn wir diese verschwundenen Stränge wieder aufnehmen würden und einen »digitalen Marxismus« frei von historischen Referenzen entwickelten? Statt sich nur auf eine Kritik der Arbeitsbedingungen zu beschränken, könnte sich ein solcher Weg auf das Digitale unter seinen eigenen Bedingungen einlassen und ein tiefes Verständnis heutiger digitalisierter Produktionsprozesse *als solcher* entwickeln.

Der Hamburger Kongress prüfte ernsthaft beide Optionen: die digitale Netzwerkinfrastruktur zu reformieren oder zu zerstören. Hole dein Smartphone heraus und entscheide. Schaltest du es ab, nimmst den Hammer und zerschlagst es? Oder nimmst du deinen Schraubenzieher, öffnest die Hardware, zerlegst seine Architektur und programmierst seine Schaltkreise und Scripts um? Während die ganze Welt da draußen nervös klickte und versuchte, die Bedeutung von Trump herauszufinden, erwies sich die deutsche Perspektive im Auditorium als sowohl abgeklärt als auch erfrischend radikal. Warum sich um die neuesten Tweets und Einträge auf deinem Facebook Newsfeed kümmern, wenn du seine zugrunde liegenden Strukturen durchdenken kannst? Dies ist ein dialektischer Sprung, der die Debatte weg vom Personalcomputer als universeller Rechenmaschine und dem Smartphone als Kommunikationskoordinator verschiebt und stattdessen über die allgemeinere »digitale Maschinerie« nachdenkt, die verwendet wird, um Arbeit zu verrichten. Wie schaffen wir es, Datenzentren zu sabotieren? Reicht ein »Zero Day«-Angriff oder müssen sie buchstäblich niedergebrannt und zerstört werden? Wie können wir hochentwickelte Hackertools des Info-Warfare demokratisieren, die heute in der Hand nur weniger Geheimdienste und spezialisierter »Cyber-Security«-Firmen liegen?

Auf dem Kongress berichtete mir einer der Sprecher von der englischen Übersetzung eines politischen Pamphlets des Kölner Capulcu-Kollektivs (das Detlef Hartman zu seinen Mitgliedern zu zählen scheint). Das Pamphlet heißt »Koppelt euch ab – Lasst die Zukunft ungeschrieben«[26]. Darin ruft Capulcu die digitale Selbstverteidigung aus, die »Weigerung, bei der permanenten digitalen Übertragung mitzumachen«. Stattdessen mahnt das Kollektiv zum »Gegenangriff auf die Praxis und Ideologie der totalen Übernahme«. Die Broschüre argumentiert gegen »Bequemlichkeit, Komfort und Geschwindigkeit«. In ihrem historischen Überblick unterscheidet sie zwischen Erfindungen, die nützlich sein können, und Innovationen, die als »der Beginn eines großen Zyklus der Neuorganisation und Erneuerung kapitalistischer Herrschaft« betrachtet werden. Während der letzten beiden Jahrhunderte wurden Maschinen eingeführt, um die Qualifikationen der Arbeiter zu untergraben, Gehälter zu senken und Leute zu entlassen. Dieser Angriff ist weit davon entfernt, vorbei zu sein, und Capulco verweist auf die nächste Welle der Arbeitslosigkeit, eingeleitet durch den Einsatz von Algorithmen, dem Internet der Dinge, Blockchain und Robotik. Natürlich haben diese Entwicklungen eine Geschichte; es gibt eine lange Tradition luddistischer Widerstandsstrategien und, umgekehrt, Gegenstrategien des »Scientific Management«, um diese zu unterdrücken. Was sich verändert hat, ist die Perspektive gewöhnlicher Menschen, die »Big Brother nicht mehr als eine Bedrohung, sondern als einen verlässlichen Freund erfahren« (zum Beispiel wird Werbung als Vorschlag betrachtet). Unter diesen Bedingungen, betont Capulcu, ist die Zeit unser Verbündeter. »Langsamkeit unterbricht ihre Datenströme.« Hört auf, Feedback zu geben. Das Motto des Kollektivs für den Widerstand gegen eine sich selbst regulierende Informationsgesellschaft? »Wir haben nicht verloren, wir haben nur noch nicht gewonnen.«

---

26 Website von Capulcu: https://capulcu.blackblogs.org Die Veröffentlichung war mit einem Event (30.9-2.10.2016) in Köln verbunden mit dem Namen »Big Data >Esc >Del >Shutdown >Reboot: Leben ist kein Algorithmus – Solidarische Perspektiven gegen den technologischen Zugriff« (https://bigdata.blackblogs.org).

Das Pamphlet fokussiert dann auf den Aspekt der Gesundheitsfürsorge der »technischen Attacke« und die zynische Politik der Selektion durch »medizinische Kreditwürdigkeit«. Dieser Angriff wird in hochgradig personalisierter Weise durch Ansätze wie das quantifizierte Selbst durchgeführt, wobei Smartphones, Apps, Armbänder und Smartwatches einem Modell der Verhaltensökonomie entsprechen, die eine »Genomrevolution« vorhersagt, in der wir unsere DNA hergeben werden. In letzter Instanz stellt dieser Typ der Überwachung die Unterwerfung sicher. Die digitale Ökonomie, so folgert das Kollektiv, ist eine »gewalttätige, patriarchalische Technologie, die die Prinzipien der Optimierung und Exklusion umsetzt, die das Soziale zerstören«.

Ende 2017 veröffentlichte Capulcu ein Buch zu diesem Thema, *Disrupt!*, das darauf zielte, eine praktische Technikkritik zu liefern.[27] Das Kollektiv fragt, warum wir so folgsam sind, der technosolutionistischen Logik des Silicon Valley so ergeben, die behautet, »Probleme zu lösen, die wir vorher gar nicht hatten«. Wer braucht selbstfahrende Autos? Nicht Fahrer, sondern datenhungrige Konzerne, die unsere Bewegungen kontrollieren wollen. Dein KI-Assistent hilft nur, wenn du im Austausch dafür Daten hergibst. Capulcu analysiert die »Innovationsoffensive« als einen Motor, der den ewigen Zyklus Blase > Stagnation > Populismus > Krieg antreibt. Wir müssen aus dieser Zukunft ausbrechen. Dies ist eine Zukunft in Ketten. Das Kollektiv ruft zum Angriff auf gegen die »Selbstoptimierungs«-Apps und die »Nudging«-Logik mit ihren subtilen Verhaltensänderungen, die einen beschränkten freien Willen voraussetzen und versuchen, unsere Entscheidungsfindungsprozesse zu manipulieren. Wir wollen nicht gedrängt werden!

Die in Hamburg versammelte radikale Linke kann wohl kaum des Techno-Fetischismus beschuldigt werden. Der dialektische Kampf ist asynchron. Auf der Positivseite hat das Digitale sein wahres Selbst enthüllt und seine Erscheinung beinahe über Nacht von einem blauäugigen Hype zu einem kalten, fast nicht wahrnehmbaren Element des kapitalistischen Akkumulationsprozesses verändert. Digitaltechnik

---

27 Capulcu Redaktionskollektiv, *Disrupt! Widerstand gegen den technologischen Angriff*, Unrast Verlag, Münster, 2017.

wird als Komplizin des neoliberalen Projekts aufgefasst, das beispiellose Einkommensungleichheiten und Umweltzerstörung geschaffen hat. Auf der Negativseite entsteht ein »Unheils«-Szenario, in dem Technik eine riesige Armee »überschüssiger Populationen« zu erzeugen scheint. In der deutschen Analyse sind prekäre Lebensbedingungen im Überwachungskapitalismus das letzte Stadium der marginalisierten Klasse vor ihrer unvermeidlichen Auslöschung in Krieg und Genozid. Lumpenproletarisierung ist der allgemeine Trend rund um den Globus. Diese herumstreifenden Subjekte sind keine (potentiellen) Fabrikarbeiter mehr. Marx und vielen seiner Nachfolger zufolge war das Industrieproletariat die Verkörperung eines fortschrittlichen Versprechens der kapitalistischen Produktivkräfte. Doch dies ist nicht mehr der Fall. Heute ist die gesamte Welt eine potentielle (digitale) Fabrik geworden – und die Unfähigkeit, zu bestimmen, wo die Grenzen dieser globalen Fabrik liegen, erklärt unsere heutige Unsicherheit. Was, wenn eine Handvoll Fabriken in China oder Afrika alle materiellen Güter herstellen kann, die der Planet braucht? Und was passiert, wenn diese letzten Industriezentren von Automatisierung getroffen werden?

Was Außenstehenden völlig absurd erscheint, ist eine spannende Übung für all die Außerirdischen unter uns, bereit, die unwahrscheinlichsten Szenarien zu debattieren: Was machen wir nach einer Revolution in Deutschland? Dies wurde in Hamburg ernst und ohne jegliche Ironie diskutiert. Wenn wir ein 100-Tage-Programm entwickeln würden, welche Infrastruktur sollte für die Übernahme vorgezogen, was kann verwendet und was sollte sofort ausgeschaltet werden? Man mag über einen solch naiven Romantizismus lachen, doch das geschieht, wenn man die oberen Grenzen hegelianischer Gedanken erreicht und sich den Luxus (oder die Notwendigkeit) erlaubt, auf die Ebene der »Totalität« vorzurücken. Slavoj Žižek hat immer den Wert verstanden, den Wald zu sehen (während sich viele andere Theoretiker und Akademiker, vor allem in den Cultural Studies, in den Bäumen von Trends verloren). Ein ähnlich ambitionierter Vorschlag war ein Bilderverbot. Auch hier, warum nicht die gesamte Welt negieren und das süchtig machende Eye Candy von Instagram, YouTube, Fernsehen und Film in einem radikalen Zug überwinden? Warum sich damit abmühen, das komplexe Funktionieren von Memen zu untersuchen, wenn wir eine solch regressive visuelle Kultur mit einem Schlag beseitigen könnten?

All das hört sich befreiend an – zumindest für einen kurzen Augenblick. Relax, don't do it, suche nicht weiter nach dem revolutionären Subjekt. Die Avantgarde muss nicht neu erfunden, sondern kann aufgelöst werden. Lasst uns durch die Geschichte vorspulen, es geschieht bereits. Dies ist die akzelerationistische Annahme. Multitude und Prekariat werden keine schwere Verantwortung als entstehende Klasse tragen. Eine auf Allmende beruhende Planwirtschaft kann morgen beginnen. Leider kam der Computer zu spät für die Sowjetunion und Ostdeutschland. Doch heute ist jeder mit unbeschränkter Rechenleistung ausstattet und wenn der Kollaps bevorsteht, warum sich nicht für die Übernahme innerhalb unseres eigenen Zeitrahmens vorbereiten?

Mehr als 40 Jahre lang hat Antonio Negri eine Schlüsselrolle in der Automatisierungsdebatte gespielt, sowohl in Italien als auch in Deutschland und anderswo. Dennoch gibt uns seine neuere Arbeit wenig Hinweise darauf, wie man mit dem »digitalen Angriff« umgeht. In *Assembly* versichern Michael Hardt und Antonio Negri selbstbewusst, dass »seit die industrielle Zivilisation geboren wurde Arbeiter ein viel tieferes Wissen über Maschinen und Maschinensysteme hatten, als Kapitalisten und ihre Manager jemals erwerben konnten«[28]. Hardt und Negri zufolge haben Menschen und Maschinen weniger eine antagonistische Beziehung als dass sie »Teil einer gemeinsam konstituierten Wirklichkeit« darstellen.[29] Wir sollten »die Natur der sich herausbildenden maschnistischen Subjektivitäten und maschinistischen Gefüge erkennen«. Das italienisch-US-amerikanische Duo räumt ein, dass Digitaltechnik ein zweischneidiges Schwert ist. Nichtsdestotrotz sehen sie junge Menschen, die dem Kapital widerstehen und die Allmende regeln, die sie produzieren. Welche Formen des Widerstands gehören zum »maschinistischen Realismus«, wenn man das so nennen kann? Wie können sich Leben und Sabotage in der Alltagserfahrung verbinden? Wenn wir die These der »technischen Gewalt« ernst nehmen –

28 Assembly, S. 119.
29 Ebd., S. 110.

und ich denke, dass wir das tun sollten – haben wir einen dringenden Bedarf danach, eine umfassende Ethik und eine damit verbundene politische Strategie zu konstruieren, die dann breit geteilt wird. Viele werden unter dem Gewicht der Doublebind-Wirklichkeit der digitalen Gegenwart geistig erstarren (wenn nicht kollabieren). Die kognitive Dissonanz zwischen »technischer Gewalt« und intensiver persönlicher Nutzung Sozialer Medien könnte zusammenbrechen (oder, alternativ, verblassen, wenn dringendere Fragen vorrangig werden). Aus dieser Sicht betrachtet: Ist die aktivistische Forderung nach »algorithmischer Souveränität« eine falsche hegelianische Synthese oder ein kluger Ausweg? Ist die vorgeschlagene Lösung, dass Individuen ihre eigenen Daten und Identitäten managen, nichts als eine strukturelle Unmöglichkeit und daher eine reformistische Sackgasse? Unsere aktuelle Unfähigkeit, auf den Plattformkapitalismus und seine ultimative Form »technischer Gewalt« zu reagieren, ist keine Folge heftiger Debatten und aufeinanderprallender Positionen. Einerseits, wie Hardt und Negri beteuern, »müssen wir heute ins Herz der Technik vorstoßen und versuchen, sie uns zu eigen zu machen, gegen die herrschenden Kräfte, die die Technik gegen uns richten«[30]. Andererseits gibt es Capulcus Aufruf zum Widerstand gegen den »digitalen Angriff«. Man stelle diese beiden Sichtweisen gegenüber und plötzlich erhält man ein klares Bild davon, wie die radikale Linke sich selbst in unbegreifliche Positionen begeben hat, die in parallelen Realitäten existieren, von denen nur wenige etwas wissen. Was wir als erstes machen müssen ist, die Debatte zu organisieren, uns über die vielfältigen Optionen militanten Kampfes gegen Plattformnihilismus zu informieren und all diese Optionen auf den Tisch zu legen.

30 Ebd., S. 111.

Kapitel 7: Chronischer Narzissmus – Technologien des minimalen Selfies

> »Ich kann nicht an einen Gott glauben, der die ganze Zeit gepriesen werden will.« Nietzsche – »Das Abtöten der Freude als Projekt der Welterzeugung.« Motto eines Blogs – »Zum heutigen Stand unserer wirtschaftlichen Berechnungen ist es unmöglich, zu sagen, wo notwendige Personalisierung endet und unnötige Personalisierung beginnt.« David Riesman »Sieht dieses Selfie so aus, als hätte ich nicht genug Zuwendung in meinen formativen Jahren erhalten? « @stephsstone – »Oh, Hoffnung genug, unendlich viel Hoffnung, – nur nicht für uns.« Franz Kafka – »Dinge fallen auseinander. Es gibt nichts, was man tun kann. Lass' ein Lächeln dein Schirm sein.« Jim Hougan – »Wir glauben nicht an eine Welt, die Frauen ermächtigt. Wir glauben an Frauen, die die Welt ermächtigen!« Vilein – »Es ist nie meine Erscheinung, die mich überrascht, sondern mehr die Tatsache, dass ich überhaupt erscheine.« Gabrielle Stein – »Der Lachende Hat die furchtbare Nachricht Nur noch nicht empfangen.« Brecht

Der Selfie-Craze, der mit MySpace begann und dann nach 2010 mit der ersten Frontkamera des iPhones durchstartete, könnte als mögliche Überlebensstrategie unter harschen neoliberalen Bedingungen gelesen werden, darauf ausgerichtet, eine Identität zu produzieren und zu erhalten.[1] In seinem Buch *Aufstand gegen die Masse. Die Chance des Indivi-*

---

1 Eine frühere Version dieses Kapitels erschien in *The Failed Individual: amid exclusion, resistance, and the pleasure of non-conformity*, herausgegeben von Katharina Motyl und Regina Schober, Campus Verlag, Frankfurt a.M., 2017.

duums in der modernen Gesellschaft diskutiert Bruno Bettelheim die Überlebensstrategien in Nazi-Konzentrationslagern, in denen »Häftlinge in ihrer Persönlichkeit zerstört wurden«. Über die Massengräber hinaus in die Zukunft schauend, fasst Bettelheim sein analytisches Unterfangen so zusammen: »daß der Erfolg oder Mißerfolg jeder Massengesellschaft davon abhängig wird, ob der Mensch seine Persönlichkeit so umformt, daß er die Gesellschaft zu einer wirklich menschlichen Gesellschaft gestalten kann, in unserem Fall zu einer Gesellschaft, in der wir nicht unter dem Zwang der Technik leben, sondern sie nach unseren menschlichen Bedürfnissen formen«[2]. Selfies sind der heutige Beweis, dass, wie Bettelheims Endkapitel bemerkt, »Menschen [...] keine Ameisen [sind]«.

Statt wie Bettelheim auf die Extremsituation zu fokussieren, können wir uns fragen, was Autonomie im Zeitalter neoliberaler Hegemonie wohl bedeuten könnte. Wie der Neologismus »marxsism« (narcism + marxism) andeutet, richten wir uns nicht länger an einzelgängerischer Evaluation aus, sondern an gemeinschaftlicher Selbsteinschätzung. Ist das Selfie der Ausdruck des »Informed Heart« im vernetzten digitalen Zeitalter? Können wir Technik so umbiegen, dass sich das »Selfie-Design« von kommerziellen und gesellschaftlichen Zwängen befreien kann? Selfies haben zum Ziel, dem Design Würde einzuflößen.

Wir sind nicht länger besessen von der verborgenen, widersprüchlichen Natur des Menschen, die angeblich hinter den glatten Selbstbildern liegt. Wir wissen, dass das, was New Age Selbst und Seelenleben nannte, tatsächlich von seiner sozialen Umgebung (durch Vorträge, Bücher, Filme) eingespeist wurde und dass das wirkliche Selbst nur ein Empfänger ist. Das ist der Grund für den Niedergang der Psychoanalyse als kulturelle Methode. Das Problem mit der polarisierten Debatte um *Nature vs. Nurture* ist, dass die Rolle von Technik nicht unterschätzt werden kann. Es gibt kein Selbst/Selfie außerhalb von Smartphones und Sozialen Medien und es gibt kein Selbst, wenn es nicht verbunden ist. Was die Aufnahmewinkel betrifft, bleibt nicht viel zu entde-

2 Bruno Bettelheim. *Aufstand gegen die Masse. Die Chance des Individuums in der modernen Gesellschaft.* (engl. Original: *The Informed Heart: Autonomy in a Mass Age*), Kindler, 1980, S. 155.

cken oder zu analysieren: Schlüsselmerkmale werden betont, Belichtung und Hintergrund überprüft, Schmollmund ist out, Spiegel sind deine Freunde, verwaschen ist gut, arbeite am Betrachtungswinkel, ein lasziver Ausdruck ist ein Bonus. Die Leidenschaft des Bildes ist kein Geheimnis mehr. Was verborgen bleibt, ist die Logistik des Bildes, von der »Like Economy« zur politischen Ökonomie der Cloud, vom Codex der Kamera zu den Filtern und zur Komprimierung der Software.

Doch zunächst, wie können wir uns mit dem Selfie-Phänomen jenseits erzwungener Teilnahme oder moralischer Anklage auseinandersetzen und Erkenntnismöglichkeiten entwickeln, die maschinenlesbare Interpretationen integrieren, eine wirklich post-digitale Sichtweise?

Sowohl Experten für Kunstgeschichte als auch für Popkultur stimmen tendenziell überein, dass das Selbstporträt und das Selfie über unterschiedliche Subjekte zu unterschiedlichen Publikumskreisen sprechen. »Das Selbstporträt und das Selfie sind zwei getrennte, wenn auch manchmal überlappende Bemühungen, eine Definition des eigenen Selbst zu etablieren und auszuschmücken.«[3] Sowohl diejenigen, die für, als auch diejenigen, die gegen das Selfie sind, betrachten es oft als einen defensiven Impuls, um ein »authentisch aussehendes« Subjekt durch Selbstdarstellung zu situieren und zu schützen. Seine Macher wurden besonders während der Frühphase des Phänomens oft als selbstbezogen und zwanghaft beschrieben. Alicia Eler zufolge »ist das Selfie ein Spiegel, eine Illusion eines Spiegels, ein in Zeit gepackter egoistischer Augenblick und ein peinlicher Moment nach dem Rasieren«[4]. Ein Beispiel für einen solchen »organisierten Narzissmus« könnte der Band mit 352 Selfies von Kim Kardashian im Jahr 2015 sein, veröffentlicht unter dem Titel *Selfish*. Die komplexen Unterschiede zwischen dem Porträt und dem Selfie kommen nichtsdestotrotz perfekt zusammen, wenn sich das Selfie als »ein Modus

---

3 http://blogs.getty.edu/iris/whats-the-difference-between-a-selfie-and-a-self-portrait/

4 Alicia Eler, »Mirrors Multiply the Selfie: The Doppelgänger Dilemma«, July 8, 2013, http://hyperallergic.com/74877/mirrors-multiply-the-selfie-the-doppelganger-dilemma/

der Konversation, inhärent kontextuell und oft vergänglich« als das perfekte Marketing-Vehikel für Kunstmuseen erweist, Institutionen, die in der Like-Ökonomie gefangen in hohem Maße abhängig von Besucher-Ratings und Partizipation sind. Solch kontextuelle Lesarten verraten wenig über die Energien beider Praktiken.

Für westliche Kulturkritiker ist das Selfie der Inbegriff neoliberaler Selbstvermarktung. Es herrscht ein ständiger Druck, sich darzustellen, anzugeben, präsent zu sein. Das Selfie verkörpert den verzweifelten Versuch des »gescheiterten Individuums«, zu zeigen, dass sie (oder er) noch im Wettbewerb steht. Es gibt eine überredende Seite, die sagt: »Ich bin hier, vergiss mich nicht, schau mich an und denk an mich, nächstes Mal kannst du mir einen Gefallen tun.« Der Ratschlag, den wir überall erhalten, ist, sich »niemals für Selfies zu entschuldigen«. Aber wer hat Angst davor, fälschlich als Narzisst zu gelten? Herbert Marcuse pries das Comeback des Narzissten und wurde dafür kritisiert. »Wenn wir glauben, was uns die Massenmedien erzählen, sind Selfies narzisstisch, ein Produkt einer selbstbezogenen Bevölkerung, Eitelkeitsrituale der Me-Me-Me-Generation. Selfies werden von Menschen gemacht, vor allem von Mädchen, denen es an Selbstbewusstsein mangelt, die ständig Bestätigung von ihrer Peergroup und darüber hinaus suchen.«[5]

In dieser forcierten Intimität befindet sich der Zuschauer zwischen der Kamera und dem Subjekt, umschlungen vom Arm der das Bild aufnehmenden Person. Sind sie narzisstisch oder sind sie Vermittler? Sie sind es jetzt, die die Kamera halten, die posieren, um betrachtet zu werden, die spielen und experimentieren. Und doch zeigen sie die schreckliche Wirklichkeit morbider Selfies, Aufnahmen, die während Beerdigungen oder in Konzentrationslagern gemacht wurden. Solch eine »Wirklichkeit« ist sehr viel realer für das Publikum an Computern als für den Selfie-Macher, der sie auf dem Display eines kleinen Mobiltelefons beobachtet.

Wie können wir eine Diagnose stellen, die Nutzer nicht auf ihre Sucht reduziert, eine Analyse, die unsere tiefe Pathologie erkennt, aber

---

5 Aus der Aufzeichnung des Vortrags von Katie Warfield »Why I love Selfies and Why you should too (damn it)«, auf YouTube, Vancouver, 26. März 2014.

sich weigert, alle einfach als krank zu erklären? In dieser technisierten Gesellschaft wird es zunehmend schwieriger, das Recht zu verteidigen, frei zu theoretisieren. Lasst uns diesen intellektuellen Raum verteidigen und die alten Dichotomien von Cultural Studies vs. Frankfurter Schule überwinden, indem wir die politische Korrektheit beider Seiten hinter uns lassen. Dasselbe kann von der Lesart von Selfies als lediglich eine »Darstellung eines bürgerlichen Selbstverständnisses« gesagt werden«,[6] nur ein weiteres Genre im bürgerlichen Instrument der Selbstrepräsentation der Fotografie, die endlich das ersehnte große Publikum erreicht. Als vernetzte Bilder, gestützt von sozialen und informationellen Architekturen, sind Selfies alles andere als autonom.

Selfies bevorzugen die Gegenwart. Christopher Laschs *The Culture of Narcissism, American Life in An Age of Diminishing Expectations* von 1979 beschrieb dieses Problem bereits vor langem: »Emotional oberflächlich, voller Angst vor Intimität, hypochondrisch, ausgestattet mit Pseudo-Selbsterkenntnis, sexueller Promiskuität frönend, voller Angst vor Alter und Tod, hat der neue Narzisst sein Interesse an der Zukunft verloren.« Lasch erklärt, dass diese Haltung aus einem Gemütszustand des Pessimismus hervorkommt, charakteristisch für Mitte-Ende der 1970er Jahre, der die allgemeine Krise der westlichen Kultur widerspiegelt. Ihm zufolge »bezieht sich Narzissmus auf ein schwaches, ungeerdetes, defensives, unsicheres, manipulatives Selbst.« Es gibt hier keine *beabsichtigte* Gleichgültigkeit. Es scheint auch kein Interesse an der Zukunft und ebenso wenig an der Vergangenheit zu geben. Ähnlich wie bei den Tumulten der 1970er hat dieser Kollaps der Chronologie ein Vakuum geschaffen, das ständig mit dem Beweis der Gegenwart gefüllt werden muss, ein Trost für den Verlust des Gefühls historischer Kontinuität. Im Gedränge der Aufmerksamkeitsökonomie ist der Wettlauf um die Sicherung der »präsenten Persönlichkeit« auf der Ebene der Sichtbarkeit konkurrenzbetont. Allerdings vermeidet er durch seine spielerischen Settings direkte Kopf-an-Kopf-Wettbewerbe – wenn jemand deine Form bemerkt und geliked hat, hast du bereits gewonnen. Zeit ist

6 Peter Bürger, *Theory of the Avant-garde*, University of Minnesota Press, Minneapolis, 1984, S. 48.

in den momentanen Augenblick kollabiert, der Raum zwischen einer Person und ihrem Mobiltelefon ist geschrumpft und jede Individualität ist im selben generischen Selbstporträt zusammengepresst worden. Selfies sind der perfekte Loop im flüchtigen Augenblick des Jetzt.[7]

Das Selfie ist als ein Foto in Selfie-Form definiert. Mit anderen Worten, es ist bereits eine Wiederholung, die an andere Selfies anschließt. Es ist auch eine Datenspur, die auf Hashtags und Kategorien gedeiht und daher das Gegenteil eines Einzelbilds, das Authentizität ausdrückt. Diese Imitationen sind gewohnheitsmäßige Abkürzungen, automatisierte Ausdrücke, komprimierte Gesten, kurz: visuelle Zeichen, genutzt, um künstlerischem Anschein zu entkommen. Die deiktische Selfie-Geste ist die Botschaft. Alles, was sie tut, ist, Präsenz zeigen, nicht eine bestimmte Stimmung oder ein Gefühl und sie weist paradoxerweise immer mit ihrer Hand auf das Mobiltelefon. Selfies mögen Massenkonformität ausdrücken: »Ich passe in dieses Format.« Aber sie sind auch ein Ausdruck von Laschs »minimalem Selbst«, eine gebrochene Subjektivität, die mit Ironie spielt. Das Ego wird nicht mehr als Kunstwerk betrachtet; der Akt, lediglich etwas Würde unter Millionen aufrechtzuerhalten, ist eine gewaltige Anstrengung. Was sind die kleinen Unterschiede, die innerhalb dieses sozialen Drucks der individualisierten Massenkultur erlaubt sind?

Lasch folgend, benötigen wir eine Theorie dieses minimalen Selbst/Selfies. Individualität ist ein Luxus geworden, unpassend in einem Zeitalter drohender Austerität. Die Menschen haben das Vertrauen in die Zukunft verloren und bereiten sich auf das Schlimmste vor. Die Folge ist ein »emotionaler Rückzug von langfristigen Verbindlichkeiten, die eine stabile, sichere und geordnete Welt voraussetzen«[8] und eine belagerte Form der Individualität. Wie Lasch wiederholt betont, sollte Narzissmus nicht mit Eigennutz und Egoismus verwechselt werden, da er darauf angewiesen ist, dass andere Publikum spielen (wie es Echo tat). Stattdessen ist Narzissmus durch die Verwechslung von Selbst und Nicht-Selbst definiert. Das Spiel des Verlangens nach Einheit mit

---

7 Christopher Lasch, *The Culture of Narcissism*, Warner Books, New York, 1979, S. 22.

8 Christopher Lasch, *The Minimal Self: Psychic Survival in Troubled Times*, S. 16.

der Welt ist kaum ein Symbol kultureller Dekadenz und nationalen Scheiterns. Das Problem hier ist weder Eigensucht noch Selbstbezogenheit, sondern eher unser Mangel an Erkenntnis zum Status der digitalen Darstellungen im Zeitalter der Gesichtserkennungssoftware.[9] Tatsächlich hat sich der Status von Selfies selbst über die letzten Jahre verändert; sie gelten nicht länger als das Symbol des Niedergangs, als der sie einst imaginiert wurden. Im besten analytischen Fall offenbart diese Modeerscheinung die verborgene Obsession der Sozialen Medien mit der Registrierung von Identität und der Notwendigkeit, ihre visuelle Präsenz immer wieder und wieder in zahllosen Variationen weiter zu verbreiten. Darüber hinaus repräsentieren Selfies das volle Privacy-Paradox unseres heutigen Zeitalters, in dem – entgegen der Forschung zu Überwachung und ihrer Fixierung auf Fazialität – andere ständig erfasste und quantifizierte Meta-Daten mehr aussagen als ein Gesicht.

Eine stärker materialistische Auffassung kann eine Vorstellung dieser Gesten als potentiell subversive Praxis der Massenfotografie in Betracht ziehen. Das Selfie ist ein ausgezeichnetes Beispiel für die Individuation des von Gilbert Simondon beschriebenen Prozesses, auf den sich Bernard Stiegler so oft bezieht.[10] Als ein Produkt eines Apparats (wie bei Vilém Flusser definiert) bewältigt das Selfie den Konflikt zwischen Psyche und Kollektiv in einem technischen Dokument, das weder authentisch noch industriell, sondern eher digital ist.[11] In

9 Zum Beispiel das Projekt des St. Petersburger Gründers der Gesichtserkennungs-App *Findface* und der Fotografen Artem Kukharenko und Alexander Kabakov. Mit Findface kann man zum Beispiel ein im öffentlichen Raum aufgenommenes Bild mit Selfie-Datenbanken wie der russischen Social-Media-Site VKontakte online vergleichen. Die Software ist äußerst genau und erlaubt, die Identität einer Person in einer anonymen Menge mit einer Wahrscheinlichkeit von 70 Prozent herauszufinden.

10 Häufige Bezugnahmen auf das Konzept der Individuation findet man in Bernard Stiegler, *Uncontrollable Societies of Disaffected Individuals*, Polity Press, Cambridge, 2013, S. 101-125.

11 Mehr dazu in Bernard Stiegler, *The Lost Spirit of Capitalism*, Cambridge, 2014, S. 72-74.

vielen Fällen wird das Smartphone vermenschlicht und als verdrängtes Objekt verwendet. Was dringend weiter untersucht werden muss, ist der Zusammenhang zwischen Individuation und Identifikation – in massenhaftem Umfang. Vorausgesetzt, diese Bilder werden im bürokratischen Identifikationsprozess als fotografische Evidenz verwendet, müssen wir uns nicht wundern, dass das Selbst als Währung genutzt werden kann und wird. Mit Stiegler können wir sagen, dass sich eine kognitive und affektive Proletarisierung bzw. ein Rückgang von Fähigkeiten vollzieht, ein anamnestisches Bildwissen, ein Prozess, in dem die Externalisierung des Gedächtnisses hyper-industriell wird. Das Selfie ist ein integraler Bestandteil dieses Prozesses.

Welche Art von Vertrauen hat das Onlinesubjekt in diese Art der Präsentation? Uns geht es nicht um irgendeine Wahrheitstherapie oder Selbstbetrachtung des Bewusstseins. Wir suchen keine spirituelle Richtung oder Orientierung, wenn wir unseren Status updaten. Soziale Medien sind keine »auf die Entdeckung und die Formulierung von uns selbst betreffenden Wahrheiten orientierte Techniken«[12]. Sie sind keine Tools, um sich selbst zu erkennen, sondern vielmehr um das Selbst zu kontrollieren – mit allen Vor- und Nachteilen. Zumindest ist dies die geäußerte Angst der jugendlichen Vielnutzer, mit denen sich Sherry Turkle in ihrem 2015 erschienenen Buch *Reclaiming Conversation* beschäftigt.[13] Ziel der Sozialen Medien ist nicht die Transformation des Individuums. Selfies erzählen uns nicht, was im Selbst verborgen ist, sondern sie bleiben an der Oberfläche, wie das »Inter-Face« zwischen Menschen. Unsere Versuche, Introspektion in ein Selfie zu lesen, prallen an der Medienoberfläche ab. Das Objekt schaut uns zu; das Selfie schaut zurück.

Die US-amerikanische Politikwissenschaftlerin Jodi Dean widerspricht den hohlen Moralisten, die »Selfies als ein weiteres Anzeichen einer perversen Kultur des Narzissmus abtun«. Ziel ist, a-moralisch zu

12 Michel Foucault, *About the beginning of the Hermeneutics of the self. Two lectures at Darmouth*, Political Theory, 21.

13 Sherry Turkle, *Reclaiming Conversation, The Power of Talk in a Digital Age*, Penguin Press, New York, 2015.

lesen, und einen nächsten Schritt in die Entwicklung einer technisch informierten Selbst-Hermeneutik zu machen. Auch wenn das Selfie eine Art Porträtfotografie ist, kann es als das Endprodukt der Demokratisierung der Medien gelesen werden, die das Knappheitsstadium der Bildherstellung beendet, ein Symbol unseres nihilistischen Zeitalters der Überproduktion. Wichtig ist die Temporalität des Selfies. »Es ist nicht zum Gedenken gemeint. Es setzt keine Denkmäler für das, was wir getan haben. Es ist eine schnelle Erfassung dessen, was wir gerade tun. Auf Twitter, Instagram, Grindr, Facebook und Snapchat strömen Selfies vorbei, eine Art fortwährender Volksfabrikation des Jetzt.« Dies verschiebt die Diskussion von der Ebene der Repräsentation und ihrem Platz im Archiv zu der der Echtzeitkultur. Selfies können als notwendiger Anwesenheitsbeweis gelesen werden, nicht als Beweis der elektronischen Einsamkeit, geschweige denn als Symptom einer Persönlichkeitsstörung. Sie veranschaulichen nicht, wer wir sind, sondern sie zeigen eher, dass wir in genau diesem Augenblick existieren. Selfies sind existentielle Momente in einer technischen Zeit, eine »kurzzeitige Halluzination« in den Worten von Roland Barthes.

Das selbst aufgenommene Bild macht jeden Bedarf an Hilfe von anderen in der Nähe überflüssig und sucht stattdessen die Reaktionen von nicht anwesenden oder ersehnten anderen. Jodi Dean beschrieb Selfies in diesem Sinn als Bilder ohne Betrachter,[14] ähnlich wie Bilwets Konzept der souveränen Medien: an sich selbst senden.[15] Dean betrachtet Selfies als eine »kommunistische Ausdrucksform«, einen echten »Marxismus«. Statt unsere oberflächlichen Egos zu preisen oder zu verdammen, betont Dean den sozialen Intellekt des Bildes bzw. seinen Verbreitungswert, wie sie es nennt. Dean sieht keinen existentiellen digitalen Monaden, der uns immer weiter in die leere Essenz des westlichen Selbst führt. Vielmehr positioniert sie das Selfie innerhalb des sozialen Netzwerks von Beziehungen. Dean zufolge ist der provokative Begriff »Kommunismus« eine Referenz auf das Gemeinschaftliche,

14 Jodi Dean, »Images without Viewers: Selfie Communism«, 1. Februar 2016, http://blog.fotomuseum.ch/2016/02/iii-images-without-viewers-selfie-communism/

15 Agentur Bilwet, *Medien-Archiv*. Bollmann Verlag, 1993.

nicht auf irgendeine repressive Avantgarde-Partei, die den Menschen ihren politischen und ökonomischen Willen aufzwängt. Im Kontext des Selfies bedeutet gemeinschaftlich etwas weniger als volle Kollektivität, nämlich ein »minimales Gemeinschaftliches« oder das, was früher eine Masse oder Menge genannt wurde. Dean: »Multiple Bilder derselben Form, der Selfie-Form, fließen über unsere Bildschirme wie die Menschen, die wir auf einem Gehweg oder in einem Einkaufszentrum passieren. Wenn wir Selfies hochladen, sind wir uns immer vage bewusst, dass jemand ein Bild aus seinem Kontext reißt, wenn es am wenigsten opportun ist, und es zu unserem Nachteil verwendet. Aber wir machen sie trotzdem als Teil einer breiteren sozialen Praxis, die besagt, dass das Selfie nicht wirklich von mir ist; es geht nicht um mich als Subjekt der Fotografie. Es ist meine Imitation von anderen und unsere gegenseitige Imitation. Das Selfie als ein von der Praxis des Teilens von Selfies losgelöstes Einzelbild zu betrachten, ist, wie an eine Zeitschrift über ein Wort in einer Ausgabe heranzugehen.«

Der mailändische Nationalökonom Alex Foti besitzt weniger Krypto-Optimismus und verbindet das Selfie mit einer zunehmend prekären Existenz, die ständig zusätzlicher Medienbestätigung bedarf, um die individualisierte Angst in Zaum zu halten. In einem Email-Interview schrieb er: »Wir haben es dort draußen mit einer Kultur nackter, verzweifelter Selbstvermarktung zu tun. Mein Bild existiert auf Sozialen Medien und ich auch. Die frühere Praxis von Hollywoodstars, Schnappschüsse von sich zu machen (etwas, das wir in Fotoautomaten machten, bevor es das Mobiltelefon mit eingebauter Kamera gab), hat sich auf das Prekariat insgesamt ausgeweitet: Wir sind alle aufstrebende Starlets, die neurotisch unser eigenes Image für kommerzielle Attraktivität maniküren. Selfiemania verrät existentielle Unsicherheit: Wer bin ich? Bin ich wirklich da? Bin ich, was mein eigenes Bild verspricht?«[16]

Foti zufolge ist das Selfie in erster Linie ein Tool der Selbstvermarktung. »Selfies werden zunehmend gemacht, um andere Leute von der

16 Zitiert aus einem Email-Interview mit Alex Foti, 15. Juni 2016.

Reise nach Europa oder in die Antarktis in Kenntnis zu setzen oder neidisch zu machen, und uns damit als vermarktbares Selbst darzustellen. Ein Mensch in prekärer Position steht ständig auf den Spotmärkten für Zeitarbeit zum Verkauf. Stellenbesetzungen basieren zunehmend auf dem ersten Eindruck des produzierten Selbstbildes, das eine Art Avatar unserer abstrakten Fähigkeit für symbolische Arbeit in einer affektiven Ökonomie der Sozialen Medien geworden ist. Es geht darum, falsche Freude und Selbstzufriedenheit auszustrahlen. Niemand macht ein Selfie von sich in einer traurigen oder zornigen Stimmung; Snapchat-Filter zwingen dich, verspielt und spaßig zu sein.« Dem Aktivisten Foti zufolge gibt es immer die Hoffnung, dass das Kameraauge sich auf die turbulente Welt da draußen richten wird. »Eines der sichersten Zeichen dafür, dass eine Rebellion des Prekariats im Gange ist, ob in Paris oder Hongkong, ist die Tatsache, dass Tausende vertikaler Screens auf das Spektakel der Multitude und weniger auf das prekäre Selbst gerichtet sind.«

Vor einigen Jahren übernahm die unabhängige kroatische Medientheoretikerin Ana Peraica das Fotogeschäft ihres verstorbenen Vaters in der romanischen Küstenstadt Split. Umgeben von täglichen Touristenströmen sah sich Peraica mit dem Thema des Selfies konfrontiert und hat gerade eine Studie dazu abgeschlossen. Ich fragte sie, warum und wie sie den Begriff »Narzissmus« in solch freier Weise verwendete.[17] Ana: »Was ich am Mythos des Narziss interessant fand, war, dass er im Sinne visueller Kultur falsch verstanden wurde, da Narziss nie ein Selbstporträt machte, er brauchte kein gespeichertes Bild, sondern eine aktive Selbstreflexion im Wasser, in dem vorhergehende Bilder vollkommen irrelevant sind, da es prozesshaft ist.« Peraica betont, dass der Narzissmus aus der US-amerikanischen Ausgabe des *Diagnostic and Statistical Manual of Mental Disorders* (DSM) ausgeschlossen wurde, und nur als ein Symptom psychopathischen Verhaltens vorkommt. »Etwa zur selben Zeit wurde die gefälschte Diagnose der »Selfitis« (die »Störung«, süchtig nach der Aufnahme von Selfies zu sein) in die medizinische

17 Zitiert aus einem Email-Interview mit Ana Peraica, 20. Juni 2016.

Sphäre mit der Behauptung eingeführt, sie sei von der *American Psychiatrist Association* (APA) anerkannt, was natürlich nicht wahr ist.«

Statt zu behaupten, dass Menschen, die Selfies machen, entweder einen Arzt konsultieren oder uns nachweisen müssen, wie ihr befreiter, ausgeglichener Lebensstil das Ergebnis solcher »Werkzeuge der Selbstbetrachtung« ist, könnten wir diese Bilder anders fassen. Ana: »Ich bin der Auffassung, dass wir in die dritte kulturelle Phase des Narzissmus eingetreten sind, eine die näher am Originalmythos des Narziss liegt und von einer vollen Selbstaufgabe zeugt, die bereits in Objekten der Medienkunst sichtbar war, die Selbstporträts auf einer partizipatorischen Ebene produzierten. Sie zeigten, dass es nicht ein starres Selbst gab, sondern mehrere austauschbare Selbst. Grenzen und Integrität der verschiedenen Selbst existieren nicht mehr – nicht wegen der Selfies, sondern wegen einer langsamen medienbasierten Dekonstruktion persönlicher Bedarfe und Szenarien.«

Alle sind sich nur zu gewahr, dass wir Selfies in der Ära nach Snowden machen. Ana: »Wir sind von einem leistungsstarken Überwachungssystem umgeben, das nun auf der freiwilligen Selbstenthüllung basiert, durch die ein Narzisst sich objektiviert, um daran erinnert zu werden, um was es nochmal geht, ein Überwachungssystem, das vormals als Echo bekannt war. Und in diesem Prozess gibt es genügend Hilferufe, aufgedeckte Ängste, die noch einmal vor Augen führen, wie wichtig Fotografie und Bildverfahren für eine Kultur werden, die sich nicht anders formulieren kann, z.B. durch Sprache oder Schrift.« Ana folgert, dass Selfies nicht an sich schlecht, aber eine Folge vieler schlechter Einflüsse sind: der Verlust der Kommunikation, der Zerfall der Bildung und das Verschwinden von Text, wie wir ihn einst kannten. Wir werden empathische Maschinen, die mechanisch auf beliebige Vorkommnisse mit einem Lächeln und einem LOL reagieren.

Wie gehen wir in der kritischen Selfie-Forschung vor? Vorläufig ist das Selfie noch nicht aus der Mode gekommen. Teenager sind noch nicht von den mechanischen Gesten des Selfies abgestoßen. 2017 versammelte Peraica ihre Arbeiten in einem von unserem Institute of Network Cultures publizierten Band mit dem Titel *Culture of the Selfie, Self-Representation in Contemporary Visual Culture*, in dem sie untersucht, welche Rolle Selbstporträts in der Kunstgeschichte spielen, und in dem sie ihre eigene Spiegeltheorie für Selfie-Aufnahmen entwickelt. Das Buch wurde auf der Konferenz »Fear and Loathing of the Online Self« in Rom vorgestellt, organisiert von der John Cabot University, Roma Tre, und dem Institute of Network Cultures,[18] mit Vortragenden wie Jodi Dean, Wendy Chun und Gabriella Coleman und aus Europa Marco Deseriis, Olga Goriunova, Ana Peraica und Franco Berardi. Wie gelangen wir hinter die vorhersehbare Spaltung zwischen der politisch korrekten Behauptung der Ermächtigung (junger Mädchen) und der nihilistischen Kritik der Selbstvermarktung und Verzweiflung? Ist das Selfie der visuelle Beweis eines Kataklysmus des Selbst, das sich, unter unseren post-digitalen Bedingungen, voller Langeweile und Abscheu und doch unfähig zur Revolte, gegen sich wendet? Selfies als Folk-Art zu lesen, ist nicht wirklich ein Ausweg, da diese nicht den zunehmenden Moralismus neutralisiert, der fortwährend medizinische Verschreibungen und Rezepte für das Wohlbefinden anbietet.

Können wir im Selfie-Kontext noch von der narzisstischen Persönlichkeit sprechen, als handle es sich um einen individuellen Zug? Nicht wirklich. Das Selfie ist zuallererst eine technische Geste, hervorgebracht von spezifischen Hardwarebedingungen (ein Smartphone mit eingebauter Kamera, ständiger Handyempfang und Selfiesticks), die sich durch Foto-Software und Dispositionen des Seins fädeln. Bestandteil der Dokumentation »des Jetzt« ist der minimale Zeitabstand zwischen aufgenommen Fotos und ihrer Zirkulation auf Plattformen wie Snapchat, Twitter und Instagram. Wir können nicht über das Selfie reden, ohne über die unsichtbare Like-Ökonomie dahinter zu reden, die Milliarden-Dollar-Werbeindustrie, die Allgegenwart von Gesichtserkennungssoftware und der aufkeimende Markt der Privatdatenüberwachung. Wir haben gelernt, zu akzeptieren, dass das Selfie quantifiziert ist, das Lächeln ist kommodifiziert und der daraus resultierende Wert wird hinter dem Rücken der Nutzer gehandelt.

18 Zum Konferenzprogramm, Blogberichten, Vortragsvideos, Interviews und ähnlichen Postings siehe http://networkcultures.org/online-self/

Kapitel 8: Maskendesign – Ästhetik des Gesichtslosen

> »Es ist mehr Wahrheit in der Maske, die wir tragen, im Spiel, das wir spielen, in der Fiktion, der wir gehorchen, als in dem, was unter der Maske verborgen ist.« Slavoj Žižek

Wahlloses Scraping und Analyse persönlicher Daten durch Regierungen und Konzerne wie Google und Facebook haben die Bedingungen für das, was einmal ein zentraler Wert der Internetkultur war, so gut wie ausgelöscht: Anonymität. In einer verspielteren, unschuldigen Phase der Cyberkultur, bevor das Medium Mainstream wurde, bot die frühe Netzkultur eine Reihe von Möglichkeiten entlang des Anonymitätsspektrums, von Pseudonymen und multiplen Identitäten in Role-Model-Games bis zum anonymen Remailer. Natürlich gab und gibt es keine absolute Anonymität, heute und einst: Letztlich ist jeder rückverfolgbar. Anonymität ist keine rein technische Frage, sondern ein mit den Systemadministratoren und ihren Vertragsnehmern geschlossener sozialer Vertrag, errichtet auf dem techno-libertären Konsens, dass Daten nicht an kommerzielle oder staatliche Parteien weitergereicht werden. Seit Snowdens Enthüllungen 2013 ist diese Beziehung erschüttert. Von diesem Moment an, wie Michael Seeman bemerkt, wurde »Kontrollverlust«[1] allzu offensichtlich – wir haben die Kontrolle verloren und der soziale Vertrag ist zerbrochen. Wir können unmöglich Smartphoneherstellern, ISPs, Plattformbetreibern oder

1 www.ctrl-verlust.net/glossar/kontrollverlust/

sogar Krypto-Software vertrauen, geschweige denn unseren anonymen Brüdern und Schwestern.

Statt individuellen und defensiven Schutz gegen intrusive Politiken von Regierungen, Konzernen und Mitbürgern betonen wir Anonymität als eine offensive Geste kollektiver Performativität.[2] Anonymität meint hier weniger ein technisches Mittel, um zu retten, was von unserer Privatsphäre und persönlichen Autonomie übrig ist, als vielmehr digitale Plattformen unpersönlicher Heteronomie, die über die Angst, betroffen zu sein, hinausgehen, um »die Freude und Begeisterung zu feiern, sich auf flüchtige Begegnungen mit unbekannten anderen einzulassen, kurzfristig sein ›reales‹ Leben in dissimulativem Rollenspiel auszusetzen und sich in einer Vielfalt digitaler Masken zu verlieren«[3].

Anonymität funktioniert am besten, wenn sie als ein Akt spielerischer Maskierung verstanden wird. Alles dreht sich um den Prozess der Transformation und des Werdens. Wir können die Sehnsucht nach Anonymität als eine europäische romantische Geste lesen,[4] doch die

---

2 Dieses Kapitel besteht aus Material, das im Laufe der Jahre gemeinsam mit Daniel de Zeeuw (Universität Amsterdam) und Patricia de Vries (Institute of Network Cultures/Erasmus University) geschrieben wurde, die beide ihre Dissertationen über ähnliche Themen verfasst haben. Ich bin sehr dankbar für ihre Kollaboration und extensiven Kommentare zu dieser Buchversion, die ich aus verschiedenen Quellen (in Niederländisch und Englisch) zusammengestellt und für diesen Zweck umgeschrieben habe.

3 Siehe Daniel de Zeeuw, »Immunity from the image: The right to privacy as an antidote to anonymous modernity«, *Ephemera*, Volume 17(2), S. 259-281. www.ephemerajournal.org/contribution/immunity-image-right-privacy-antidote-anonymous-modernity

4 Bogomir Doringer: »Die instabile Identität der Gegenwart ruft nach der Rückkehr der Macht der Maske aus alten Zeiten, als sie als eine Form des Schutzes, der Verkleidung, der Aufführung oder einfach nur zur Unterhaltung eingesetzt wurde.« (http://facelessexhibition.net/statement) Referenzen variieren von den klassischen venezianischen Karnevals- und Maskenballmasken über Halloween-Skelett-Makeup oder bei Demonstrationen getragenen palästinensischen Keffiyeh bis hin zu Reihen von Frauen in scharlachroten Mänteln mit übergroßen, das Gesicht verdeckenden weißen Hauben, die an die rot-weißen Kostüme aus Margaret Atwoods *The Handmade Tale* angelehnt sind (https://www.theguardian.com/world/2018/aug/03/how-the-handmaids-tale-dressed-protests-across-the-world).

Anthropologie stellt andere Lesarten bereit. Zum Beispiel Roger Caillois' Aufsatz *Mimicry and Legendary Psychasthenia*[5] von 1935 oder Claude Lévi-Strauss, der uns auffordert, nicht nur darauf zu schauen, was eine Maske repräsentiert, sondern auch, was sie verwandelt und was sie ausschließt.[6] In *Masse und Macht* verwendet Elias Canetti das Beispiel der archaischen Figuren, um seine Idee der Metamorphose als eine Art Oszillation zwischen Mensch und Tier zu erweitern. »Die Fluidität der damaligen Welt ist oft hervorgehoben worden. Man konnte sich selbst in alles Mögliche verwandeln; aber man hatte auch die Macht, andere zu verwandeln.«[7] Doch wenn die Maske ein Mittel der Metamorphose ist, sind ihre Kräfte spezifisch und singulär. Sie kann von anderen Formen der Verwandlung durch ihre Starrheit unterschieden werden. Anders als die vielen Veränderungen, die ein Gesicht machen kann, ist die Maske fixiert und versteinert. Die Maske trennt und soll nichts von dem enthüllen, was dahinter liegt. Der Schauspieler kann freilich immer eine zweite Maske unter der ersten tragen.

Die Macht der Entwandlung ist Teil dieser Geschichte. Hier kommt Paranoia ins Spiel. Dem Paranoiker, berichtet Canetti, gelte der Reichtum der Erscheinungsformen nichts, alle Vielfalt sei verdächtig. Der Paranoiker, »der die Gabe des Durchschauens hat, weiß genau, was dahintersteckt. Er reißt ihnen die Maske vom Gesicht herunter, und es stellt sich heraus, daß es im Grunde immer ein und derselbe Feind ist.«[8] Die Gewinnstrategie hier ist kontraintuitiv: Selbst wenn es ziemlich notwendig für eine große Menge an Menschen wäre, »Privatsphären«-Maßnahmen zu ergreifen, gedeiht Anonymität als Kultur nur, wenn Individuen temporär zusammenkommen, sich in einem

5 Siehe http://generation-online.org/p/fpcaillois.htm

6 Claude Lévi-Strauss, *Der Weg der Masken*, Suhrkamp, Frankfurt a.M., 2004, S. 131. Wir können entweder das Pariser *Musée du quai Branly* besuchen, um traditionelle Masken zu studieren, oder durch die Kollektion des New Yorker Modedesigners Abasi Rosborough blättern, die sich gegen Gesichtserkennung wendet (https://www.highsnobiety.com/p/abasi-rosborough-fw18-in-plain-sight-campaign/).

7 Elias Canetti, *Masse und Macht. Wesentliche Zusammenhänge zum Verständnis unseres Zeitalters*. Fischer Taschenbuch Verlag, Frankfurt a.M., 1980, S. 252.

8 Ebd.,S. 255.

Schwarm vereinen und an die Öffentlichkeit gehen. Paradoxerweise funktioniert Anonymität am besten, wenn sie Teil einer offensiven Strategie ist, von vielen öffentlich praktiziert. Sobald sie sich in den juristischen Bereich zurückzieht, ein »Recht« oder eine Obligation wird, verliert sie ihre magische, transformative Energie.

Gabriella Coleman hat die epische Geschichte der Anonymous-Bewegung geschrieben. Darin erklärt sie den Hintergrund ihres visuellen Erkennungszeichens, die weiße Kunststoffmaske mit schwarzen Streifen. Sie ruft uns in Erinnerung, dass »die Guy-Fawkes-Maske dank des Hollywood-Blockbusters *V for Vendetta* ein Popkultursymbol wurde. Der Film porträtiert den Kampf eines einsamen Anarchisten gegen einen dystopischen Orwellschen Staat. Die Maske erschien auch kürzlich auf 4chan, getragen von einem beliebten Meme-Charakter mit einem Hang zum Scheitern – Epic Fail Guy.«[9] Die besondere Geschichte der Anonymous-Bewegung von 2008 bis 2012, von Coleman eloquent beschrieben und im Dokumentarfilm *We Are Legion* dargestellt,[10] ist ein tragischer Fall des Slogans »Vereint stehen wir, getrennt fallen wir«. Anonymous brachte mit ihrer Parole »Wir sind das Internet« Tausende auf die Straße, stellte sich hinter Wikileaks, brach mit Julian Assange (wie die meisten seiner Unterstützer), brach nach Verrat und Repression zusammen und löste sich dann auf, nur um gelegentlich wiederaufzutauchen. Anonymität ist ein unerwarteter Zustand des Werdens – wie die meisten politischen Ereignisse heutzutage, wir wissen nie, ob und wann es sich zutragen wird. Neben Anonymität gibt es weitere Interventionen wie den Distributed-Denial-of-Service-Angriff (DDoS) oder den Unternehmenshack. Statt Dissens innerhalb traditioneller Institutionen zu formulieren oder danach zu streben, sozialen Wandel zu bewirken, zielen diese Formen digitalen Ungehorsams darauf »eine direkte Intervention in die Netzwerke der Kontrolle und der ökonomischen Zirkulation zu sein, die das aktuelle System

---

9 Gabriella Coleman, *Hacker, Hoaxer, Whistleblower, Spy: The Many Faces of Anonymous*, Verso Books, New York, 2014, S. 64.

10 Brian Knappenberger, *We Are Legion*, Januar 2012. Weitere Informationen auf http://en.wikipedia.org/wiki/We_Are_Legion

regieren«[11]. Alles, was wir tun können ist also, bereit zu sein, wenn es Zeit zum Ausschwärmen ist, bereit, alle verfügbaren Mittel zu nutzen und uns zugleich bewusst zu sein, dass es keine absolute Sicherheit, undurchdringliche Privatsphäre oder perfekte Maske gibt.

In ihrem Epilog für die zweite Ausgabe 2015 fasste Coleman die gezogenen Lehren für soziale Bewegungen zusammen. »Anonymous hat offensichtlich eine neue politische Position ermöglicht, eine, in der *Taten* wichtig sind. Und Taten können beurteilt werden. Doch die Identitäten dahinter – auch wenn sie identifizierbar und von Bestrafung bedroht sind – werden von allen Beteiligten als weniger wichtig erachtet als die Taten, die sie ausführen.« Allerdings, wie Coleman betont, wird die Koordination und Planung dieser »anonymen« Taten nicht im Geheimen ausgeführt. »Diese Aktivisten organisieren sich auf öffentlichen Chat-Kanälen, veröffentlichen Pressemeldungen, geben ihre Gründe bekannt und bieten Begründungen in dramatischen Videos an.«[12] Die gesamte Episode der Bewegung kann nun in einem Satz zusammengefasst werden: »Der Glaube an die Idee von Anonymous reicht, um Handeln zu motivieren, selbst wenn volle Anonymität nicht das Ziel bzw. unerreichbar ist.«[13]

Kollektive Anonymität kann in unterschiedlichster Weise entwickelt und artikuliert werden. Zum Beispiel die/der imaginäre Theoretiker/in und Aphorismusexperte/in Johan bzw. Johanna Sjerpstra, vermutlich ein/e holländische/r Soziologe/in, deren/dessen Name in verschiedenen Ländern und verschiedenen Umständen verwendet wird, wann immer ein Zitat eine/n Autorin/en benötigt. Die Geschichte der kollektiven Anonymität ist eine reichhaltige, immer weiter expandierende Erzählung. Die Yippies, Mail Artists und Situationisten, Black Mask, Against the Wall Motherfucker und andere Neoisten nutzen alle dieselbe Taktik. Denkt zum Beispiel auch an Coleman Healy, Karen Eliot und Monty

11 Robin Celikates & Daniel de Zeeuw, »Botnet Politics, Algorithmic Resistance and Hacking Society« in: *Hacking Habitat, Art of Control*, Nai010 Publishers, Rotterdam, 2017, S. 217. https://www.academia.edu/24789171/Botnet_politics_algorithmic_resistance_and_hacking_society_in_Hacking_Habitat._Art_of_Control_

12 Coleman, zweite Ausgabe, S. 416.

13 Ebd.

Cantsin (ein 1978 von Al Ackerman erfundener »Open Pop Star«). Weitere Beispiele für anonyme Kollektive sind 01001011101011 01.ORG, Adilkno (Bilwet), Sonja Bruenzel, Tiqqun und The Invisible Committee. Diese Experimente reichen von kollektiven Identitäten, deren Namen nicht notwendigerweise geheim sind, bis zu individuellen Pseudonymen wie Hakim Bey oder Tinkebell.

Eine Taktik ist, den Namen einer (imaginierten) Person für eine Bewegung vieler unbekannter Akteure zu verwenden, ein Ansatz, den man an den Rändern der Konzept- und Performance-Kunst des letzten Jahrzehnts findet. Das bekannteste Beispiel ist vermutlich das Luther Blissett Project, das italienische Kollektiv hinter »Q«. Mitglieder dieser Gruppe waren bereits stark in der *Autonomia*-Bewegung in den 1970er und 1980er Jahren involviert ebenso wie im Betrieb des Mao-Dadaistischen Radiosenders *Alice*. Als Luther Blissett trieb das Kollektiv diese Idee voran und prägte den Begriff »Con-dividuum«: »Wir müssen das Konzept des In-dividuums ein für alle Mal los werden. Das Konzept ist zutiefst reaktionär, anthropozentrisch und auf ewig mit solchen Konzepten wie Originalität und Copyright assoziiert. Stattdessen sollten wir die Idee eines Con-dividuums aufnehmen, d.h. eine multiple Singularität, deren Entfaltung neue Definitionen von ›Verantwortung‹ und ›Wille‹ beinhaltet, und nicht für Rechtsanwälte und Richter taugt.«[14, 15] Im Jahr 2000 gründete eine Gruppe von Luther Blissett das Autorenkollektiv Wu Ming. Der chinesische Begriff kann entweder »anonym«, »unbekannt« oder »fünf Leute« bedeuten und bezieht sich auch auf den dritten Satz aus dem Daodejing: »Nichtsein nenne ich den Anfang von Himmel und Erde.« In ihrer Zusammenarbeit haben Wu Ming bereits mehrere Romane geschrieben, z.B. *54* (2002), *Manituana* (2007) und *Altai* (2009).

Luther Blissetts Strategie unterscheidet sich von derjenigen des Invisible Committee – während das erste Kollektiv ein imaginierter Au-

---

14 Zitiert aus ausgewählten Exzerpten ihres Buchs *Mind Invaders* von 1995: http://lutherblissett.net/archive/215_en.html

15 Siehe auch diesen englischen Text: www.republicart.net/disc/artsabotage/afrikagruppe01_en.htm

tor ist, ist das zweite Kollektiv eine kollektive Autorschaft. 2007 veröffentlichte das anonyme französische Kollektiv ein Pamphlet mit dem Namen *The Coming Insurrection*, das die Leser zu »freier Sichtbarkeit« ermutigen und »Anonymität in eine offensive Position verwandeln« sollte. Was lehren uns solche Bewegungen über Visualisierung und Personifizierung? Luther Blissett ist eine Maske, doch für Bewegungen wie Anonymous ist die Maske selbst die Maske. Und was sagt dies alles über die Beziehung zwischen Individuum und Kollektiv aus? Sehen wir die Schaffung eines Fluchtwegs für die kodifizierten Subjekte, eine Suche nach größeren Aggregaten? Solche übergeordneten Identitäten scheinen verführerisch und laden uns ein, assimiliert und dadurch transformiert zu werden. Doch ist es besser, selbst imaginierte Entitäten zu entwerfen oder sich einem größeren Kollektiv anzuschließen?

Inmitten all dieser Fragen ist es wichtig, sich daran zu erinnern, dass Anonymität mit verborgenen Identitäten zu einem spezifischen Zeitpunkt und in einem spezifischen Kontext spielt. Anonymität ist vor allem eine temporäre Erfahrung, eine zusammengeschusterte Struktur, die so lange funktioniert, wie sie funktioniert, und verschwinden kann, sobald die Akteure das Gefühl haben, dass sie keine Rendite mehr erhalten. Dogmatisch an den *Temporary Common Denominators* zu kleben, ist dumm – besser, man gibt sie weiter. Das hat das Internet uns gelehrt.

Die *Faceless*-Ausstellung, die im Amsterdamer Kunstraum Mediamatic eröffnet wurde, untersuchte die Rolle, die Anonymität in der heutigen Design- und Medienkunst spielt.[16] Der Künstler Bogomir Doringer, der die Ausstellung sowohl online als auch offline kuratierte, führte sein Interesse an Anonymität auf das Hervorkommen von »Gesichtslosigkeit« zurück. Während seines Studiums an der Rietveld-Akademie bemerkte er Künstler und Modedesigner, die sich mit Anonymität als experimenteller ästhetischer und politischer Form beschäftigten: Sie nutzten Masken und andere verhüllende Objekte, um die natürliche Form des menschlichen Gesichts zu formen, zwischen offiziellen und

16 Siehe http://facelessexhibition.net/statement. Der Katalog ist herausgegeben von Bogomir Doringer und Brigitte Felderer, *FACELESS: Re-inventing Privacy Through Subversive Media Strategies*, De Gruyter Verlag, 2018.

wahrgenommenen Identitäten zu morphen und ganz allgemein neue Überwachungstechnologien und ihre paranoiden Wahrnehmungsformen zu erkunden.[17] Die Rückkehr der Maske zeigt sich beispielhaft in der Arbeit von Carmen Schabracq, in der Wollmasken und -skulpturen die in der Popkultur der vorhergehenden Jahrzehnte etablierte intime Verbindung zwischen Anonymität, Körper und Animalität in den Vordergrund stellen.[18]

Zwei miteinander verbundene Antworten auf Anonymität erscheinen in der Arbeit der Fotografen Frank Schallmaier und Hester Scheurwater, die beide die Online-Selbstrepräsentationen homosexueller Männer und Frauen als Forschungsobjekt wählen. Schallmaier sammelt Selfies und Penisvergleiche auf homosexuellen Dating-Sites und präsentiert sie thematisch organisiert.[19] Scheurwater dagegen lässt sich von den anonymisierenden (In-)Formalitäten von Selfies inspirieren, wie das Bild und der beteiligte Beobachter den Körper durchsichtig machen. Hier wird »Identität« nicht über den Zusammenhang von Gesicht und Name konstruiert, sondern durch die Materialität des universellen Körpers. Um das aufnehmende Mobilgerät gruppiert, erinnert diese atypische Anordnung von Beinen und Armen ohne Gesicht an fremde Lebensformen, wie sie in Science-Fiction-Romanen beschrieben werden. Zuerst auf den Social-Media-Plattformen publiziert, von denen sie stammen, hat Scheurwater diese Bilder seitdem in einem Booklet mit dem Namen »Shooting Back« organisiert.[20]

Ebenfalls bei *Faceless* vertreten war »Islamic Carding« des iranischen Künstlers Shahram Entkhabi, ein einzelnes Bild, das zwei scheinbar unvereinbare ästhetische und ethische Regimes gegenüberstellte: westliche und islamische Kultur. Entkhabi zufolge hat das erste Regime Angst

---

17 www.mediamatic.net/360812/en/faceless-statement

18 In ihrem Aufsatz über Zach Blas nennt Hito Steyerl weitere Namen: »Laura Poitras, Metahaven, Jesse Darling, Sang Mun, Tyler Coburn, Dmytri Kleiner, Andrew Norman Wilson und James Bridle sowie Organisationen wie Auto Italia South East.« *ArtReview*, Ausgabe März 2014 *FutureGreats*, http://artreview.com/features/2014_futuregreats_zach_blas/

19 Siehe www.facelessexhibition.net/frank-schallmaier

20 Weitere Informationen zu ihren Arbeiten unter www.hesterscheurwater.com/

vor allem, das sich zu zeigen verweigert; das zweite Regime davor, was aufgedeckt werden könnte, wenn es sich zeigt. Die Kritik an der Burka wird typischerweise in Begriffen von Frauenrechten artikuliert, missachtet von einer rückwärtsgewandten religiösen Doktrin. Und doch – ohne diese Erklärung ersetzen zu wollen – ist eine alternative Hypothese möglich, um unser Unbehagen mit dem Burka-Phänomen zu erklären. Die Burka missachtet das westliche Gebot, Objekte transparent zu machen, sie für die unaufhörliche Zirkulation und die anschließende Konsumption strukturell verfügbar zu machen. Ironischerweise gibt diese ökonomische Transformation sie in ähnlicher Weise preis wie die Frauen, die in so genannten zurückgebliebenen Kulturen preisgegeben werden.[21]

Ein ästhetischer Ansatz an Anonymität als Form der (Un-)Identitätspolitik ist das genaue Gegenstück der legalistischen Verteidigung der Privatsphäre. Kunstwerke beschäftigen sich mit Überwachungspolitik und (Nach-)Identitätspolitik. Als Teil einer im Entstehen befindlichen Bewegung erweitern sie unsere Fantasie, um neue, auf Sozialität basierende Formen kollektiven Lebens einzubeziehen, die Enthüllung begrüßen, aber dennoch der super-panoptischen Maschinerie die Stirn bieten. Vormoderne Konnotationen und Funktionen des Künstlers tauchen wieder auf. Dies ist die Rache der Hofnarren oder Trickbetrüger, wobei Täuschung einen temporären Rückzug von der »historischen Ernsthaftigkeit« aufruft und in die spielerische Zone der Subversion eintritt.

Der traurige Teil der Onlinekultur ist die angenommene Vereinzelung des Selbst, ein ermüdendes Spiel mit geringfügigen Unterschieden im Namen der Selbstvermarktung. Dies ist vielen ein verhasstes Spiel, doch wenige wissen, wie man ihm entkommt. Auch wenn der liberale Fokus auf das Recht des Individuums auf Privatsphäre unser Gefühl der Würde stützen mag, schmälert er zugleich unsere Optionen. Exponat A: Facebooks Kampf gegen multiple Identitäten. Wie Patricia de Vries schreibt, statt »das Bollwerk der Identität und des Selbst auszubauen«, sollten wir stattdessen ein »größeres Spielfeld öffnen, das relationale

21 www.facelessexhibition.net/shahram-entekhabi

Multiplizitäten willkommen heißt«[22]. Das Selbst als unabhängig und relational zu verstehen, hilft uns, die Auswege aus unseren datenbesessenen Gefängnissen zu vervielfachen. Wir sind standardmäßig eingebettet, gemischt, hybridisiert und bunt. Jede/r von uns ist die Summe flüchtiger und bedingungsabhängiger Beziehungen und Vermittlungen, zahlloser Angleichungen zwischen ungleichen Akteuren, Settings und Dingen. Nimm' das so genannte Individuum und ziehe die losen Fäden; es löst sich in ein Netz von Myriaden von Verbindungen und affektiven Beziehungen auf, ein verworrenes Netz, das sich von der Mikro- zur Makroebene windet. Wenn man diese Verbindungen aufspürt, entfaltet sich eine unendliche Karte von Beziehungen, einige vieldeutig, andere harmonisch, einige stark, andere schwach, einige widersprüchlich und andere konkurrent.[23]

In ihrem Aufsatz *Dazzles, Decoys and Deities* merkt Patricia de Vries an, dass »wir Bewegungen brauchen, die der Versuchung eines binären Universums zugunsten emanzipatorischer, produktiver, affektiver und relationaler Formen der Kritik widerstehen. Wir brauchen Kritik, die Ablegern des Neopositivismus, Ästhetizismus und Individualismus widersteht. Gegen ein binäres Denken sauberer Abgrenzungen und isolierter Bereiche gerichtet, öffnet das Denken in Bezügen Wege für intersektionale Formen der Kritik.« Dies wirft die Frage danach auf, wie dem Selbst als eine Summe sich ständig verändernder Beziehungen Form gegeben werden kann. Sie schreibt: »Dies ist eine Strategie der affirmativen Präsenz als ein Prozess, anders zu imaginieren, Welt zu machen, ständig die Türen zu unbekannten Zukünften außerhalb der algorithmischen Tracking-Kriege und berechneter Settings zu öffnen.«[24] Neu konzeptualisiert als etwas Größeres als das einzelne Selbst, könnte sich

---

22 Patricia de Vries, https://platformjmc.files.wordpress.com/2017/08/de-vries-august-2017.pdf

23 Dieser Teil stammt aus dem Aufsatz von Patricia de Vries & Geert Lovink, »Against A Calculated Life: How to Overcome the Privacy Worldview«, in: Hou Hanru/Luigia Lonardelli (ed.), *Please Come Back, The World As Prison*, Mousse Publishing, Rom, 2017, S. 74-84.

24 https://platformjmc.files.wordpress.com/2017/08/de-vries-august-2017.pdf

Identität hier weniger zur individuellen Erfassung, Kommodifikation und Kontrolle eignen.

Es ist nicht schwierig, zu beobachten, dass Privatsphäre eine bürgerliche Ware ist, die man an exklusiven, den wohlhabenden Klassen zugänglichen Orten kaufen kann. Der taktische Rückzug der Reichen an temporäre »weiße Flecke« – ein Urlaub auf dem Mars – ist nur eine von wenigen Reaktionen. Den 1 % steht eine ganze Reihe sowohl menschlicher als auch nicht-menschlicher Dienste zur Verfügung und erlaubt ihnen, sich schnell durch den öffentlichen Raum zu bewegen, ohne bemerkt zu werden. Die Optionen für die Privatsphäre online sind wesentlich beschränkter. Alles, was man tun kann, ist, Kryptographie oder Software zum Schutz vor Malware zu installieren, Browser-Plug-ins hinzuzufügen oder VPNs und sichere Email-Provider zu nutzen. Hacken oder gehackt werden ist heute das Gegenstück zu fressen oder gefressen werden. Die globalen Armen können sich keine Privatsphäre leisten und bezahlen den Preis, indem sie den Datengiganten kostenlose immaterielle Arbeit liefern. Natürlich reproduziert der Überwachungskapitalismus Armut und Marginalisierung. Das neueste Paradigma ist »offline ist der neue Luxus«. Die wenigen Glücklichen können ihre Kommunikation und Kontrolle an persönliche Assistenten delegieren. Währenddessen wird das kognitive Prekariat ermuntert, rund um die Uhr online zu sein, durch seine Smartphones zum Texten und Navigieren seines stammesartigen sozialen Lebens gezwungen, seine Geräte auf der Suche nach einem Signal in der Höhe hin- und herbewegend, im Kampf, sein Leben mithilfe produktivitätsoptimierender Apps zu koordinieren, in Verkehrsstaus erstickend, während es zu seinen temporären Arbeitsplätzen pendelt. Willkommen in der digitalen Kluft 2.0.

Wir spielen mit Identitäten bis es Zeit wird, die Maske abzureißen. Wir ängstigen, überraschen und verführen, doch schließlich muss der Schleier gelüftet werden. Der aktuell präferierte Ausweg ist offline, ab in die Reality-Parks und technikfreien Zonen ohne Signal. Wir träumen davon, incognito auf Real-Life-Straßen zu gehen, uns durch Zonen unsichtbarer Nicht-Identität zu bewegen, die von Strategien der Gesichtsverdeckung temporär zur Verfügung gestellt werden. Das Maskenprojekt verspricht, die Spuren unserer Online-Spielplätze zu löschen, uns aus virtuellen Gehegen wie *Second Life* und *Call of Duty* zu befreien. Allerdings vollzieht sich das Unplugging nicht à la *The Matrix*: Es geht nicht darum, in die Wirklichkeit zurückzukehren. Um es in gewöhnlichen marxistischen Begriffen auszudrücken: Übers Wochenende offline zu sein, ist die Version der »Reproduktion der Arbeitskraft« des 21. Jahrhunderts, zusammen mit dem Besuch eines Festivals, einer Yoga-Session und einem guten Joint.

Nach Snowden ist die Frage nicht mehr, wie man das panoptische Regime enttarnt. Das Gefängnis hat seine Mauern ins Selbst verlegt. Das ist der Schritt von Foucaults zentralisierter und institutionalisierter Disziplinargesellschaft zur Kontrollgesellschaft von Deleuze. Der Ruf von Deleuze nach »neuen Waffen«, um sie gegen die Kontrollgesellschaften zu schwingen, wurde eine nie versiegende Inspirationsquelle für Künstler, Designer und Aktivisten gleichermaßen. Aber was kommt nach der internalisierten Kontrolle? Ratlos in Bezug auf die nächsten Schritte strecken wir unsere Fühler in alle möglichen Richtungen aus. Wir sind uns der inneren Übernahme bewusst, aber was können wir denn überhaupt tun? Der Trost des glatten Interface wiegt uns in den Schlaf. Spekulative ästhetische Kunstpraktiken haben den Verlust von Privatsphäre aus verschiedenen Blickwinkeln problematisiert. Einige spotten über die Kultur der Paranoia, andere saugen sie auf. Einige unterlaufen Überwachungstechologien durch Tarnung und Unsichtbarkeit. Andere kämpfen gegen die scheinbare Immaterialität der Überwachungstechologien und fordern Hypertransparenz und die Sichtbarmachung des Unsichtbaren. Und einige versuchen sogar, die kalkulativen Mechanismen spezifischer Software zu stören, oder warnen uns vor der eindringenden düsteren Zukunft, wenn sich die Dinge nicht radikal ändern.

Warum war das Internet so attraktiv? Für einige bot es die Möglichkeit, zu sprechen und zu handeln, ohne dass andere wussten, wer man war oder was man repräsentierte. Für andere war es eine Chance, eine völlig neue Persönlichkeit für sich selbst oder die eigene Gruppe zu konstruieren. Heute jedoch hat die Kommerzialisierung und Militarisierung des Web zur Verknüpfung von Online- und Offline-Identitäten geführt, eine synchronisierte, individuelle Identität, unterstützt durch die Hegemonie der Client-Server-Architektur. Diese Entwicklung wird durch den Typ bürgerlicher Sensibilität verstärkt, die angesichts des Chaos des Sozialen entsetzt zurückschaudert. Anonyme Kommunikation ist ihrem Wesen nach riskant. Besser man zieht sich hinter die sicheren Wände der Facebook-Community zurück und kultiviert sein »wahres Selbst« innerhalb eines ausgewählten Kreises von Familie und Freunden. In diesem Glashaus gefangen, erfahren sich die Bürger-Nutzer stillgelegt und fallen in die Depression, die heute der natürliche psychische Zustand der Bürozeitarbeiter geworden ist.[25]

Snowdens Enthüllungen der Datenüberwachung haben außerdem diejenigen desillusioniert, die weiter Privatsphäre und Anonymität wertschätzen, ob online oder offline. Im heutigen sozioökonomischen Klima macht uns Abgeschlossenheit zum Auslaufmodell und Undurchsichtigkeit scheint uns lediglich anzuschuldigen (»willst du den Geheimdienst auf dich aufmerksam machen, einfach Verschlüsselung verwenden«). Solche zukunftslosen Strategien bewegen Verteidiger der sozialistischen Aneignung von Massenmedien aus der alten Zeit und führen zu technophobem Grummeln, ähnlich wie bei Thoreau oder dem Unabomber.[26, 27] Aber wenn es darum geht, Alternativen zu einer immer allwissenderen Netzwerkgesellschaft zu überlegen, greift man auf legalistische und ethische Maßnahmen zurück. Einerseits präsentieren wir unbegrenzte technische Möglichkeiten, andererseits treten wir für Endnutzer-Lizenzverträge und einen ethischen Verhaltenskodex ein. Wo ist die dritte Option?

Das Bedürfnis nach künstlerischen und aktivistischen Experimenten mit kollektiven Formen der Anonymität bleibt. Die heutige Gesellschaft ist kameragesättigt. Gleichzeitig jedoch scheint sie entschlossen, ästhetische Antworten einzuschränken, durch Überwachung, Kommodifizierung und Personalisierung von Erfahrungen jegliches Aufblühen

---

25 Nicholas Thoburn, *To Conquer the Anonymous: Authorship and Myth in the Wu Ming Foundation*, Cultural Critique 78, Spring 2011, S. 127.

26 http://nettime.org/Lists-Archives/nettime-l-1403/msg00000.html

27 Emailaustausch mit Michael Dieter, 15. Februar, 2017.

derselben Singularitäten einzudämmen, die sie mit freigesetzt hat. Angesichts dieser Schutzmaßnahmen entsperrt Anonymität eine Reihe gefährlicher Alternativen und befreit reine neue Formen der Energie: »Die Frage ist, wie Anonymität neu gedacht werden kann, nicht als ein erreichbarer kategorischer Zustand, sondern als eine Möglichkeit, die Energie der Metamorphose wieder zu gewinnen, den Wunsch, jemand anderes zu werden.«[28] Die künstlerische Subversion der bisher diskutierten Projekte liegt nicht in ihrer Nutzung (oder Fehlnutzung) von Internetapplikationen, sondern in den Bedingungen, die sie für offene Charaktere im weitesten Sinn schaffen. Man denke an die automatisierte Erzeugung von Nutzerprofilen; die Erfindung fiktionaler Whistleblowers; Suchmaschinen, in denen Suchanfragen verschwinden statt Ergebnisse zu liefern; konspirierende digitale Körperteile wie bei Chatroulette; die automatisierte Erzeugung massenhafter Facebook-Profile durch Bots; die Kontrolle von Gruppenverhalten und die Herausbildung kollektiver Identitäten in MMOs. Nachdem man die grässlichen Selbstmanagementregimes von Facebook abgeschüttelt hat, gibt es eine ganze Welt zu entdecken. Die Projekte von Künstlern und Aktivisten erinnern uns daran, dass wir tatsächlich noch mehr aus den NSA-Enthüllungen lernen können, um mit diesem Moment wirklich klar zu kommen. Trotz der Zulässigkeit eines gewissen Überdrusses an postmodernen Lösungen für grundlegende politische und sozioökonomische Probleme können diese Formen von Identitätsspielen einen immersiven Defätismus in der Zeit nach Snowden umgehen.

Die Guy-Fawkes-Maske ist keinesfalls die einzig mögliche Verkleidung, die angenommen werden kann. Die globale Populärkultur ist eine reichhaltige Quelle für das, was wir »Design des gemeinsamen Nenners« nennen könnten. Ein spezifisches Maskendesign kann als Mem beginnen, sich innerhalb weniger Wochen virenartig über den Globus

---

28 Mehr zu diesem Thema ist in einer kleinen, aber sehr dichten Anthologie zu finden: *Opaque Presence: Manual of Latent Invisibilities*, herausgegeben von Andreas Broeckmann und Knowbotic Research, Diaphanes, Zürich, 2010.

verbreiten und eine wiedererkennbare Marke werden – eine wirkmächtige politische Signatur, von Milliarden verstanden und eingesetzt. Um diese Dynamiken besser zu verstehen, müssen wir sie von den allgemein flüchtigen Memen unterscheiden, von der Geschwindigkeit, mit der Meme kommen und gehen. Dies wird zu einer Frage der Kultur. Wie können wir ein Labor zusammenstellen, in dem solche Experimente geschaffen und dann in einer kleinen Community getestet werden können? Ein herausragendes Thema wäre die (Wieder-)Einführung von Anonymität auf populären Social-Media-Plattformen wie Whisper, eine anonyme App zum Teilen von Geheimnissen, die 2012 lanciert wurde.[29]

Michael Dieter sagte einmal zu mir, dass eine Gesellschaft etwas für sich habe, in der Anonymität nicht erfordert, bizarre Masken in der Öffentlichkeit zu tragen. Der Drang, eine Maske zu tragen, kann als ein Krisenzeichen betrachtet werden. Der Zwang, sich zu verbergen, ist ein Moment, das eine Gesellschaft im Wandel kennzeichnet. In der heutigen Gesellschaft sind die existierenden Herrschafts- und Repräsentationsformen wie die politische Partei, die Gewerkschaft, die Kirche oder der Stamm alle verschwunden. In diesen düsteren Zeiten, gekennzeichnet durch permanente Depression, entstand Anonymous. Und doch war Anonymous nie nur ein Fluchtweg für die Desillusionierten, sondern ein Aufforderung, zusammenzukommen und gemeinsam in der Öffentlichkeit zu handeln. Statt uns Angst zu machen, sollte die Heterogenität ihrer Strategien uns dazu auffordern, diese neuen Formationen des Sozialen weiter zu theoretisieren. Anonymous ist ein kollektives Kunstwerk, eine Performance des sozialen Potentials des Prekariats als vernetzte Klasse. Durch die Überwindung der Widersprüche des bürgerlichen Denkens entkommt sie der unerträglichen Wahrheit der Identität. Während das Konzept der »Sozialen Bewegung« in die Sackgasse der NGO mäandert und der aktuelle Netzwerkdiskurs zu schwach ist, um es zu ersetzen, können wir lediglich unsere Fühler in die Dunkelheit ausstrecken und einen unendlichen Strom an Masken als kollektive Identitäten kreieren.

29 https://en.wikipedia.org/wiki/Whisper_(app)

Die hier diskutierten künstlerischen Projekte erweitern und beleben unsere Imagination neu, auch wenn sie nicht imstande sein mögen, die Kräfte von Erfassung und Kontrolle zu disaggregieren. Diese Künstler sind sich im Klaren, dass die endemische Paranoia der Massenüberwachung nun eine Schwäche geworden ist. Das Individuum zu schützen, das nichts zu verbergen hat, und zugleich Terroristen ins Visier zu nehmen, ist unerbittlich, aufreibend und letztlich unmöglich. Für immer von der Existenz der unbekannten Unbekannten heimgesucht, werden diese Regimes schließlich unter dem Gewicht ihrer eigenen, Energie verschlingenden Datenparks kollabieren. Um diese Paranoia in Richtung ihrer letztendlichen Bruchstelle zu verstärken, tauchen wir in die Anonymität ein. Dies ist der verschwindende Akt, der Sprung ins Unbekannte. Die bevorzugte Taktik, um diesen Prozess zu beschleunigen, dient nicht der Aufdeckung des Status quo – der bevorzugten kritischen Denkweise –, sondern unserer Maskierung.

Kapitel 9: Meme als Strategie – Europäische Ursprünge und Debatten

Meme symbolisieren die historische Entwicklung immer engerer Mensch-Maschine-Bindungen. Meme bilden eine Brücke zwischen dem Mentalen und dem Medialen. In *Rise of the Machines* beschreibt Thomas Rid »das Team« als eines der Kernkonzepte der Kybernetik: eine einzige Entität aus Mensch und Maschine zu schaffen, die sich wie ein »Servomechanismus« verhält.[1] Meme sind ein ideales Objekt, um dieses Paradigma zu verstehen. Sie sind weder abstrakte, reine Ideen noch eine biologisch neutrale Substanz, sondern etwas dazwischen; sie sind PNGs und JPGs, machen außerdem auch süchtig und sind viral. Ein Mem kann nie aus sich selbst heraus existieren; es muss Nutzer begeistern, geteilt werden und sich durch endlose Replikation an die optimale Verbreitung anpassen. Durch diesen Kreislauf (oder Rückkopplungsschleife oder Rekursion, alle haben einen computationellen Unterton) der Mensch-Maschine-Interaktion wird ein visueller Inhalt im Internet zu einem kulturellen Artefakt – und noch dazu zu einem wirkmächtigen.

Diese die Meme umgebende kybernetische Metapher kann auf ihre Ursprünge zurückgeführt werden. Der britische Biologe Richard Dawkins prägte den Begriff »Mem« in seinem Buch *The Selfish Gene* von 1976. Darin beschreibt er winzige Elemente von Kultur, die durch Vervielfältigung oder Imitation von Person zu Person reisen und dabei verschiedene Elemente aufnehmen. »Menschliche Gehirne«, behauptete

1 Thomas Rid, *Rise of the Machines*, Scribe, Brunswick, 2016, S. 48.

er, »sind die Computer, durch die die Meme operieren.« Trotz des Mem-Konzepts war Dawkins' Text so überholt, dass er den Großteil seines etymologischen Ziels entkräftete. Schließlich war Dawkins seiner Zeit voraus: vor dem Internet, vor den Sozialen Medien, vor Pepe. Er verwendete Meme zum Beispiel, um kulturellen Wandel über lange Zeiträume hinweg zu beschreiben. Doch heutige Internetmeme auf Foren und Sozialen Medien sind vergänglich und höchst flüchtig und überdauern kaum einige Stunden. Inhalt und Kontext eines spezifischen Mems ist tagesaktuell und verfliegt rasch. Was zählt, ist Replikation, Veränderung, Satire und vor allem die Fähigkeit, seine Geschwindigkeit zu kennen. 2013 nahm Dawkins eine entscheidende Klärung vor und charakterisierte ein Internetmem als durch menschliche Kreativität vorsätzlich verändert. Damit unterschied er es von seiner ursprünglichen Idee, die Mutation durch zufällige Veränderung und eine Art darwinistischer Selektion beinhaltete.[2]

»Seine Meme zu kennen« bedeutet, ein Popkulturinsider zu sein und die kulturelle Matrix zu teilen, in der die Meme zirkulieren. Heute ist die Notwendigkeit, Meme zu verstehen, dringlich geworden und keine Geschichte illustriert dies besser als die von Morris Kolman, ein früherer unbezahlter Praktikant, der im Präsidentschaftswahlkampf 2016 für Hillary Clinton mitarbeitete. Mit Anfang zwanzig wendete er sich in einem langen Emailexposé über »die politischen Potenziale und Fallstricke von Memen« an mich.[3] Als Teil von Clintons Team, das für die Entwicklung eines digitalen Publikums zuständig war, sah er »ein hohes Community-Building-Potenzial« in Memen und versuchte, Meme in die Social-Media-Strategie der Kampagne zu integrieren. Dabei orientierte er sich am Erfolg von Bernie Sanders »Dank Memes Stash«. Doch die Antwort war, »Wir verwenden keine Meme. Das Internet mag uns nicht.« Während wir alle die konventionelle Erklärung dafür gehört haben – zum Beispiel, dass Clintons Persona zu einstudiert war – können wir die Antwort auch als das verstehen, was als »grausamer Optimismus« bezeichnet wird, eine Leugnung dessen, was der junge Mann

2 Zitiert von der Wikipedia-Seite zu Memen: https://en.wikipedia.org/wiki/Meme

3 Emailkorrespondenz, 14. September 2017. Die Email ist im Besitz des Autors.

»ein Leid, das durchlebt wird« nennt und was er als »einen grundlegenden Aspekt der Memkultur« erachtet.

In seiner Bachelorarbeit zu diesem Thema arbeitete Kolman die tiefe Beziehung zwischen Kybernetik und Biologie in der heutigen Memkultur heraus. Meme, argumentiert er, sind nicht nur Produkte einer intensivierten Beziehung zwischen Mensch und Maschine, sie zeigen auch die kulturelle Angst dieser Veränderung. Mit Bezug auf die Arbeit von W. J. T. Mitchell betrachtet er Meme als paradigmatisch für Mitchells »Zeitalter der bio-kybernetischen Reproduktion«[4]. Dadurch, dass Technik unser Leben tiefer als zu Benjamins Zeit durchdringt, haben die Bilder, die durch diese Technologien geschaffen werden, Aspekte dieses neuen Existenzmodus angenommen. Meme verbreiten, entwickeln und replizieren sich; der Akteur, der für eine Mem-Explosion verantwortlich ist, kann oft nicht weiter als auf die vieldeutige soziotechnische Konstruktion »des Internets« eingegrenzt werden. Es gibt sogar Meme dazu, wie viele Menschen über Meme kommunizieren.

Kolman zufolge kann die im letzten Jahrzehnt aufkeimende Popularität von Memen stark auf den Aufstieg des »Netzwerk-Neoliberalismus« zurückgeführt werden, die Integration des neoliberalen Subjekts in ein exponentiell produktiveres und auszehrendes Onlinemilieu, in dem alle Produktion optimiert und alle Identitäten visualisiert werden können. Man muss nur ihre Werbepräferenzen auf Facebook anschauen, um sie als einen Haufen fragmentierter Charaktereigenschaften zu sehen, eine zusammengestückelte Persönlichkeit. Die Bedingungen, die dies schafft – ein ständiges Bedürfnis nach Verbindung, Abhängigkeit von sozialer Zustimmung und eine generelle Malaise, angesichts der Tatsache, dass zunehmend Aspekte des Lebens und der Identität an technische Mittel ausgelagert werden und außer Kontrolle geraten – all diese setzen sich ungezügelt in der Memkultur des Jahrtausends in Egomanie, Hedonismus, Depression

4 W. J. T. Mitchell, *The Work of Art in the Age of Biocybernetic Reproduction*, Modernism/modernity 10, no. 3, September 2003. https://muse.jhu.edu/article/46443/pdf

und Nihilismus um.[5] Ironischerweise ist es genau diese Menge an Bedingungen, die Meme zu einem solch guten Container für diese Affekte macht. Meme breiten sich durch ihre Fähigkeit aus (und finden günstigen Boden in den Sozialen Medien), das Gefühl von Zuordnung und Verbindung zwischen Netzwerknutzern zu schaffen. Das Überleben der memetisch Stärksten trägt etwas hochgradig Effizientes, einfach Verdaubares und ständig Perfektioniertes zur Sozialisation bei. In diesem Licht betrachtet, sollte es keine Überraschung sein, dass Meme die Brutstätte der politischen Kultur online geworden sind.

Doch für welche politische Kultur sind Meme eine Brutstätte? Infolge des Aufstiegs von Alt-Right ist die Mem-Debatte unvermeidlich auf eine spezifische US-zentrierte Richtung in der Internetkultur eingeengt worden, von 4Chan über Reddit und Know Your Meme bis hin zu Milo, Bannon, Breitbart und Trump. Dies ist in Angela Nagles *Kill All Normies* gut dokumentiert, wo sie den Weg von Obamas Hope-Zeichen zur rassistischen Debatte um das Harambe-Mem beschreibt. Nagle folgert, dass »die Online-Culture-Wars der letzten Jahre dermaßen hässlich geworden sind, wie wir uns nie hätten träumen lassen«. Wie konnte es passieren, dass wir Meme ausschließlich mit der »digitalen Gegenrevolution« assoziierten? Nagle zufolge sind die dominanten Meme weniger der Beweis für eine Rückkehr des Konservatismus, sondern vielmehr der »Hegemonie der Kultur des Non-Konformismus, der Selbstdarstellung, der Transgression und der Respektlosigkeit um ihrer selbst willen – eine Ästhetik, die denen passt, die an nichts glauben außer an die Befreiung des Individuums und der ID, gleichgültig, ob sie links oder rechts stehen. Die prinzipienfreie Idee der Gegenkultur ist nicht verschwunden; sie ist einfach nur der Stil der neuen Rechten geworden.«[6] Meme als solche kommen nicht in der einen oder anderen Weise ideologisch angepasst hervor. Vielmehr sehen wir hier, dass es Attribute von Memen gibt, die die Rechte an sich gerissen hat und hervor-

5 Morris Kolman, *I Have No Mouth and I Must Meme: Internet Memes, Networked Neoliberalism, and the Image of the Economic*, BA thesis, Williams College, 2018. https://unbound.williams.edu/theses/islandora/object/studenttheses %3A1204

6 Angela Nagle, *Kill All Normies*, Zero Books, Winchester, 2017, S. 67.

ragend zum Einsatz bringt. Diese Verschiebung ist allerdings nur die letzte Iteration in einer längeren Geschichte, die, wie wir sehen werden, Jahrzehnte zurückreicht. Durch die Freilegung einiger europäischer Ursprünge statt der vorherrschenden US-amerikanischen memetischen Narrative leistet diese Geschichte einen Beitrag dazu, wie man das Mem zurückgewinnt.

Die Memesis-Debatte von 1996

Thomas Rid bemerkte einmal, dass Norbert Wiener, der Gründer der Kybernetik, dazu tendierte, seine Maschinen zu vermenschlichen: »Schalter entsprechen Synapsen, Kabel Nerven, Netzwerke Nervensystemen, Sensoren Augen und Ohren, Aktoren Muskeln. Umgekehrt mechanisierte er Menschen, indem er Maschinenvergleiche anstellte, um die menschliche Physiologie zu verstehen.«[7] Während kybernetische Konzepte wie Kontrolle und Feedback schwer zu verstehen waren, regte die Fusion von Mensch und Maschine Rid zufolge die Imagination eher an. Die Krux dieser Faszination drehte sich um ein deterministisches Versprechen: Ein ausreichendes Verständnis des Menschen als Maschine könnte zum Betreiben eines Menschen mit der Leichtigkeit einer Maschine führen. Meme, diese neuen kybernetischen Bilder, sind nicht anders.

Wie viele meiner Generation begegnete ich Memen im Jahr 1996, als ich gebeten wurde, die Onlinedebatte des österreichischen Electronic-Art-Festivals *Ars Electronica* zu moderieren, das vom neu berufenen Leiter Gerfried Stocker kuratiert wurde. Er wählte die »Zukunft der Evolution« als übergeordnetes Thema, das darauf zielte, »greifbare memetische Bedingungen zu identifizieren, unter denen die kulturelle Entwicklung voranschreitet«[8]. Zwanzig Jahre nach der Erfindung des Begriffs wurde memetische »Wissenschaft« popularisiert, wieder in die

7 Rid, S. 49.

8 Gerfried Stocker & Christine Schöpf (ed.), *Memesis, The Future of Evolution, Ars Electronica Catalogue*, Springer Verlag, Wien, 1996, S. 9.

populäre Imagination zurückgebracht durch die hohe Geschwindigkeit, mit der die digitale Revolution die Welt neu kalibrierte.

Und doch schwebt im Hintergrund dieses Themas die kontinentaleuropäische Tendenz, Debatten über Kultur samt jenen über Biologie und die »menschliche Natur«, verkörpert in Ausdrücken wie »kulturelle Evolution«, zu vermeiden. Solch eine Vorstellung implizierte, dass Geschichte nicht von Menschen gemacht ist, sondern vielmehr eine interne Logik beinhalte, die uns, den unwissenden Bürgern, unsichtbar und unbekannt bleibt. Die Künstler-Ingenieure, die diese Gesetze frühzeitig entdecken, werden die neuen Herrscher, während der Rest gehorchen muss. Wir können nicht gegen die Natur rebellieren. Sobald unsere Kulturtechniken zur »zweiten Natur« geworden sind, werden die Subjekte geduldig auf die Evolution warten müssen, um sich zum nächsten Stadium zu entwickeln. Die Ironie – vor allem bei diesem Publikum – war spürbar. In James Gardners Worten in einem Artikel in *Wired* vom selben Jahr ausgedrückt: »Ich bin zunächst einmal nicht von der Vorstellung angetan, dass mein Hirn eine Art Misthaufen sei, in dem die Larven der Ideen anderer Leute sich erneuern, bevor sie Kopien von sich an die informationelle Diaspora aussenden. Es scheint meinen Geist seiner Bedeutung sowohl als Autor als auch als Kritiker zu berauben.«[9]

Meme traten mit einer unhinterfragten Kraft in den Diskurs ein, ein perfektes Mem wäre beinahe teleologisch auf dem Weg zum Erfolg, da seine Kraft fähig wäre, in selbst den eigensinnigsten Geist einzudringen und ihn zu verändern. Dass diese kybernetischen Einheiten rasch die Sprache des Virus aufnahmen, ist nur angemessen; Viren sind ebenfalls weder lebendig noch tot, weder technisch noch biologisch. Im Katalog von 1996 charakterisiert Sadie Plant die virale Kraft. Sie ist nicht öffentlich sichtbar und konfrontativ, sondern breitet sich aus und überwältigt ihren Wirt – jeder Versuch einer Heilung kommt viel zu spät. Virale Kraft ist nicht konstruktiv, vor allem nicht, wenn sie aus dem 1980ern

9 James Gardner, »Memetic Engineering«, Wired, 1. Mai 1996. https://www.wired.com/1996/05/memetic/

kommt, als das Computervirus, das Retrovirus HIV und das »kulturelle Immunschwächevirus« die Bühne betraten. Es dauerte eine Weile, bis die »Kommunikationsnetzwerke« entstanden, doch sobald das Mitte der 1990er Jahre der Fall war, war die »natürliche Ökologie« des »kulturellen Virus« bereit zur nahtlosen Replikation in Lichtgeschwindigkeit.

Mark Dery, der vor kurzem *Escape Velocity* veröffentlichte, führte diesen Kritikstrang in seinem Beitrag zur Konferenz in Linz fort. Dery sprach Kevin Kellys Cyberkultur-Klassiker *Out of Control* von 1993 an. Voller biologischer Metaphern und Technofuturismus stellte Dery Kellys »Aufstieg der neobiologischen Zivilisation« den Anti-Computer-Schriften des Unabombers Ted Kaczynski gegenüber, der merkwürdigerweise von vielen der frühen Internet-Unternehmern geschätzt worden war. Dery warnt vor einer cyberkapitalistischen Revolution, gelenkt von einer technokratischen Elite, die Zweifel am Potenzial von Memem für linksgerichteten Radikalismus von Künstler-Ingenieuren aufkommen lässt und darlegt, mit wem sie Interessen teilen. Die Digirati verleihen ihrer radikalen libertären Ökonomik die Macht eines Naturgesetztes, indem sie sie in die Sprache der Chaostheorie und des künstlichen Lebens einbetten.[10] Meme waren mehr als nur ein apolitisches Phänomen, das zur Disposition steht. Ihre Stärke lag genau in ihrer mühelosen »organischen« Kraft. Sie legitimierten die Ziele, für die sie arbeiteten aus keinem anderen Grund, als dass sie von Anfang an zum Funktionieren bestimmt waren. Dery legt dies der technokratischen Elite in den Mund und verweist auf Michael Rothschilds *Bionomics: The Inevitability of Capitalism*, wo er erklärt, dass Kapitalismus »überhaupt kein ism ist, sondern ein natürlich vorkommendes Phänomen«. Lege die memetische Logik offen und es bleibt das klassische totalitäre Credo: Macht vor Recht.

Diese Debatte war endemisch für die Konferenz. Die offizielle Position wurde vom Leiter Gerfried Stocker deutlich gemacht: »Die menschliche Evolution, durch unsere Fähigkeit charakterisiert, Information zu verarbeiten, ist grundlegend mit technischer Entwicklung

10 Mark Dery, *Wild Nature*, Memesis, The Future of Evolution, S. 213.

verflochten. Komplexe Werkzeuge und Technologien sind ein integraler Bestandteil unserer evolutionären ›Fitness‹. Gene, die nicht in der Lage sind, mit dieser Realität zurechtzukommen, werden das nächste Jahrtausend nicht überleben.« In einem anderen Beitrag spielte Tom Sherman die Bedeutung des Motivs der Evolution herunter, indem er die Verzweiflung betonte, die den ökonomischen Imperativ, sich zu »verbinden«, tatsächlich antrieb. »Sie werden heutzutage nicht viel über evolutionäre Analogien in Pausenräumen von Fabriken oder in Studentencafés hören. Dort wird über das Überleben gesprochen und wie schwierig die Welt geworden ist. Die Leute bilden Beziehungen mit Maschinen heraus, nicht notwendigerweise, weil sie sich zu ihnen hingezogen fühlen, sondern weil sie verzweifelt versuchen, mit anderen Menschen in Kontakt zu kommen, besonders mit solchen, die ihnen helfen können, zu überleben.« Indem Kontakte für das Überleben notwendig werden, imitieren Internetmeme nicht nur diesen biologischen Instinkt, sondern – wie im vorhergehenden Argument über ihre Zuordnung – reifizieren aktiv die Notwendigkeit technischer Verbindung.

Richard Barbrook äußerte seine Kritik an diesen »fragwürdigen Bio-Metaphern« wie »Survival of the Fittest-Meme« und warnte vor einer impliziten Rückkehr des Sozialdarwinismus.[11] In seinem Beitrag zur Debatte auf der Emailliste demonstrierte Barbrook, wie einfach es ist, den positivistischen Mystizismus von Memen zu entlarven. »Hypermedien« sollten helfen, die früheren Versprechen zu verwirklichen und »Medienfreiheit« auszuüben. Er nannte die Memetik eine Blindgänger-Philosophie, schlechte Wissenschaft und reaktionäre

---

11 Eine Kritik an bio-medizinischen Metaphern der Cyberkultur der 1990er Jahre bis heute ist ein eigenes Thema, das leicht erweitert werden kann. Siehe folgendes Zitat: »Meme sind eine bewährte Weise, um Geringschätzung, Spott und andere Empfindungen auszudrücken, und zugleich den Ausdruck leichten Humors beizubehalten. Sie können daher im Übergang weg von lautstarker, tief empfundener Empörung hilfreich sein. Meme sind das Methadon des Internets. Sie dürfen nur unter Aufsicht eines Arztes erzeugt und konsumiert werden, da langfristiger Gebrauch in unerwünschten Nebeneffekten resultieren kann.« https://medium.com/rally-point-perspectives/the-end-of-memes-or-mcluhan-101-2095ae3cad02

Politik. »Die Ablehnung der betrügerischen Versprechen des memetischen Nirvanas ist ein wichtiger Schritt, um zu gewährleisten, dass Hypermedien verwendet werden, um das tägliche Leben eines jeden zu verbessern.«[12] Das heißt, die auf der Konferenz dargelegte Konzeption von Memen sollte nicht angenommen werden. Eine grundlegende Neukonzeptualisierung würde notwendig sein, um die problematischen Dynamiken zurückzugewinnen, die ihre Effizienz antrieben.

Zurückschauend versuchte der *New York Times*-Kolumnist Douglas Rushkoff, eine Diagnose der Debatte zu erstellen. Er hatte gerade sein erstes Buch mit dem Titel *Media Virus* veröffentlicht und bemerkte, dass die »Mem«-Debatte »rasch in eine angstvolle Warnung vor neo-eugenischem, zivilisationsweitem Faschismus ausartete«. Die von Kritikern ausgemalte künftige Mem-Welt war dunkel und deprimierend. »Wir scheinen zu fürchten, dass, wenn wir uns selbst überlassen sind, wir uns gegenseitig vergewaltigen und ausplündern.« Damals betrachtete Rushkoff den Cyberspace als einen »freien Marktplatz, wo die besten oder schlagkräftigsten Ideen überleben«. Rushkoff zufolge sind »Sozialtheoretiker Opfer der Kampagne eines gesellschaftlichen Pessimismus, der Wachsamkeit über alles stellt.« Kurz, man kann mit dem Finger auf beide Seiten zeigen. Die Massen müssen von einer wohlwollenden Elite geleitet und sorgfältig mittels Umfragen und deren Tests überwacht und analysiert werden. Rushkoff zufolge fürchteten sich die Mem-Kritiker, die die Top-Down-Kontrolle des Geistes preisen, im Wesentlichen vor Fortschritt. »Darum hassen so viele redegewandte Sozialtheoretiker uns kalifornische Pro-Internet-Utopisten.« Ohne eine Alternative zum gradlinigen kybernetischen Paradigma war die memetische Debatte dazu bestimmt, sich im Kreis zu drehen.

Zwanzig Jahre später schrieb mir Rushkoff: »Als ich mich entschied, die virale Metapher für die Übertragung von Ideen zu nutzen, wusste ich nicht einmal etwas über Dawkins. Als ich ihn dann las, schien es mir, als ob hier ein paar Dinge fehlten. Meme sind sicherlich eine logische Folge von Genen. Aber so wie Genforscher der damaligen Zeit die

12 Richard Barbrook, *Never Mind the Cyberbollocks...*, AEC Forum Memesis, 25. Juli 1996. http://aec.at/meme/symp/panel/msg00076.html

Bedeutung der Genexpression unterschätzten, unterschätzte Dawkins Modell die Bedeutung der Memexpression: Unter welchen Bedingungen gedeihen bestimme Meme und andere nicht? [...] Wissenschaftler, die auf Meme fokussieren, unterschätzen die Bedeutung der Kultur, in der diese Meme versuchen, sich zu replizieren. Sie sehen die Figur – die Meme – aber nicht den Boden, die Kultur.« Rushkoff erinnert sich, dass in der Frühzeit Meme vor allem in Werbeagenturen zirkulierten. »Das bedeutete, alles, was sie tun mussten, war, das beste Mem anzufertigen, um ›viral‹ zu werden. Doch das war nicht, was ich meinte. Ich schlug vor, dass unterdrückte kulturelle Agenden sich durch Viren ausdrücken werden. Das Potenzial muss schon da sein. Trump das Mem repliziert sich – zumindest teilweise – weil in den USA bereits eine weit verbreitete weiße nationalistische Wut vorhanden war. Das meinte ich mit ›kultureller Immunreaktion‹ – das ist der operationelle Faktor in jeder Virenverbreitung.«

Die kulturelle Mem-Suppe verweist noch einmal auf Kolman. Mit Bezug auf die Arbeit von Vilém Flusser untersucht Kolman die Dynamiken davon, wie Meme mit ihren kulturellen Bedingungen interagieren, um die massiven mementischen Bewegungen auszulösen, die wir beobachten. Da in erster Linie Inhalte bestimmen, wie wir Identität projizieren und mit anderen online interagieren, wurde die Konsumption von Inhalten ein kritischer Punkt sozialer Unifizierung. »Menschen gruppieren sich nicht mehr in Bezug auf Probleme«, schreibt Flusser, »sondern eher in Bezug auf technische Bilder.«[13] Kolman erweitert diesen Punkt. »Wenn Leute um Inhalte statt um traditionelle interpersonelle Identitätsgruppen organisiert sind, verändern sich Bilder überhaupt erst von Objekten symbolischer Bedeutung zur Voraussetzung für die Schaffung von Bedeutung. [...] je mehr technische Bilder die Rolle des sozialen Bindeglieds übernehmen, desto mehr verstärken sie die Bedeutung ihrer Verbreitungsmechanismen für die Sozialisation.« Wenn Rushkoff also darauf verweist, dass die Stärke der Alt-Right-Meme aus der weißen nationalistischen Stimmung in den USA gezogen wurde,

13 Vilém Flusser, *Into the Universe of Technical Images*, University of Minnesota Press, Minneapolis, 2011.

können wir uns noch einmal die Arbeit von Flusser vornehmen und schauen, warum dies der Fall sein könnte: »Die Medien bilden von den Zentren, den Sendern, ausgestrahlte Bündel. ›Bündel‹ heißen lateinisch ›fasces‹. Die Struktur der von technischen Bildern beherrschten Gesellschaft ist demnach fascistisch und zwar ist sie fascistisch nicht aus irgendwelchen ideologischen, sondern aus ›technischen‹ Gründen.« Hier wirkt also nicht nur die Agency von Memen, sondern eher, wie Rushkoff schreibt, die kulturelle Suppe, aus der sie hervorkommen. Und welche Art von Kultur ist das? Eine bildzentrische. Perfekt geeignet, um die Verbindungsformen zu unterstützen, deren Auslösung Memen so gut gelingt.

Unser erstes Beispiel soll jedoch nicht auf einer nihilistischen Note enden. Kolman weist darauf hin, dass »aufgrund der inhärenten Verschaltung jedes technischen Bildes sein Inhalt immer eine Art Illusion ist. ›Sie sind wie die sprichwörtliche Zwiebel: Schicht um Schicht schält sich ab, doch wenn alles verstanden, erklärt ist, bleibt nichts mehr übrig‹. Die Popularität von KnowYourMeme.com ist ein gutes Beispiel dafür. Die Frage, mit der man an die Site herangeht ist, ›wo ist der Witz hier und warum verbreitet er sich?‹ Nach der Antwort bleibt wenig übrig, über das man nachdenken könnte.« Dies erklärt, warum Meme historisch für beide Seiten der Politik funktioniert haben und warum sie in ihrem Wesen nicht notwendigerweise faschistisch sind. Abhängig von der Kultur, in der sie entstehen, können sie jedes beliebige Projekt fördern.

Es stellt sich dann die Frage, was getan werden kann, um diese Kultur vom aktuellen, alles durchdringenden Faschismus weg zu steuern, wie er z.B. auf 4chan sichtbar wird. Selbst dies riskiert jedoch, in die Kontrollfantasien zu verfallen, die sich seit Jahrzehnten realisieren. Wenn es eine Lehre gibt, die wir daraus ziehen können, könnte sie im Vergleich zwischen memetischer Faszination mit einer ähnlich gepriesenen evolutionären Macht bestehen. In Ridley Scotts *Alien* fragt die Nostromo-Mannschaft Ash – einen Cyborg, den sie auseinandernehmen, nachdem sie herausgefunden hatten, dass er darauf programmiert war, sie umzubringen – wie sie den tödlichen Alien an Bord ihres Raumschiffes vernichten könnten. »Das könnt ihr nicht«, antwortet

Ash, »ihr versteht ja nicht einmal, mit was ihr es zu tun habt, nicht wahr? Der perfekte Organismus. Seine strukturelle Perfektion wird nur noch von seiner Feindseligkeit übertroffen.« »Du bewunderst ihn.«, erwidert ein Crew-Mitglied. »Ich bewundere seine Reinheit. Ein Kämpfer [...] unbeeinflusst durch Gewissen, Reue oder Moralvorstellungen.«

Zwanzig Jahre später nimmt Sadie Plant ihren Aufsatz über virale Kraft auf und drückt ihre Beunruhigung aus, die analog zu unseren Ängsten in Bezug auf die biologische Perfektion des Aliens ist. »Dass heute noch über [die von Memen gebotenen Möglichkeiten] nachgedacht wird – sollten die Dinge sich nicht weiterentwickelt haben? Und vielleicht bedeutet dies, dass der Diskurs selbst beschränkt war, eine Sackgasse. Ich sage dies vor allem, weil ich nicht weiß, was ich über Meme heute denken soll, den deprimierenden Pepe und seine Erzeuger. Die Arbeit der 1990er erscheint mir eher wie ein Werk der Konzeptkunst: großartig während der Aufführung, aber wohin bringt es uns, was macht es möglich?« Das US-amerikanische Kollektiv Critical Art Ensemble (CAE) schrieb ebenfalls einen Aufsatz über Memetik für die Onlinedebatte, in dem es die Idee von »Natur als Ideologie« auseinandernimmt. Mit Bezug auf Roland Barthes behauptet es, dass »unter autoritärer Herrschaft der soziale Bereich in das Natürliche und das Unnatürliche (das Perverse) aufgeteilt ist«. Auf den ersten Blick sieht Natur moralisch und rein aus. Wenn sich die Regeln ändern, »wird der dunkle Code der Natur (Überleben des Stärkeren) effizient eingesetzt und genozider Nihilismus wird die akzeptable soziale Vorgehensweise«.

CAE fragt: »Warum wollen wir die Büchse der Pandora noch einmal öffnen?« Zwanzig Jahre später liegt die Frage wieder auf dem Tisch. Was gewinnen wir, wenn wir sagen, dass eine Botschaft sich »viral« verbreitet? Wie viele Kinder würden die biologische Metapher hier überhaupt bemerken – und welche verheerenden Folgen hatte dies einst, gar nicht so lange her?

Tanz den Techno Viking

Der zweite Fall ist das Techno-Viking-Mem, das auf einem vierminütigen Video des Künstlers Matthias Fritsch während der Fuckparade im Jahr 2000 in Berlin basiert.[14] Dies ist ein Beispiel eines authentischen Mems und ein Beweis für das Argument, dass Meme nicht mit der Rechten in Verbindung gebracht werden müssen. Wikipedia fasst das Video folgendermaßen zusammen: »Es zeigt mehrere auf der Parade tanzende Personen, darunter eine junge Frau mit hellblauer Perücke. Diese wird von einem jungen Mann angestoßen, der durch die Gruppe der Tanzenden läuft. Daraufhin tritt ein muskulöser Mann mit freiem Oberkörper, der lediglich mit einer kurzen Hose und Stiefeln bekleidet ist, ins Bild. Er weist den Rempler scharf zurecht und schickt ihn weg. Kurz danach setzt sich die Gruppe zur Musik in Bewegung und tanzt dann auf der Straße. Ein weiterer Mann tritt ins Bild und reicht dem Tänzer eine Flasche Wasser, aus der dieser trinkt und anschließend zur Hintergrundmusik von Can-D-Music und Winstan vs Noia weitertanzt. Die Aufnahme entstand im Berliner Ortsteil Mitte in der Rosenthaler Straße Bereich Kreuzung Gipsstraße/Weinmeisterstraße.«

Fünfzehn Jahre später produzierte Matthias Fritsch ein »Crowdfunded Monumentary«, das die unschuldige Memkultur der Web 2.0-Ära vor Alt-Right perfekt vor den brutalen Jahren des Monopoly-Plattformkapitalismus bewahrt.[15] Bemerkenswert ist die ursprüngliche Faszination der Interviewten (inklusive des Machers) von dem »viralen« Potenzial der Sozialen Medien in ihrer Frühzeit, ein Element, das später als selbstverständlich betrachtet wurde: »Kopiere, übertrage,

---

14 Das Original des Techno-Viking-Videos (4:01 Minuten) war bisher auf YouTube verfügbar und hatte im Jahr 2018 13 Millionen Views (https://www.youtube.com/watch?v=UjCdB5p2voY). Der Nachweis, dass Techno Viking im Jahr 2018 noch immer existiert, ist die Tatsache, dass das populäre Videospiel *Fortnite* ein Emote (bzw. Tanz) mit der Bezeichnung *Intensity* einbaute, das von den Techno-Viking-Bewegungen inspiriert ist. https://www.youtube.com/watch?v=xhRoxgWt8bI

15 Matthias Fritsch, *The Story of the Techno Viking* (video documentary), 2015, https://vimeo.com/140265561

kombiniere. Was sich am meisten verbreitet, dominiert.« Was an Techno Viking faszinierte und es zum Kult machte, war die Unsicherheit, ob die Straßenszene real oder gestellt war. Das Timing war so perfekt, dass es zum verbreiteten Spruch führte »Der Techno Viking tanzt nicht zur Musik, die Musik tanzt den Techno Viking.«

Das Video startete erst 2007 durch, als YouTube und 4chan es verbreiteten und vom Original »Kneecam no.1« zum Namen des Protagonisten umbenannten. In diesem goldenen Zeitalter der »nutzergenerierten Inhalte« begannen Leute, das Video zu remixen und Gesten neu aufzuführen, die Kult wurden, z.B. die umgedrehte Flasche und das Zerreißen des Flugblatts. Es gibt sogar Techno-Viking-Performances in Grand Theft Auto und Minecraft. Irgendwann begann Fritsch, das damit zusammenhängende Material zu sammeln und machte daraus ein Archiv, das sich heute in der Staatlichen Hochschule für Gestaltung (HfG) Karlsruhe befindet und damit aus Techno Viking wohl eines der am besten dokumentierten Meme macht.

Aus der Geschichte des Techno Viking können wir einen zentralen Aspekt des Trostes gewinnen – Meme widerstehen den Bestrebungen des Top-Down-Engineering. Die Suche nach einer »Mem-Wissenschaft« ist noch ein Traum. Wie ein Theoretiker feststellte: »Wenn ich wüsste, was es war, das dazu führte, dass der Inhalt viral wurde, würde ich es dir nicht mitteilen und ich wäre heute Millionär. Wenn wir wüssten, was viral wird und was nicht, könnten wir virale Inhalte designen und die Werbeindustrie würde dich mit Geld überschütten.« Die chaotische und demokratische Natur der Herausbildung von Internetmemen und ihrer Verbreitung bedeutet, dass ihr Wachstum immer ein wenig horizontal sein wird. Die Tatsache, dass gute Meme sich so weit verbreiten, bedeutet auch, dass gute Meme eine Geschichte der Überprüfung haben. Für diejenigen, die Authentizität technisch herzustellen wünschen, ist die Begegnung mit der Überprüfung unvermeidlich und muss ständig bestanden werden. Wir kämpfen keinen ungleichen Kampf.

They Say We Can't-Mem

Wir kämpfen zwar keinen ungleichen Kampf, aber wir verlieren. Sobald wir Widerstand als organisiertes Eingreifen verstehen, können wir mit der Gegenkartierung beginnen, die Stille überwachen und den hysterischen Realismus ans Licht bringen, der so lange verborgen war. Wie wir von Businessgurus des Silicon Valley lernen können, reicht Disruption aus, um riesige Systeme aufgrund ihrer sinnlosen Routinen zum Absturz zu bringen. Wir fordern, dauerhafte Löcher in die selbstverständliche Infrastruktur des Alltags zu sprengen. Dies bringt auch die Möglichkeit einer Revolution näher – ein Ereignis, das selbst die dogmatischsten Kritiker des neoliberalen Regimes vor Jahren ausschlossen. Wie George Monbiot allerdings betont, beruht dies auf unserer Fähigkeit, Geschichten zu erzählen. Über zahllose Iterationen entwickelt und getestet, können diese Narrative dann in Meme verdichtet werden. Wie wir begründet haben, sind Meme leere Hüllen, die auf Inhalte warten. Das Problem ist, dass die Geschichte, die sie verbreiten, von der Unvermeidbarkeit des kapitalistischen Realismus handelt, selbst wenn die Meme in ihrem Narrativ nicht politisch rechts stehen. Wir brauchen ein neues Narrativ, um die memetischen Behälter zu füllen. Das allgemeine Narrativ muss robust und zugleich agil sein. Die Kernbotschaft muss dieselbe bleiben, egal wie sehr ein Mem verändert wird. Dazu kontaktierte ich mehrere Autoren per Email und fragte sie, was sie von der Mem-Frage hielten.

Zuerst fragte ich meinen in Amsterdam lebenden Kollegen, den Medientheoretiker Marc Tuters, wie wir die attraktive Seite von Memen anerkennen könnten. »Auch wenn das ganze Mem-Kontroversen-Ding der ultimative Endpunkt von Rancières Behauptung zu sein scheint, dass ›Politik mit der Ausübung von und dem Kampf um den Besitz von Macht [...]der Abschaffung von Politik gleichkommt‹, sollten wir dennoch zur Kenntnis nehmen, dass aus der Perspektive der (linksgerichteten, *The Guardian* lesenden) Generation der Jahrtausendwende Politik durch politische Meme tatsächlich einmal Spaß macht. Wegen Trump konzentrieren wir uns alle auf die dumpfen Meme, die Politik zu ihrem Schlechteren wendet, aber nachdem Obama gewann, war es eine ganz andere Sache, das sollten wir nicht vergessen. Bevor die Alt-Right ihre so genannte Mem-Magie fand, führte die Linke ihre Mem-Kämpfe. Dann, irgendwann im Jahr 2014, geschah etwas, als die viralen Scherze toxisch wurden und Gamergate seinen ultimativen Tiefpunkt erreichte – und aus dieser Perspektive sind Medienwissenschaftler total im Rückstand.«[16]

Eine mögliche Antwort auf diese Frage könnte in der Ablehnung liegen, sich mit Memen als isolierten digitalen Objekten zu beschäftigen, die zufällig neu zusammengesetzt werden können. Wie oben diskutiert, stammen Meme aus der kulturellen Suppe ihrer Erzeuger, deren Brühe narrativ ist, und werden durch sie geformt. Wie Nick Srnicek mir berichtete: »Wir brauchen neue Geschichten und das ist anders als nur über Gegenmeme nachzudenken oder den Informationsfluss anzuhalten. Es ist tatsächlich eine andere Temporalität, aber ein neues Narrativ liefert dann die Basis für direktere Reaktionen über Soziale Medien, Meme usw. Zum Beispiel haben Trump und der Aufstieg der extremen Rechten ein Narrativ. Und für einige Menschen ist es ein verführerisches Narrativ, das sich dann in unterschiedlicher Weise ausdrückt. Die Linke hat meist kein Narrativ. Wir müssen an den Kern der Sache kommen, statt zu versuchen, Symptome zu behandeln.«

Wie also kreieren wir diese Geschichte? Eine Reihe von Hindernissen steht im Weg. Narrative Mem-Kreation ist nicht einfach verschreibbar; die Clinton-Kampagne, wenn man sich erinnert, konnte keine eigenen Meme bauen und managen. Außerdem ist ein enges Scripting nicht notwendigerweise wünschenswert, weil ein Programm des memetischen Engineering seine eigenen autoritären Untertöne hat. Aber es ist zugleich klar, dass wir nicht mit dem Narrativ arbeiten können, das wir zur Zeit haben, wir verlieren ganz offensichtlich. Wir haben die Wahl zwischen Pest, Cholera und einer weiteren Pest; wir müssen vorankommen.

Ein guter Ausgangspunkt könnte sein, zu verstehen, wie die Rechte ihr Narrativ im memetischen Kanon erlangte. Wie Johannes vom

16 Alle Interviewzitate in diesem Absatz stammen aus einem Emailaustausch vom 13. bis 24. Februar 2013.

Wiener Kunstkollektiv *Monochrom* feststellt: »Man braucht eine Menge Nutzer-/Follower-/Macher-Kraft, um wirklich Kontakt herzustellen. 4Chan ist nur wegen seines schier endlosen Pools an darwinistischen Nutzern eine Brutstätte von Supermemen geworden, einige von ihnen sind fast den ganzen Tag online – und das seit Jahren.« Matt Goerzen bestätigt: »Die Meme von Alt-Right sind aufgrund ihrer bottom-up populistischen Natur so erfolgreich. Ich verstehe inzwischen Image-Board-Meme als Werkzeugsatz, der für unterschiedliche Dinge eingesetzt werden kann, aber nur, wenn sie zum Job passen, der gemacht werden soll. Meme können tatsächlich als Waffen eingesetzt werden, wie im Shitposting auf Twitter, eine Form von kognitivem Denial-of-Service-Angriff, um Rand Waltzmans Bezeichnung zu benutzen.«

Waltzman ist – für Uneingeweihte – vor allem in der Mem-Community dafür bekannt, dass er an der Speerspitze des *Social Media in Strategic Communications Program* des *US Department of Defense Advanced Research Projects Agency (DoD ARPA)* steht, das zu verstehen versuchte, wie Inhalte und Ideen sich Online verbreiten und wie sie für militärische Zwecke eingesetzt werden könnten. Der Schlachtruf, der die »Mem-Kriege« durchdrang, ist nicht weit von einer akkuraten Charakterisierung entfernt; die Linke verliert tatsächlich deswegen an Boden. Der Theoretikerin der Freien Software und Anonymous-Historikerin Gabriella Coleman zufolge können wir es uns ganz einfach nicht erlauben, auf Meme zu verzichten: »Als Alt-Right an Boden gewann und verschiedene Journalisten entsetzt darüber waren, dass Bilder und Emotionen an Leuten ›ziehen‹ und sie politisch umdrehen konnten, war ich ebenso entsetzt, dass sie so naiv und negativ gegenüber Emotionen und der visuellen Kultur waren. Ja, Progressive und Linke müssen Meme und Humor in ihr Arsenal miteinbeziehen, um einige Teile von Alt-Right zu bekämpfen und einen Teil der internetverrückten Jugend nach links zu steuern. Wenn wir das nicht tun, werden wir eine gewaltige Basis an Menschen verlieren. Ob dies durch eine Gruppenanstrengung designt wird oder von unten hervorsprudeln muss, ist eine ganz andere Frage. Meine Vermutung ist, dass es effektiver wäre, wenn es aus einer subkulturellen Basis hervorkäme als von einer elitären Kunstavantgarde.«

Für die Rechte dient 4chan als subkulturelle Basis. Es war nicht so, dass sie erst dann massenhaft Meme produzierten, nachdem sie ein Album guter Bilder hatten, die ihr politisches Narrativ trugen, sondern so, dass es für ihre Community ohne Meme keine Möglichkeit gab, irgendeine Art narrativer oder geteilter Identität zu haben. Da alle anonym sind und es keine statischen Nutzer gibt, um Kontinuität zwischen Posts zu gestatten, ist die einzige Möglichkeit, um Dinge auf der Plattform zusammenzuhalten, dass sie sich ad infinitum repliziert. Diese winzigen Inhaltsbruchstücke vereinen sich zu einer Form der Ideologie. Wie Jodi Dean in *Crowds and Party* schreibt, liegt es an uns, uns »hinter die Fragmente« zu begeben – um Narrative zu entwickeln, die, wie die von Alt-Right, große Mengen von Bedeutung über kleine Teile von Inhalten kommunizieren können. Dean: »Es wird ein gutes Experiment sein, zu sehen, ob Mem-Kriege in der Untergrabung der Rechten effektiv sein können (das heißt, sie für potenzielle Unterstützer unattraktiv und unerwünscht zu machen). Das Problem ist, Meme zu kreieren, die die Blase zum Platzen bringen, da die meisten Meme dazu tendieren, innerhalb von Blasen von Leuten zu zirkulieren, die bereits übereinstimmen. Doch selbst wenn deine Meme die Blase nicht zum Platzen bringen, können sie immer noch effektiv sein, wenn sie die Linke inspirieren. Während der US-Wahlen war Bernie Sanders' Dank Meme Stash eine fantastische Quelle des Spaßes und der Inspiration.«

Gibt es eine narrensichere Weise, das nächste Dank Meme Stash hervorzubringen? Die Antwort erscheint fraglich. Johannes erinnert uns, dass die Kreation politischer Meme eine Herangehensweise der PR an die Internetkultur ist. »Menschen riechen PR sehr schnell. Und am Ende kann sie sich gegen dich und deine Kampagne wenden. Ich verstehe das Bedürfnis, einfach zu teilende Gegen-Info-Meme zu kreieren, aber das geschieht ohnehin schon. Eine Unmenge guter Bilder zirkulieren bereits in der spezifischen Blase. Aber wie kommt man aus der Blase raus? Man kann nicht mit liberalen Inhalten in konservative Blasen eindringen. Deine Inhalte müssen so undurchsichtig und mysteriös sein, dass sie sich nicht mehr als Propagandawerkzeug eignen. Oder sie werden einfach nur lächerlich gemacht.«

Das Niveau, auf dem diese Ambiguität erzeugt und dennoch seine politische Kraft erhalten werden kann, ist extrem hoch. Goetzen ist überzeugt, dass es eine effektive Weise gibt, um Meme zu Waffen für ideologische Zwecke zu machen, indem man solche, die bereits populär und sinnstiftend sind, in eine umkämpfte Bevölkerungsgruppe steuert. »Dies schließt an die ›Umleitungsmethode‹ an, die versucht, gewalttätigen extremistischen Kreisen entgegenzutreten. Die Vorstellung, Meme zu designen oder von oben zu diktieren (oder ›Forcememing‹ in der Sprache der Imageboard-Kultur) ist eine äußerst herausfordernde Aufgabe. Viele der Regierungstypen, mit denen ich in den letzten Monaten gesprochen habe, um diese Fragen zu beleuchten, haben Ideen dazu, wie das bewerkstelligt werden kann, aber das beinhaltet ziemlich umfangreiche Ressourcen und erinnert mehr an die Art von Arbeit, die von Cambridge Analytica gemacht wird als an irgendjemanden im Dunstkreis der Imageboard- oder Alt-Right-Kultur.«[17] (Ironischerweise hat Cambridge Analyticas Algorithmus seine Ursprünge in den memetischen Wissenschaften; ein bedeutender Teil von Christopher Wylies Forschung, bevor er hinzugezogen wurde, bestand darin, zu identifizieren, wie Crocs so populär geworden waren.)

Wir haben nicht die Ressourcen für »Forcememe« und können keinen Mem-Stash erschaffen, ohne unauthentisch zu werden, und wir dürfen die Mem-Kriege nicht verlieren, was also können wir tun? Während wir diesen Abschnitt mit demselben Dilemma verlassen, mit dem wir ihn begonnen haben, haben wir jetzt immerhin eine produktive Grundlage, auf der wir unser letztes instruktives Beispiel angehen.

17 Bezug auf das britische Big-Data-Unternehmen Cambridge Analytica, das für die Wahlkampagne von Trump arbeitete. Siehe: https://motherboard.vice.com/en_us/article/how-our-likes-helped-trump-win

Kommunikationsdesign und memetische Temporalität von Memefest

Memefest (Subvert. Create. Enjoy.) ist ein jährliches »internationales Festival für radikale Kommunikation und zielt darauf ab, eine globale Methodik für die kritische Auseinandersetzung mit Gestaltung und Design zu etablieren«. 2002 gegründet und ursprünglich in Slowenien ansässig, beschreibt sich Memefest als ein Event, das »Studenten, Akademiker, Künstler, Professionals und Aktivisten auffordert, die Kommerzialisierung des Alltags zu untersuchen und dabei auf die Medien und visuellen Kommunikationsumgebungen zu fokussieren«[18]. Das Wiki der P2P Foundation hat eine interessante Seite zur ursprünglichen Idee und frühen Geschichte von Memefest.[19] Ziel war, etwas gegen die »dominanten Ideologien der modernen Konsumkultur zu tun, die inhärent toxisch für unsere physische und mentale Umwelt sind«. Teilnehmer beschäftigten sich »in einem didaktischen Prozess durch kreatives Engagement mit einem spezifischen Thema und trafen durch schriftliches Feedback eine Vorauswahl aus einer Liste der 60 besten Einsendungen, die die Jurymitglieder erhalten hatten«. Memefest positionierte sich selbst explizit als Kritik am Design und an der Werbewelt. »Die meisten Design-Events basieren auf Spektakel und dekontextualisierten Designansätzen, während sie zugleich als einer der zentralen Mechanismen dienen, die definieren, was gute Arbeit und wer ein exzellenter Autor/Designer/Kommunikator ist.«

Ich konsultierte Oliver Vodeb, Mitglied von *Memefest Kolektiv* und Gründer, Herausgeber und Kurator des *Memefest Festival of Socially Responsive Communication and Art*. Als Vodeb nach Melbourne zog, nahm er das Festival mit. In seiner neuen Rolle als überarbeiteter akademischer Dozent befragte ich Oliver zu seinen ursprünglichen Ideen: »Ich hörte von Memen als Bachelorstudent in den späten neunziger Jahren,

---

18 Siehe: www.memefest.org/en/

19 In seinen ersten sieben Jahren »etablierte Memefest ein internationales Netzwerk mit Teilnehmern aus mehr als 60 Ländern und lokalen Knoten in Kolumbien, Australien, Spanien und Brasilien.« Siehe: https://wiki.p2pfoundation.net/Memefest

zu einer Zeit, als das Konzept in Kreisen der Medienaktivisten breiter bekannt wurde. Ich erinnere mich daran, wie ich Rushkoffs *Media Virus* las, das mir wirklich gut gefiel, und dann beschäftigte ich mich mit eher akademischen Theorien der Memetik. Die Explosion des internetgestützten Medienaktivismus und der Vernetzung um 2000 sowie ein großer Enthusiasmus für das befreiende Potenzial der Neuen Medien machten Meme zu einem attraktiven Konzept.«[20] Damals, erklärt Oliver, »sah man regelmäßig ein memetisches Prinzip in Aktion und da das Internet damals lange nicht so reguliert und zentralisiert war wie heute, konnten Leute Meme in einer Weise verbreiten, die wirklich vielversprechend schien«. Meme hatten so viel Potenzial aufgrund ihres offenen Charakters, eine bemerkenswerte Unterscheidung, die Oliver auch davon abhält, sie, wie andere es tun, als programmierbar und einsetzbar zu betrachten. »Es sind lebendige und unabhängige Entitäten, die einen potenziellen Träger infizieren wollen. Als Konzept boten sie eine semiotische und rhetorische Distanz, die nützlich war, da sie implizierte, dass die Qualität von Memen hinsichtlich ihres sozialen Impakts etwas ist, das nicht notwendigerweise gegeben ist, sondern sich eher über einen Zeitraum durch Selektion entwickelt.«

Es scheint, dass Zeit der Dreh- und Angelpunkt ist. Gib Memen 15 Jahre, um sich seit Memefest zu entwickeln, und heute machen sie gemeinsame Sache mit Alt-Right. »Ich stimme Bernard Stiegler zu, wenn er über die Zerstörung der Aufmerksamkeit und der daraus resultierenden Zerstörung der Fürsorge spricht. Technik ermöglicht dies tagtäglich. Meme scheinen eine Umgebung zu mögen, die von jeglicher Art von Droge beherrscht wird. Unglücklicherweise resultieren schlechte Meme im Wesentlichen aus einer Kultur, die von Sozialen Netzwerken wie Facebook dominiert wird, produziert und konsumiert von Leuten auf schlechten Drogen.« Stattdessen schlägt Oliver vor, dass die Linke zuallererst an Genuss und die pharmakologischen Aspekte von Medien, Design und Kommunikation denken sollte – und erst später an spezifische Inhalte und Argumente. Während Meme Geschichten konstruie-

20 http://networkcultures.org/geert/2017/06/22/interview-with-oliver-vodeb-memefest-on-the-addictive-power-of-memes-today/

ren können, verliert die heutige Daten-/Mediensphäre weitgehend ihre Narrative. Die Zerstörung des Narrativs entspricht dem, was Rushkoff die »ewige Gegenwart« nennt: »Um das Gefühl der Freude zu wiederholen, das wir aus Zuständen, in der ewigen Gegenwart zu sein, gewinnen, müssen wir mit Medienstückchen ohne narrativen Kontext gefüttert werden, weil es die instantane, temporäre Gratifikation ist, die uns Genuss verschafft.«

Meme als dialektische Bilder

In einer dreiteiligen Aufsatzreihe von Anfang 2018 haben Marc Tuters und ich versucht, die kritische Memtheorie voranzubringen. Beginnend mit einem McLuhan-Blickwinkel beschreiben wir Meme als »kulturelle Nebenprodukte des App-Ökosystems; das Medium, nicht das Mem, ist die Botschaft. Meme sind Augenwischerei eines Optimierungswettlaufs, der danach strebt, so weit wie möglich in das limbische System hineinzureichen.« Doch dieser medientheoretische Ansatz ignoriert die politische Frage danach, was gegen eine hauptsächlich rechte Memkultur getan werden muss, die heute die Internetkanäle dominiert (und damit den Geist ihres jungen Publikums). Die drei Aufsätze schlagen vor, diese transgressive Memkultur mit dem Ansatz der Frankfurter Schule zu lesen, um herauszufinden, was aus diesem reichhaltigen theoretischen Werkzeugkasten nützlich ist (und was nicht), der so stark zu den heutigen Bedingungen zu passen scheint. »In den Memen von Alt-Right, die Trump oft als einen teutonischen Kriegsherren darstellen, würde Adorno die Symptome dieser sehr psychosozialen Situation der männlichen existentiellen Abneigung gegen Machtverlust diagnostiziert haben, der als Bedingung betrachtet wird, die zum möglichen Aufstieg des Faschismus führt.«[21] Solch ein düsteres Urteil kann dem

21 Geert Lovink & Marc Tuters, »They Say That We Can't Meme: Politics of Idea Compression«, 11. Februar 2018, https://non.copyriot.com/they-say-we-cant-meme-politics-of-idea-compression/

populistischen Vitalismus von Adornos Kollegen Walter Benjamin gegenübergestellt werden, der populäre Kultur im Gegensatz zur grundlegend konservativen Qualität der Elitekultur als subversiv betrachtete.

Im zweiten Beitrag wendeten wir Benjamins mehrdeutigen Begriff des »dialektischen Bildes« auf Meme an, ein Bezug auf seine Idee, dass wir eine neue visuelle Epistemologie brauchen, vergleichbar mit der Filmmontage. Aus dem Film *The Matrix* von 1999 hervorgekommen, kann das rote Pille/blaue Pille-Mem als eine Art alltagskulturelle Glasur auf der Idee Benjamins vom Erwachen interpretiert werden. »Wählst du die blaue Pille, endet die Geschichte, du wachst in deinem Bett auf und glaubst, was immer du glauben willst.« Die rote Pille dagegen wirft einen in die brutale Wahrheit der Modernität, von der Benjamin einst in einem berühmten Ausspruch schrieb: »Es ist niemals ein Dokument der Kultur, ohne zugleich ein solches der Barbarei zu sein.«[22] Man muss kaum fragen, wie Benjamin auf die platonische Allegorie reagiert haben würde – natürlich hätte er die rote Pille gewählt. Unglücklicherweise ist jedoch die rote Pille zum Codewort der neo-reaktionären Erleuchtung geworden, ein Symbol des Erwachens aus einem falschen Bewusstsein der liberalen politischen Korrektheit.[23]

Der dritte Abschnitt beginnt mit einer Analyse des Harambe-Gorillas, einem Mem, das sich um ein Opfertier dreht, das die Imagination des Internets im Brexit/Trump-Sommer 2016 erobert hat. Nicht nur gelang es Alt-Right, Harambe mit einem größeren Ziel auszustatten, sondern es war genau die Vielstimmigkeit des Mems, das es so politisch effektiv machte – eine organisatorische Fähigkeit, die wir nicht unterschätzen sollten. Als offenes Symbol, eine Art Totem für die Verdichtung einer disparaten Menge an Klagen einer aufständischen neo-reaktionären Form der Identitätspolitik entsprach der Einsatz von Harambe von Alt-Right einer klassischen Trope des faschistischen

22 Walter Benjamin: »Über den Begriff der Geschichte«, in: ders.: *Illuminationen. Ausgewählte Schriften*. Frankfurt a.M. 1974. Bd. 1, S. 253f.

23 Geert Lovink & Marc Tuters, »Rude Awakening: Memes as Dialectical Images«, 3. April 2018, https://non.copyriot.com/rude-awakening-memes-as-dialectical-images/

Diskurses, das wir das Narrativ des »Diebstahls der Freude« nannten, in dem eine autoritäre Figur die Wünsche und Ressentiments der »radikalen Verlierer« in ein Spektakel kollektiven Hasses lenkt.[24]

Die nordamerikanische Alt-Right zu untersuchen ist eins. Etwas anderes ist, eine nicht-faschistische, post-biologische Grundlage für progressive Bilderzirkulation und radikale »Mem-Labs« aufzubauen. Hier könnten die europäischen Initiativen ins Spiel kommen und die früheren Geschichten aufnehmen, die hier präsentiert wurden. Solche Experimente könnten spekulative Konzepte ausdenken und sie auf Software und Bildprototypen anwenden. Statt zahmer Metaphern wie »Replikation« und »Viralität« könnte der Ansatzpunkt die Fabrikation einzelner Daten sein, gefüllt mit fremdartiger Schönheit, die uns aus dem defensiven Modus der identitätsbasierten politischen Korrektheit führt. Statt Furcht werde Freiheit. Statt Ressentiments fordern wir Befreiung zurück. Wir wollen eine Gegenhegemonie aufbauen, die auf Imagination basiert, nicht auf »Rechten«. Dies wird (ausnahmsweise) keine Bewegung für Rechtsanwälte sein. Wir müssen aus dem formalistischen, defensiven Modus herauskommen. Offizielle Realität ist kein Schloss, das wert ist, verteidigt zu werden.

Ein weiterer Schritt, dorthin zu kommen, wäre, neue Formen der Organisation zu imaginieren, die dieses Zeitalter ansprechen. Wir müssen vielleicht zunächst den angeblich neutralen wissenschaftlichen Bezug auf das »Lab« loswerden und Begriffe wie »Mem-Lab« verwerfen. Fantasievolle Labels sind wichtig. Am wichtigsten jedoch ist, sich nicht vor dem Problem zu drücken. Soziale Medien sind ein integraler Bestandteil unseres politischen Theaters geworden. Seine Logiken werden sich noch tiefer ins System fressen. Zu glauben, wir hätten es mit Modeerscheinungen zu tun, die bald vergehen, ist gefährlich naiv. Darum müssen wir an Memen als Mythen arbeiten und sie nicht einfach beiseite wischen. Selbst wenn wir Meme überwinden und

24 Geert Lovink & Marc Tuters, »Memes and the Reactionary Totemism of the Theft of Joy«, 12. August 2018, https://non.copyriot.com/memes-and-the-reactionary-totemism-of-the-theft-of-joy/

diese besondere Form der Bild-/Textverbreitung nicht nutzen möchten, werden wir in diese Richtung gehen müssen. Die Antwort auf Alt-Right wird letztlich erfordern, die Architektur der Sozialen Medien von Grund auf umzubauen, die Plattformidee selbst zu dekonstruieren und einen skalierbaren Nachfolger für unsere verteilte Netzwerklogik zu schaffen.

Neben dem Bedürfnis nach Narrativen und einer damit verbundenen visuellen Kultur besteht ein noch stärkerer Bedarf, die Frage der Beschleunigung anzugehen. Sollten alternative Meme mit derselben Geschwindigkeit zirkulieren, wie das gesamte Internet (oder sogar schneller, wie die Avantgarde träumt)? Läuft uns die Zeit davon? Was ist mit langsamen Memen? Was, wenn das Echtzeitregime selbst den Kern des Problems darstellt? Franco Berardi zufolge brauchen wir einen alternativen Rhythmus der Elaboration – um unsere verschwommene Sequentialität zu entschleunigen, uns von der unaufhörlichen Beschleunigung zu erholen und stattdessen einen neuen Rhythmus, eine neue Bewegung zu finden. Dies kann nicht durch weitere Beschleunigung erreicht werden. Echtzeitkommunikation ruiniert bereits unsere Körper und unseren Geist. Ein kollektiver Schritt zurück zum Reißbrett wird der Mühe wert sein. Berardi zufolge führt die digitale Sphäre zu einer »Entkörperung«, ein Schritt zum »körperlosen Gehirn«.[25] Die Infosphäre ist unsere gigantische Nervenstimulation. Bevor wir überhaupt anfangen, das Neue Narrativ zu erzählen, brauchen wir eine »Neukonfiguration der mentalen Elaboration«.

25 Zitate aus Franco Berardis Vortrag an der Rietveld Academie, Amsterdam, 8. Februar 2017, Teil der Vortragsreihe »What Is Happening to Our Brain« im Studium Generale.

Kapitel 10: Vor dem Aufbau der Avantgarde der Allmende

> »Macht ist unsichtbar, bis du sie provozierst.« GFK[1] – »Brot und Spiele für alle, *Wealthfare* für die Eliten und Wohlfahrt für die ruhelosen Entrechteten.« ZeroHedge – »›Rockstars‹ sind arrogante Narzissten. Klempner bewahren uns vor Cholera. Baut funktionale Infrastruktur. Werdet Klempner.« Molly Sauter – »Wir leben im goldenen Zeitalter, in dem kluge Leute ignoriert werden.« Zak Smith – »Die Multitude, die nicht auf eine Einheit reduziert ist, ist Konfusion.« Pascal – »Wir haben den Kampf ums Internet verloren. Aber der Kampf gegen die Zentralautorität steht aus.« Peter Sunde – »Wir mögen dezentralisiert und über eine Menge nicht einer Meinung sein, aber Aktionen sind immer sorgfältig koordiniert.« Anonymous

Albert Camus zufolge »leben wir im Nihilismus [...]. Wir werden ihm nicht entkommen, indem wir so tun, als ob wir vom Bösen unserer Zeit nichts wissen, oder uns entscheiden, es zu leugnen. Im Gegenteil, die einzige Hoffnung ist, es zu benennen und es zu inventarisieren, um ein Heilmittel gegen die Krankheit zu finden [...]. Lasst uns daher erkennen, dass die Zeit für Hoffnung da ist, selbst wenn es eine schwierige Hoffnung ist [...].«[2] In diesem Buch habe ich unterschiedliche Facetten des Nihilismus im heutigen Zeitalter der Sozialen Medien beschrieben.

---

1 https://www.youtube.com/watch?v=gogT3Oog6eg

2 Angabe in Herbert R. Lottman, *Albert Camus, a Biography*, Gingko Press, Corte Madera, 1997, S. 394.

Jetzt werde ich mindestens eine Möglichkeit diskutieren, in der sich Alternativen präsentieren – nicht durch taktische Medien, Social-Media-Alternativen oder organisierte Netzwerke, sondern durch das breitere Konzept der »Allmende«, bestens geeignet, eine Brücke zwischen Tech-Fragen und der Gesellschaft im Allgemeinen zu schlagen. Ich verkaufe hier nicht Hoffnung als falsche Lösung. Wie Slavoj Žižek zu seinem Werk *Courage of Hopelessness* anmerkt, ist auch die ein düsteres Buch. Žižek zieht es vor, ein Pessimist zu sein: »Da ich nichts erwarte, bin ich hier und dort angenehm überrascht, während Optimisten enttäuscht werden und schließlich immer bedrückt sind.«[3]

In *Out of the Wreckage* rief uns der britische Aktivist und Schriftsteller George Monbiot auf, über die Kritik hinauszugehen und stattdessen die Macht des einfachen Narrativs zu verstehen, das so oft von Machthabern eingesetzt wird. »Unser Geist scheint auf bestimmte Geschichten eingestellt zu sein, die konsistenten Mustern folgen.« Wir brauchen ein überzeugendes Narrativ. »Ohne ein kohärentes und stabilisierendes Narrativ bleiben die Bewegungen reaktiv, geteilt und prekär, immer von Burnout und Desillusion gefährdet.«[4] Monbiots Rat: »Das einzige, was eine Geschichte ersetzen kann, ist eine Geschichte.« Lasst uns die »Allmende« in eine dieser Geschichten verwandeln. Bevor wir den etwas langweiligen und matten Rechtsbegriff der Allmende verdichten und in ein attraktives Mem verwandeln, das wir alle annehmen können, lasst uns sehen, wo wir in der Debatte um die Allmende stehen.

Der französische Philosoph Frédéric Neyrat fragte: »Wie ist es möglich, eine andere Zukunft zu erdenken, eine alternative Zukunft, ohne sie durch unsere Fantasie zu behindern? Heute leben wir in Erwartungsgesellschaften, die paradoxerweise die Zukunft abwehren wollen.«[5] Am Ende von *Futurability* beobachtet Franco Berardi, wie die Mächte der Dunkelheit »versuchen, Denken, Fantasie und Wissen der

3 Slavoj Žižek, *The Courage of Hopelessness*, Penguin Books, London, 2018, S. xxi.

4 George Monbiot, *Out of the Wreckage*, Verso, London, 2017, S. 6.

5 Zitiert aus Frédéric Neyrat, »Occupying the Future, Time and Politics in the Age of Clairvoyance Societies«, https://atoposophie.files.wordpress.com/2018/05/anticipation-and-politics.pdf

Herrschaft von Gier und Krieg zu unterwerfen«. Dem Bösen hält er den Raum der Möglichkeiten entgegen, »gespeichert in der Kooperation zwischen den Wissensarbeitern der Welt«. Er ist sich sicher, dass ein »soziales Gehirn« existieren muss. »Solange wir in der Lage sind, zu denken und zu erfinden, so lange wir in der Lage sind, unabhängig von Macht zu denken, werden wir nicht besiegt werden.«[6] Haben wir die *Kraft* dazu? Berardi definiert Kraft als »die Energie, die Möglichkeiten in Tatsachen transformiert«[7]. In seinem Dialog mit Berardi im Jahr 2013 bemerkte Mark Fisher: »Wir müssen die Zukunft zurückgewinnen und das bedeutet die Wiederherstellung einer *prospektiven* Zeit, in der wir nicht endlos gegen das Kapital protestieren oder es behindern, sondern ihm zuvorkommen. Hier ist der Raum, in dem sich Kunst neu erfinden kann – als der Schauplatz für eine Vielzahl an Visionen einer post-kapitalistischen Zukunft.« Alternativen werden Elemente von Popkultur, von Karneval enthalten müssen, eine Sphäre der Imagination und des Spiels, nicht Langeweile und die Ernsthaftigkeit eines Habermas'schen Cafés, schreibt Henry Jenkins.

Innerhalb des Kontextes von Technik, Medienaktivismus und Internetpolitik wird die »Allmende« endlich zu einem heiß diskutierten Thema außerhalb von Theorie und Aktivismus. Code formt unsere Welt und seine Architektur ist beliebig und formbar. Allerdings ist dieser von Geeks und Technikern geschriebene Code alles andere als gottgegeben, geschweige denn neutral. Wo kommen die zugrunde liegenden Ideen her und wie können wir den Übergang beschleunigen? Wer wird die Führung übernehmen?

Was zuerst äußerst konzeptionell und spekulativ erscheint, riegelt wenige Monate später Millionen ein. Alle, die die Spaltung zwischen Free Software und Open Source in den 1990er Jahren miterlebt haben, wissen, was mit einem Konzept wie der Allmende auf dem Spiel steht. Werden wir eine reformistische Pro-Business-Allmende neben einer randständigen, radikalen und politisch korrekten haben? Ideen sind wichtig – vor allem im Fall der Allmende. Diskussionsergebnisse sind

6 Franco Berardi, *Futurability*, Verso, London, 2017, S. 162.

7 Ebd., S. 1.

wichtig. Und wenn die zentrale Allmende zunehmend technisch ist, wer bestimmt das Gesetz, wenn »Code das Gesetz ist«? Wird die Debatte über die Natur und Architektur der Allmende am Ende in den Händen von Rechtsanwälten landen? Wie können wir die Allmende in eine lebendige und vielfältige politische Strategie verwandeln, die Menschen zusammenbringt, um die öffentliche Infrastruktur neu zu erfinden?

Dieses Kapitel spricht zwei Fragen an: die Suche nach einer funktionierenden Definition der Allmende und die Frage danach, wer sie entwerfen und den Prototypen bauen soll. Ich schlage vor, das (künstlerische) Avantgardekonzept als »organisierte Netzwerke« neu zu denken, ein Konzept, mit dem ich über das letzte Jahrzehnt mit meinem Freund, dem Medientheoretiker Ned Rossiter aus Sydney, gearbeitet habe.[8] Das Argument hier ist ein Aufruf weg von idealistischen Vorstellungen dessen, »was uns verbindet«, hin zu einem materialistischen Verständnis tatsächlich existierender Allmende als sowohl kleinskaliges Experiment als auch großskalige Infrastruktur. Dies passt zu einem Organisationsmodell des 21. Jahrhunderts, das in der Lage ist, »die Zukunft zu erfinden«, innerhalb eines post-kapitalistischen Frameworks funktionierende Konzepte (bzw. funktionierenden Code) zu erzeugen, die stark genug sind, um das Unvermeidliche zu blockieren – die allzu vorhersagbare, allzu bedrückende Aneignungsmaschine. Während die meisten Künstler, Aktivisten, Designer und Forscher sich bisher auf In(ter)ventionen im Labormaßstab konzentriert haben, zeigen Diskussionen in verschiedenen Kontexten, dass es an der Zeit ist, hochzuskalieren und die neoliberale Dominanz der Privatisierung von Infrastruktur zu beseitigen.

---

8 Aktuellere Texte zu diesem Thema sind »Occupy und die Politik der Organisierten Netzwerke«, in: Geert Lovink, *Im Bann der Plattformen*, transcript, Bielefeld, 2017, S. 229-256, Geert Lovink & Ned Rossiter, »The Politics of Organized Networks«, in: Chun & Fisher (ed.), *New Media, Old Media*, Routledge, New York, 2016, S. 335-345 und Geert Lovink & Ned Rossiter, »Organization after Social Media«, Minor Compositions, Colchester, 2018.

Von der Allmende zur Infrastruktur

Arbeiten wir uns durch die Vielfalt an Begriffen und Definitionen durch, von Hardt und Negris »Commonwealth« über »the commons« zu »community« und »communism«. Keiner davon hat mich je überzeugt. Ich habe es immer vorgezogen, innerhalb kleinerer Einheiten zu arbeiten, von Freundschaften und Gruppen zu Netzwerken und Bewegungen, nicht das große *Wir*, sondern das kleine *wir*. Ich bin weder ein Liberaler, der an eine Urheberrechtsreform glaubt, noch ein Kommunist, der sich an Gosplan hält. Als Kinder des Zeitalters der Differenz wuchs meine Generation im Schatten unheilvoller Kommunen auf. Überwacht von Gurus unter genauer Anleitung dieser Religion oder jener Ideologie, verfocht sie eine Total Sharing Experience, von Joints und Nahrung zu Partnern und Einkommen. Aus diesen Trümmern hervorgekommen, war es keine Überraschung, dass – trotz der Nachteile der »Tyrannei der Zwanglosigkeit« – ich der Offenheit von Netzwerken und Bewegungen den Vorzug gab vor der geschlossenen Totalität der Gruppe und verwandter »Folk-Politiken«. Ich betrachtete meine Weigerung oder Unfähigkeit, hochzuskalieren, nie als persönliche Tragödie oder Trauma. Stattdessen war ich – und bleibe ich – fest von einer vielfältigen Ökologie der vernetzten, autonomen DIY-Infrastrukturen überzeugt, die als Beispiel für größere öffentliche Initiativen der nahen Zukunft dient. Solche »islands in the net«, um Bruce Sterlings Ausdruck zu verwenden, verschieben ihre Rollen abhängig von den lokalen politischen Bedingungen – und fungieren manchmal als Zukunftslaboratorien, manchmal einfach nur als Schutzschilde, die subversive Praktiken bewahren.

Für die in den 1970ern erwachsen gewordenen Milliarden war Kommunismus kein Versprechen mehr, sondern harsche Realität, eine total langweilige Form der Diktatur, die verschwinden musste, bevor irgendetwas anderes gedeihen konnte. Wir mussten einfach im Warteraum der Geschichte sitzen und weiter Macht-als-solche dekonstruieren. »Macht kaputt, was uns kaputt macht« war nicht nur ein Slogan. Es gab und gibt immer noch eine Menge in dieser Welt, was zerstört werden muss (ein unpopulärer Gedanke in diesen Zeiten des obligatorischen positiven Denkens). Monopole (inklusive Google und Facebook) müssen zerstört, nicht übernommen, geschweige denn reguliert werden. Die Cloud muss demontiert werden. Institutionen haben nicht nur falsch ausgerichtete Werte oder die falsche Führung; wir müssen ihre globalisierte Logik, ihre funktionale Dominanz hinterfragen. Quantität wird nicht automatisch zu Qualität. Fusionen und Übernahmen müssen um jeden Preis verhindert werden.

Die überraschende (aber im Nachhinein unvermeidliche) Implosion des Ostblocks im Jahr 1989 wurde als Befreiung gefeiert und nicht etwa als »die endgültige Niederlage der Linken« erlebt. Daher habe ich nie die Wiedereinführung des »Kommunismus« unterstützt, wie von Slavoj Žižek, Jodi Dean und anderen vertreten.[9] Das Trauma, das überwunden werden musste, indem man es wieder hervorzog, lag ganz bei ihnen. Die Vision der Wiedergeburt des Kommunismus war ein tot geborenes Mem, das bald vergessen wäre. Mit der Ausnahme einiger weniger Gruppen wird Kommunismus für Hipster niemals »cool« werden (selbst verglichen mit dem Anstieg der Sympathie für »Sozialismus«, vielleicht aufgrund seiner linguistischen Affinität mit Sozialen Medien). Trotz der wohlmeinenden Bemühungen von Hardt und Negri, »the commons« mit einer zukünftigen Form des Kommunismus zu verbinden, sitzt das kollektive Gedächtnis des autoritären Zentralkomitees, der Kultur der Spionage, Verräter, Doppelagenten und Kommissare, die soziale Bewegungen und Koalitionen infiltrieren, dominieren und zerstören, einfach zu tief.[10] Und der aufrichtige Wunsch der Menschen

---

9 Siehe zum Beispiel Jodi Dean, *The Communist Horizon*, Verso Books, London, 2012.

10 Zum Beispiel das folgende Zitat: »Wenn ein Konzept zu korrumpiert wurde, scheint es manchmal, dass man es besser aufgeben und eine andere Bezeichnung für das finden sollte, was wir wünschen. Stattdessen, zumindest in diesem Fall, ziehen wir es vor, um das Konzept zu kämpfen und bestehen auf seiner korrekten Bedeutung. Auf einer rein konzeptionellen Ebene könnten wir Kommunismus folgendermaßen definieren: Was das Private für den Kapitalismus und was das Öffentliche für den Sozialismus ist, ist die Allmende für den Kommunismus. Aber was bedeutet das? Was wäre eine Institution und eine Regierung der Allmende?« (Michael Hardt/Antonio Negri, *Commonwealth*, Harvard University Press, Cambridge, Mass., 2009, S. 273). Ein Kommentar von vielen könnte der Aufstieg

nach Dienstleistungen wie öffentlicher Verkehr, Bildung, Gesundheit oder Wohnungen sollte nicht als ihre implizite oder explizite Entscheidung für »Kommunismus« und ein System gelesen werden, das mit der Monopolstellung einer Partei einhergeht.

Was wir teilen, kann nicht ohne das Element der Befreiung – und (individueller) Freiheit – diskutiert werden. Freiheit bedeutet, von einschränkenden sozialen Normen der »communalis« befreit zu sein. Eine solche Definition von Freiheit wird im konservativ-politisch korrekten Kontext des frühen 21. Jahrhunderts oft als individualistisch und kapitalistisch diskreditiert. Aus einer aktivistischen Sicht jedoch geht es überhaupt nicht darum. Befreiung vom Stamm und der Familie, der Dorfsippschaft oder der Fabrikkolonne ebnet den Weg für künftige Experimente mit noch unbekannten sozialen Formationen wie der »freie Verband von Peers«. Wie bauen wir engagierte langfristige Beziehungen, die nicht in Langeweile und Routine abrutschen? Wie schaffen wir eine Kultur, die für Veränderungen außerhalb der konventionellen Rechtsstrukturen offen ist?

Im Laufe des vergangenen Jahrzehnts ist eine Anzahl »minoritärer« Praktiken im Kleinformat aufgekommen, die die theoretischen Debatten um »Kommunismus« in der Gesellschaft im Allgemeinen weitgehend ignorieren und stattdessen tatsächlich existierende Allmende erschaffen. Man denke an Freie Software, Wikipedia und Creative Commons (die alternative Urheberrechtslizenz, meist für Musik und Druckwerke verwendet). Oder die Liste der Initiativen, die die Peer-to-Peer Foundation unter ihren beeindruckenden Web-Ressourcen aufführt.[11] Creative Commons ist jedoch ein reformistischer Ansatz innerhalb des

---

des »Plattformkapitalismus« sein, der auf der Verletzung und Ausbeutung der Privatsphäre basiert, was beweist, dass der heutige Kapitalismus wenig Achtung vor »dem Privaten« hat.

11 Siehe: http://p2pfoundation.net/ und vor allem http://commonstransition.org/. Der Begriff der »Transition« ist in diesem Kontext strategisch, da er das »Werden« der Allmende betont. »Die *Commons Transition Platform* ist eine Datenbank praktischer Erfahrungen und Strategievorschläge, die sich darauf richten, einen menschlicheren und umweltverträglicheren Modus sozialer Organisation zu erreichen. Die Zivilgesellschaft auf der Allmende zu gründen (inklusive der kollaborativen

Gesetzes zum Schutz des Geistigen Eigentums – und damit eine Domäne der Rechtsanwälte. Wie Gary Hall in seiner *Pirate Philosophy* bemerkt: »Vertreter dieses Verständnisses von Urheberrecht waren in der Lage, eine ›Koalition von Experten mit Rechtskompetenzen‹ auszubilden und so eine wirkungsvolle Kampagne durchzuführen, die die oft viel interessanteren und radikaleren Ansätze überschattet.«[12] »Copyleft«[13] geht zugegebenermaßen weiter als Creative Commons.[14] Es handelt sich jedoch noch immer um einen rechtlichen Vertrag. Letztlich zwingt er daher anderen seinen rechtlich begründeten Willen durch die Kraft des Gesetzes auf und droht allen potentiellen Gesetzesübertretern mit repressiven Sanktionen.

Seit dem Aufstieg des Neoliberalismus und dem Niedergang des Wohlfahrtsstaates kann der Bau von Infrastruktur nicht mehr vorausgesetzt werden. Dies hat zu einem zweifachen (wenn nicht schizophrenen) Ansatz an die Allmende geführt, der sich in zwei dezidierte Richtungen teilt. Einerseits gibt es den Graswurzelansatz von unten, in dem die Allmende sowohl von staatlichen Akteuren als auch Marktakteuren als ein produktives – oder auch utopisches – im Entstehen begriffenes Konzept betrachtet wird. Andererseits gibt es eine top-down Vorstellung, in der die Allmende zu einer Renaissance der staatseigenen öffentlichen Infrastrukturen beiträgt.

Im Laufe der Jahre bin ich ein Fan des Konzepts der minimalen Allmende geworden, eine Reihe impliziter sozialer Praktiken und Vereinbarungen, die so unsichtbar, informell und direkt sind, dass man

---

Verantwortung für unsere geteilten Ressourcen), würde eine stärker egalitäre, gerechtere und umweltverträglichere Gesellschaft ermöglichen.«

12 Gary Hall, *Pirate Philosophy*, MIT Press, Cambridge (Mass.), 2016, S. 20.

13 Eine Definition von Copyleft lautet: »Das Recht, Kunstwerke usw., unter der Bedingung zu nutzen, verändern, kopieren und teilen, dass dieses Recht allen nachfolgenden Nutzern oder Besitzern gewährt wird.« (www.dictionary.com/browse/copyleft)

14 Zum Hintergrund der Idee der »Allmende« in den Creative Commons siehe Lawrence Lessig, *The Future of Ideas, the Fate of the Commons in a Connected World*, Random House, New York, 2001, zur selben Zeit geschrieben, als die US-amerikanische Non-Profit-Organisation gegründet wurde. 2015 überschritt Creative Commons die Marke von 1 Milliarde lizensierter Werke.

keine Rechtsanwälte oder Verträge benötigt (nicht einmal smarte), eine Form des sozialen Vertrags (meta-smart oder über-smart!), die in unsere gewohnte Sphäre driftet und sich dann in das kollektive Unbewusstsein sedimentiert. Als gelebte Realität fühlt es sich selbstverständlich an. Dies würde nicht heißen, dass das Element des Vertrauens beseitigt werden muss (ein techno-libertärer Vorschlag, den ich nie verstanden, geschweige denn unterstützt habe). Direkt heißt nicht, dass wir nichts mit dem Rest gemeinsam haben. Vielmehr bedeutet es eine Befreiung vom repressiven, nach innen gerichteten Aspekt der konstruktiven »Community«, die immer wieder neu bestätigt werden muss.

Idealerweise ist die Allmende eine offene Infrastruktur, die uns genau deswegen befreit, weil sie angenommen werden kann. Sie sollte designt sein, um vorausgesetzt zu werden (zumindest von einem Moment zum nächsten). Gute Infrastruktur wird selbstverständlich genossen, nicht jedoch bemerkt. Sie ist einfach da und funktioniert. Wir sollten nicht dauernd »an der Allmende arbeiten« müssen.

Gemeinsame Infrastruktur zielt auf radikale Offenheit; es ist nicht »unsere« Allmende gegen »Gemeinschaftsstandards«, die zur von den Moderations-Fabriken (wie in *The Cleaners* dokumentiert[15]) eingesetzten Logik des »Ignorierens/Löschens« führen. Die Allmende sollte sich von den »identitären« Politiken distanzieren, die sich so einfach in eine repressive Kraft verwandeln, um die Gruppe, Bewegung oder Partei zusammenzuhalten. Wir gegen sie. Wir gegen die »Anderen«. Dagegen ist gute Infrastruktur der Öffentlichkeit zugänglich und liegt in den Händen aller. Sobald sie privatisiert wird, verkommt sie rasch, wird (zu) teuer und wird nicht mehr gewartet.

Die Allmende als Konzept ist in ähnlicher Weise von Lauren Berlant beschrieben. Ihre Frage ist, was ein Gemeingut in Zeiten bedeutet, in denen Dinge auseinanderfallen oder zusammenbrechen. Berlant zufolge ist »die Allmende ein Handlungskonzept, das eine kaputte Welt und die Überlebensethik einer transformativen Infrastruktur zur Kenntnis

15 Ein Dokumentarfilm von Moritz Riesewieck und Hans Block von 2018: https://www.theverge.com/2018/1/21/16916380/sundance-2018-the-cleaners-movie-review-facebook-google-twitter

nimmt. Dies beinhaltet, die Alteritätsräume innerhalb von Ambivalenz zu nutzen.«[16] Die Allmende ist nur der Anfang. »Durch die Allmende wird heute das Konzept der Öffentlichkeit selbst gegen, mit und aus der Nation und dem Kapital neu erfunden.« Für Berlant ist die Allmende nicht irgendeine Utopie. Vielmehr »verweist sie darauf, was unerträglich zu sein droht, nicht nur in politischer und ökonomischer Hinsicht, sondern in den Szenen des Misstrauens, das mit oder ohne die Heuristik des Vertrauens voranschreitet.«[17]

Meine ideale Allmende ist nicht nur selbstverständliche Infrastruktur. Manchmal kann sie auch der Ort lebendiger Debatten und Meinungsverschiedenheiten sein. Sie ist kein Ort des Konsenses. Die Allmende, die mir vorschwebt, besteht aus Dutzenden von Splittergruppen. Sie ist ein Ort, an dem Menschen zusammenkommen und diskutieren, so wie während der jüngsten Besetzungen öffentlicher Plätze und Universitäten weltweit. Wie Roberto Esposito schreibt (zitiert in Gary Hall): »Die Allmende ist ein Ort, an dem die Interessen einer großen Zahl unterschiedlicher Gruppen zusammenkommen und tatsächlich oft nachweislich inkompatibel und nicht vergleichbar sind.«[18] Dies ist die ästhetische Metastruktur, die wir die Allmende nennen. Sie ist sowohl metaphysisch (im Sinne des Gesetzes) als auch materiell.

Wer wird die Allmende bauen?

Seit den dunklen 1970ern bekommen wir zu hören, dass die Avantgarde vorbei, tot, Geschichte ist. Schaue in so viele Kunstkataloge wie du willst; du wirst sie nicht wieder lebendig machen. Die Avantgarde war Teil eines historischen Narrativs. Doch dieses Kapitel ist abgeschlossen, seine Ideen und Ansätze schon lange beerdigt. »Die Avantgarde

---

16 Lauren Berlant, »The Commons: Infrastructures for Troubling Times«, *Society and Space*, Vol. 34(3), 2016, S. 399.

17 Ebd., S. 408.

18 Gary Hall, *Pirate Philosophy*, MIT Press, Cambridge (Mass.), 2016, S. 8.

ist tot« ist das Kunstgegenstück zu Thatchers »Es gibt keine Alternative.« Mediation und Kunst, die unsere aktuellen Grenzen überschreiten, sind nicht mehr möglich. Wir sind auf ewig im virtuellen Käfig gefangen. »Authentische Kommunikation« ist nicht mehr möglich. Dem Fall ist im Augenblick, in dem du dich verlierst, eine Schönheit zu eigen, doch selbst das verbraucht sich. Jede Aktivität ist bereits retweetet, jedes Event in deinen Facebook News Feed inkorporiert worden, noch bevor die Situation sich vollständig entfaltet hat. Eine ursprüngliche Zeit/Raum-Erfahrung ist nicht möglich, keine »Mitsprache« bevor die Repräsentation der »Ansprache« einsetzt.

In Peter Bürgers *Theorie der Avantgarde* (1974) kommt die Frage der Organisation nicht auf. Zu diesem Zeitpunkt war Avantgarde-Denken bereits Geschichte. Bürgers Generation wurde zu akademischen Outsidern. Die Idee der Avantgarde war aufgegeben und in eine Domäne der Literaturwissenschaftler und Kunsthändler verwandelt worden.

Seither war Avantgarde synonym mit »Modernismus« und die Experten arbeiteten eifrig daran, die nachfolgenden Stile und Schulen auf stilistische Techniken wie Collage und Montage zu reduzieren. Theoretiker und Kritiker internalisierten ihre Rolle als ästhetische Beobachter und blieben in der Zusammenfassung von Vorkriegsdebatten zwischen Adorno und Lukács stecken, die sie wiederum auf Kant, Schiller und Hegel zurückführten. Eine ganze Generation wurde sozialisiert, ihre eigene Gesellschaft durch den Spiegel des 19. Jahrhunderts zu betrachten, mit Marx und Nietzsche in den Hauptrollen. Bürger ist ein Hauptvertreter dieses Trends. Avantgardetheorie mit einer Gruppe wie den Situationisten (die sich 1972 auflöste), Konzeptkunst, technischen Experimenten oder Minimal Music zu verbinden, war indiskutabel. Sarkasmus, Zynismus und Verzweiflung der Nachkriegsjahre, die Depression während des Aufstiegs totalitärer Regime, waren eine ursprüngliche Energie, die diese Theorie nicht erfassen konnte.

Nach den Roaring '60s lief die historische Zeit der Avantgarde ab. Die kontinuierliche Abfolge (wenn auch turbulent und umstritten) verschiedener Schulen, Bewegungen und Gruppen, die sich trafen und debattierten, Manifeste schrieben und eine gemeinsame visuelle Grammatik entwickelten, war dauerhaft unterbrochen. Niemandem ist es bisher gelungen, dies zu reparieren. Es gab eine Fülle an Experimenten, doch die meisten davon wanderten in die Popkultur ab, um sich zu zerstreuen, zu verlangsamen und zu entspannen. Der asketische oder sogar militante Aspekt der Avantgarde fand keinen Anklang mehr.

Die Situationisten, Anhänger der Abschaffung der Kunst, waren sich der Tatsache überaus bewusst, dass sie die letzten Abkömmlinge der »historischen Avantgarde« waren. Die Gruppe spielte explizit mit dem unvermeidlichen Wunsch, vergessen zu werden. Was zählte, war eine radikale Verneinung der Gegenwart und die Abschaffung von Erinnerung und Melancholie. Demoralisiere deine Fans und deine Freunde, löse dich in Nichts auf, ziehe dich auf die Nullstellung zurück. In seinem Buch über Guy Debord, *Revolution in the Service of Poetry*, erklärt Vincent Kaufmann, dass ein Situationist, der sich selbst offenbart, suspekt ist. »Um wirklich ein Situationist zu sein, muss man den Situationismus im Allgemeinen und Debord im Besonderen vergessen, dessen Wunsch nach Obskurität sich erfüllte. Echte Revolutionäre wissen, wie man es schafft, vergessen zu werden, zu verschwinden, sich zu verlieren. Ihr Ruhm liegt nur in ihrem Talent zur Obskurität, der Standard, an dem ihr subversives Potential gemessen werden muss.«[19] All diese Erkenntnisse konnten unmöglich an der Kunstakademie oder im Universitätsseminar gelernt werden. Obskurität ist ein A-Priori, der Anfangspunkt jeder Häresie. Werde der erste und letzte Hüter zugleich, organisiere den gelebten Augenblick. Diese Ideen mussten im Hier und Jetzt gelebt und dann sofort vergessen werden.

McKenzie Warks Chronik der Situationistischen Internationale *The Beach Beneath the Street* von 2011 bestreitet, dass die Gruppe jemals eine künstlerische Avantgarde war. Die Nachfolge fiel auseinander.[20] Von

---

19 Vincent Kaufmann, *Revolution in the Service of Poetry*, University of Minnesota Press, Minneapolis, 2006, S. 202.

20 Folgen wir der These von Günther Anders und Elias Canetti (eine These, die von Jean Baudrillard weiter theoretisiert wurde) liegt das daran, dass wir den »Punkt Omega« überschritten hatten, symbolisiert durch Auschwitz und Hiroshima, und so nach dem Zweiten Weltkrieg nicht mehr zur Normalität zurückkehren konnten. Die gewohnte Vorstellung einer Geschichte als lineare Chronologie war zerrüttet. Die Situationistische Internationale war radikal genug, um diese Erkennt-

nun an war das Ziel, über die Kunst hinauszugelangen. Und Kunstpraxis konnte, in einem hegelianischen Sinn, nur mittels einer »brutalen Evolution« überwunden werden. Die Situationistische Internationale (SI) als eine erste Nach-Avantgarde-Bewegung positionierte Kunst als lediglich eine von vielen kreativen Praktiken. Ziel war, eine multidisziplinäre Diversität innerhalb der Gruppe zu etablieren, eine Angriffsstrategie, die direkt auf die Maler und ihre traditionellen Ausstellungsstrategien abzielte. Indem sie postmodernen Anweisungen strikt folgte, versuchte die Gruppe, die Ästhetik des Baudrillardschen Verschwindens zu realisieren. Wie Guy Debord einmal bemerkte, »die SI wusste ihren eigenen Ruhm zu bekämpfen«[21]. Kunst konnte nur toleriert werden, wenn sie eine einzigartige Geste untergrub.

In unserem fernen Verständnis der »historischen« Avantgarde waren Bewegungen wie die Situationistische Internationale stets Mitgliederorganisationen, Freundescliquen, die dieselben Cafés und Eröffnungen besuchten. Ihr Anführer, Guy Debord, organisierte das Netzwerk wie eine trotzkistische Sekte. Es kursieren zahlreiche – und berüchtigte – Geschichten über Ausschlüsse aus der Gruppe. Sie weisen nachdrücklich darauf hin, dass etwas auf dem Spiel gestanden haben muss. Wark nimmt diesen Gedanken auf und verweist auf die Energie eines Todeskults, der sich in den wiederholten Exkommunikationen von SI-Mitgliedern zeigt. »Die Exklusion lebendiger Mitglieder bedeutete ihren sozialen Tod.« Die SI »kämpfte mit dem Problem, wie kollektive Zugehörigkeit Bedeutung bekommen könnte, etwas, das eine Art Opfer abverlangt. Die Möglichkeit der Exklusion verlieh der Partizipation am situationistischen Spiel Bedeutung.«[22] Dadurch

---

nis zu verkörpern und auf ihrer Basis zu handeln. In welchem Umfang wir immer noch im Schatten dieses Punkts Omega leben, wurde zur »Generationsfrage« (Bernard Stiegler). Hat Erinnerung ihre symbolische Bedeutung verloren und ist zum leeren Ritual geworden? Starke Grenzpunkte wie 1989, 2001 und 2008 lassen die Lehren von 1945 oft in Vergessenheit geraten. Dies hat auch Folgen für das Avantgardekonzept.

21 Zitiert in McKenzie Wark, *The Beach Beneath the Street*, Verso Books, New York, 2011, S. 67.

22 Beide Zitate aus *The Beach Beneath the Street*, S. 65.

dass Gruppen und Bewegungen der Nach-SI-Zeit von Anfang an keine Mitglieder und keine Mitgliederverwaltung hatten, verschwand der Ausschluss als formaler Akt.

40 Jahre später gab Saskia Sassen dem Ausschluss eine andere Bedeutung und einen anderen Kontext.[23] Seit der globalen Finanzkrise von 2008 bezieht sich der Ausschluss nicht mehr auf eine Menge an Überzeugungen, sondern auf die Bankenpraktiken der Enteignung und Räumung von Hausbesitzern, die ihre Hypotheken nicht mehr bezahlen konnten. Heutzutage passiert selten, dass ein Mitglied offiziell aus einer Gruppe entfernt wird. Wir werden Nutzer, Unterstützer, Freiwillige, Anhänger, bestenfalls temporäre Angestellte genannt, aber niemals Mitglieder. Dasselbe lässt sich von denjenigen sagen, die ihren Job verlieren. Heutzutage läuft einfach der Vertrag aus (genauso wie der Mietvertrag endet und nicht erneuert wird). Menschen werden nicht gekündigt, sie »verlieren« ihre Jobs in einer verhängnisvollen Weise (so wie sie ihn auch gefunden haben, die Lucky Bastards).

Für die Avantgarde von morgen wird die Frage danach strategisch wichtig, wie man mit Mitgliedschaft umgeht (oder nicht) und internes Engagement designt. Wie können wir den Nutzerstatus überwinden? In der heutigen Social-Media-Gesellschaft scheinen schwache Bindungen für alle sozialen Beziehungen symbolisch zu sein. Wir müssen erst noch designen, wie starke Bindungen funktionieren, oder eine Alternative zur stark-schwach Dualität definieren. Dies ist die Domäne des »organisierten Netzwerks«, ein Konzept, das seit 2005 in Umlauf ist, und dessen Zeit kommen wird. Während die Experimente mit »starken Bindungen« erst im Entstehen sind, werden wir eine natürliche Erosion der schwachen Bindungen auf Facebook erleben, wenn die Herrschaft der intrusiven Social-Media-Plattformen sich dem Ende zuneigt.

---

23 Saskia Sassen, *Expulsions, Brutality and Complexity in the Global Economy*, Harvard University Press, Cambridge (Mass.), 2014. Saskia Sassen zufolge leben wir in einer Phase, die »von Ausschlüssen gekennzeichnet ist – Ausschluss von Lebensprojekten und Existenzgrundlagen, von Mitgliedschaft, von Sozialverträgen im Zentrum der liberalen Demokratie« (S. 29).

Die Situationisten gerieten bald in Vergessenheit und verschwanden in einer Wolke von Zigarettenrauch und Alkohol. Sie wurden durch die Postmoderne ersetzt, eine ahistorische Bedingung, die Diversität und Fragmentierung verkündet und in der eine Avantgardeposition definitionsgemäß nicht länger möglich war. Jeder Einzelvektor löste sich in einem Mischmasch aus Symbolen und Schleifen auf. Was würde es inmitten all der Zitate und Pastiches überhaupt bedeuten, einer führenden ästhetischen Schule zu folgen? Klugerweise präsentiert sich Konzeptkunst nicht länger als Avantgarde; sie nahm davon Abstand, Behauptungen außerhalb des Kunstsystems selbst zu machen.

Wer wird die bildenden Künste organisieren? Es wird nicht der Kunstmarkt mit seinen Händlern, Sammlern und Galeristen sein. Noch wird es die Kuratorenklasse mit ihren kurzlebigen Projekten und ihren globalen Biennalen sein. In der Vergangenheit wurde diese Aufgabe von Künstlernetzwerken, Magazinen und Journalen durchgeführt. Heute schauen viele auf Websites wie *e-flux* und *Hyperallergic*, die ähnlich einflussreich geworden sind wie *Art Forum* und *Texte zur Kunst* in den 1990ern. Redaktionelle Entscheidungen steuern die globale Konversation. Zumindest ist das die Prämisse. Doch eines der Probleme dabei ist der Rückgang des Einflusses von (gedruckten) Journalen, Zines, Pamphleten und Texten im Allgemeinen. Von Akademikern dominiert, sind Theorie und Kritik Nischenaktivitäten, die nicht mehr in der Lage sind, irgendeine organisatorische Relevanz außerhalb ihrer eigenen kleinen (wenn auch globalen) Kreise zu entwickeln. Andere, wie der Künstler und Aktivist Greg Sholette, Mitherausgeber von *Collectivism after Modernism* (2007),[24] haben das organisatorische Potential von Kunstkollektiven erkundet. Können Netzwerke diese Rolle übernehmen und wenn ja, welche Architekturen sollten sie haben?

Die Frage der Organisation kann nicht einfach nur unter der Rubrik der Institution als solcher diskutiert werden. Dies würde uns unvermeidlich in eine Sackgasse führen. Institutionen können den Diskurs lediglich kontrollieren, sie sind unfähig, neue Stile und Trends (geschweige denn neue Internetmeme) zu produzieren. Organisation

24 www.gregorysholette.com/

als wiedergeborene Institution wäre nicht mehr als Bürokratie, die ihre Kinder frisst. Eine Avantgarde des 21. Jahrhunderts arbeitet weder für die Partei noch für die Institution (Zeitgenössische Kunst genannt), sondern situiert sich innerhalb des Infrastrukturnetzes, das benötigt wird, um kollektive und individuelle Freiheit zu sichern.

Avantgardebewegungen haben nie lange genug existiert, um Institutionen zu werden. Die heutige Paranoia Nr. 1, nämlich sich zu institutionalisieren, war in der Vergangenheit nie ein Problem. Kunsthistorikern, Galeristen und Kulturpolitikern überlassen, spalten sich kollektive Einheiten in individuelle Lebensgeschichten auf, die besser vermarktet und verkauft werden können. Wohlgemerkt, es gibt kein situationistisches Museum – und nicht einmal eins für Surrealismus. Es würde sofort verdienen, niedergebrannt zu werden. In der Vergangenheit haben die Überreste von Avantgardegruppen gegen eine solche historische Neuverpackung protestiert und versucht, die Verwaltung und Kommerzialisierung der Vergangenheit zu unterbinden.

Heutzutage ist die Herausforderung, die ewige Gegenwart zu überwinden. Wie kann es eine Dialektik im ständig präsenten Jetzt geben? Ein Vorreiter zu sein, ist ein Projekt mit einem klaren Verfallsdatum. Wie kann eine Gruppe oder ein Netzwerk die heutige Mission ausführen, »Welten zu zerstören«, wie Andrew Culp es ausdrückte?[25] Wie können wir uns mit den Sozialen Medien unvertraut machen und uns aus ihrem Griff lösen? Wir müssen aus dem Käfig ausbrechen und auf eine neue Reise gehen. Dies ist einer der stärksten ursprünglichen Internetmythen: Surfen. Dieser Typ von Zweckentfremdung entspricht der einer alkoholischen oder psychedelischen Dérive. Websurfing mag nicht toxisch sein, aber es fühlt sich auf jeden Fall wie eine übersinnliche Reise an.

Wir verbreiten damit eine gefährliche Botschaft. Heute wird Organisation als ein Synonym für terroristische Zellen, Verschwörungstheorien, organisierte Kriminalität und Geheimgesellschaften einerseits und bürokratische Strukturen wie NGOs und politische Parteien andererseits verstanden. Im Wesentlichen bedeutet Organisation

25 www.andrewculp.org/dark-deleuze-research

die Koordination des Selbst als eine soziale Entität mit den Anderen. Es bedeutet, in die Welt hinaus zu gehen und gemeinsam zu handeln – und in einer Welt nach 9/11 ist dies kein unschuldiger Zug mehr. Organisation versetzt Funktionäre in den höchsten Alarmzustand, bereit, Gewalt einzusetzen. Wie viele in unserem Zeitalter von *Minority Report* erfahren haben, ist dies kein Witz.

Daher können Terroristen keine Zellen mehr aufbauen und sich versammeln, die algorithmische Vorhersagemaschine wird sie sofort entdecken. Sich nachträglich zu verstecken, ist nicht mehr möglich; dein Standort ist bereits bekannt. Vor der Tat gibt es keine Möglichkeit der Überprüfung oder Erprobung, keine Fähigkeit, zu üben oder einen Probelauf durchzuführen. Im besten Fall bleiben Takfiri-Terroristen lautlos, unsichtbar und verdeckt, bis sie zuschlagen. Nach der Tat ist es für sie vorbei. Jeder Schlag ist ein Selbstmordanschlag, von einem einsamen Wolf oder einer winzigen, isolierten Gruppe ausgeführt. Es gibt keinerlei Zeit für organisches Wachstum. Das Fehlen des Ausprobierens wird durch eine indirekte Übertragung von Erfahrungen via Mainstream-Rundfunkmedien kompensiert. Netzwerke können existieren oder auch nicht. Was existiert, sind geteilte Erfahrungen, ein kollektives Bewusstsein mit geteilten Referenzen, YouTube-Videos, Links auf Sozialen Medien voller Körpersprache und Slogans, kurz: Meme. Was zählt, ist der Impakt des gewalttätigen Mems.

Organisation als Konzept wurde allzu schnell von Unternehmen kooptiert. Business-Wörterbücher definieren Organisation als »eine soziale Einheit von Menschen, die strukturiert und gemanagt wird, um einen Bedarf zu erfüllen oder kollektive Ziele zu verfolgen. Alle Organisationen haben eine Managementstruktur, die Beziehungen bestimmt.«[26] Organisationsforschung wurde zum Diener der akademischen Managerklasse (und ihrer Erbsenzähler). Dies hat wichtige Erkenntnisse verhindert. Heutzutage können wir Organisation nicht außerhalb des Business- und Managementkontextes denken. Es muss jemand am Steuer sitzen. Das Soziale (wer auch immer das sein

26 www.businessdictionary.com/definition/organization.html

mag) kann sich nicht selbst organisieren. Es gibt nur professionelle Strukturen mit einer identifizierbaren Führungsebene.

Was also ist im Angebot neben dem Businesscliché von »auf den Schultern von Giganten stehen«? In *Inventing the Future* fordern die Autoren Smicek und Williams die Gründung eines Think Tanks. [27] Andere argumentierten für die Rückkehr zur Partei. Die Bewegung *Democracy in Europe* (DiEM25) verbindet beide Ansätze. Anfang 2016 von Yannis Varoufakis lanciert, bringt DiEM25 eine in Brüssel ansässige Lobbygruppe, eine translokale Graswurzelbewegung und einen vernetzten Think Tank zusammen.[28] Wenn wir über das 20. Jahrhundert hinausgehen, müssen wir Trial-and-Error-Experimente mit zeitgenössischen Organisationsformen durchführen, die funktionieren.

Wir müssen auch herausfinden, ob es eine Zukunft für den Avantgardemodus gibt. Die Frage, die immer wieder aufkommt, ist, wie »das Soziale« das Kommando im Zeitalter der Sozialen Medien übernehmen kann. Kann dies nur innerhalb unserer bereits existierenden Social-Networking-Regimes erfolgen oder gibt es die Möglichkeit einer Position »außerhalb«, in der kleine Gruppen einen Exodus aus den Walled Gardens katalysieren? »Was die Situationisten zu erreichen versuchten, war eine neue Form kollektiven Seins, anders als sowohl die Kommunisten als auch frühere Avantgarden wie die Lettristen«, bemerkt McKenzie Wark. Ist eine dritte Situationistische Internationale noch möglich in diesem Zeitalter der akkumulierenden Dringlichkeiten, von Rechtspopulismus bis Plattformkapitalismus? Wark scheint anzudeuten, dass Debord allen einen Gefallen damit tat, die Frage der Kreativität zu polarisieren, »indem er eher Wege wählte als, wie so viele andere, den Zusammenbruch der Bewegung unter der Last ihrer Inkohärenz zu erlauben«[29]. Wie sehen solche Experimente 50 Jahre später aus? Was beinhaltet kollektives Sein heute, wenn wir über die herrschende (und

27 Nick Srnicek & Alex Williams, *Inventing the Future: Postcapitalism and a World Without Work*, Verso Books, London, 2015.

28 https://diem25.org/what-is-diem25/

29 McKenzie Wark, *The Beach Beneath the Street*, S. 121.

hochgradig beschränkte) libertäre Prämisse eines »kollektiven Selbstinteresses«[30] hinaustreten? Wie funktioniert Rekrutierung in einem Zeitalter, in dem Mitgliedschaft eine technische Angelegenheit des Ausfüllens eines CAPTCHA geworden ist, um zu beweisen, dass man kein Bot ist? Können wir noch im Geheimen konspirieren?

Dem akademischen Konsens zufolge ist die Avantgarde ein integraler Bestandteil der Moderne und daher ein Ding der Vergangenheit. Definiert als historische Periode ist die Moderne lange vorbei. Wir können nostalgisch an die sagenhaften Leben ihrer Ikonen und Exzentriker denken, aber wir können sie nicht wieder zum Leben erwecken. Alles, was wir tun können, ist, ihr künstlerisches Erbe zu zitieren und ihre Retrospektiven zu besuchen und von einer zunehmend weniger wahrscheinlichen Begegnung träumen, die unseren Alltag radikal verändern könnte. Dies ist die historische postmoderne Bedingung, eine Zeit, in die wir kürzlich, im Jahr 2008 (wieder) eintraten, als die globale Krise einschlug und dem fröhlichen Zitierfest ein abruptes Ende setzte. Diese Krise ist auch eine Krise der Organisation. Wir können vor dieser Frage nicht so einfach davonlaufen und erwarten, dass politische Parteien, NGOs und Facebook ausreichen. Das tun sie nicht. Wir brauchen künstlerische Gegenmodelle zum Start-Up, nicht-terroristische Aufstandsmodelle, Prototypen »offener Verschwörung« des 21. Jahrhunderts. Ideen gegen den Avantgardeansatz zu setzen, ist nur eine von vielen Formen, neue Formen der Organisation zu erfinden, die unserem aktuellen Zeitgeist entsprechen.

Das Argument hier ist, dass wir die Avantgarde als eine soziale Organisation betrachten und sie von Schönheit, Modernität und ihrem Neuheitsschock entkoppeln müssen. Wir müssen keine Rechnung mehr mit konventionellen Ideen wie einer linearen, chronologischen Zeit begleichen, in der die Avantgarde sich selbst in eine imaginierte

30 Von Don und Alex Tapscott in *Blockchain Revolution: How the Technology behind Bitcoin is Changing Money, Business and the World*, Portfolio Penguin, London, 2016, S. 280 verwendeter Ausdruck, mit dem sie auf den Widerspruch der Blockchain-Plattform *Ethereum* verweisen, die »unverblümt individualistisch und privat ist und dennoch auf eine große, verteilte Community angewiesen«.

Zukunft projiziert. In einer Welt, die von der permanenten Gegenwart beherrscht ist, sind es die Echtzeitregime, denen wir ins Auge sehen müssen. Was ist eine Echtzeitavantgarde? Ist es überhaupt möglich, in so kurzer Zeit Spieler zusammenzubringen und zu handeln? Können wir dem permanenten Jetzt überhaupt entkommen? Das ist der »Gegenwartsschock«, den Douglas Rushkoff beschreibt: »Wenn das Ende des 20. Jahrhunderts durch den Futurismus charakterisiert werden kann, kann das 21. Jahrhundert durch Präsentismus definiert werden.«[31] Wie können wir dieser Zeitfalle entkommen?

Wenn wir die Kunstperspektive beibehalten, unterscheiden sich die Herausforderungen radikal von denen des letzten Jahrhunderts. Die Aufgabe ist nicht länger »Antikunst« zu machen, die zum Ziel hat, die westliche bürgerliche Klasse zu provozieren. Autonomie ist das heutige Problem und die Lösung zugleich und erzeugt einen Strudel gegensätzlicher Erwartungen, in denen Popkultur und ästhetische Einzigartigkeit zugleich erreicht werden müssen. Alle Arbeiten müssen multiple Interpretationsschichten enthalten, die dennoch für Galeriebesitzer, Vermarktungsexperten, Kunstkritiker und das Publikum leicht verdaulich sind. Das macht es schwierig, die Forderung nach »Selbstkritik« neu zu inszenieren. Es gibt schon genug Stränge und Geschichten, Kommentare und Trolle. Online-Häresie ist die neue Normalität. Kunst trägt nicht länger »die einzigartige Prägung der griechischen Kunst«, wie Peter Szondi es einmal ausdrückte.[32] Wir leben in einer post-dekonstruktivistischen Zeit, müde, weil wir vernetzt sind. Alles ist bereits eine Montage mit endlos übereinandergestapelten Schichten von Daten, Software, Inhalten, Form und Bedeutung. Vor einem Jahrhundert wurde die »Zerstörung der Kohärenz« als Schock erlebt. Heute ist es die neue Normalität. Statt eine weitere Schicht hinzuzufügen oder ein weiteres Bild zu erzeugen, wird unsere Avantgarde an der unsichtbaren und immateriellen Front kämpfen, im Schatten, als unsichtbare Netzwerke ohne Links, Likes und Weiterempfehlungen, und an der »Daten-

---

31 Douglas Rushkoff, *Present Shock*, Penguin Group, New York, 2013, S. 3.

32 Peter Szondi, *Poetik und Geschichtsphilosophie*, Suhrkamp Verlag, Frankfurt a.M., 1974, S. 305, zitiert in Peter Bürger, S. 92.

Prävention« arbeiten. Wie Debord betonte, sollten die Revolutionäre von morgen ein wenig intentionale Amnesie praktizieren, »uns nicht als Referenz heranziehen und uns ein wenig vergessen«[33]. Das ist das Kristall heutigen Organisationshandelns.

33 Internationale situationiste #12, S. 83.

Bibliographie

Adilkno, Media Archive, Autonomedia, Brooklyn, 1998.

Theodor W. Adorno, Minima Moralia, Suhrkamp Verlag, Frankfurt a.M., 1951.

Götz Aly & Karl Heinz Roth, Die restlose Erfassung, Volkszählen, Identifizieren, Aussondern im Nationalsozialismus, Rotbuch Verlag, Berlin, 1984.

Roland Barthes, A Lover's Discourse: Fragments, Penguin, London, 1990.

Roland Barthes, Camera Lucida, Hill and Wang, New York, 1982.

Jonathan Beller, The Message is Murder, Substrates of Computational Capital, Pluto Press, London, 2018.

Franco Berardi, Futurability, The Age of Impotence and the Horizon of Possibility, Verso, London, 2017.

Bruno Bettelheim, The Informed Heart, Avon Books, New York, 1960.

Edwin Black, IBM and the Holocaust, Crown Books, New York, 2001.

Benjamin Bratton, The Stack, MIT Press, Cambridge (Mass.), 2016.

Melissa Broder, So Sad Today, Scribe, London, 2016.

Melissa Broder, The Pisces, Hogarth Press, New York, 2018.

Andreas Broeckmann and Knowbotic Research (ed.), Opaque Presence: Manual of Latent Invisibilities, Diaphanes, Zurich, 2010.

Finn Brunton & Hellen Nissenbaum, Obfuscation, a User's Guide for Privacy and Protest, MIT Press, Cambridge (Mass.), 2015.

Peter Bürger, Theory of the Avant-garde, University of Minnesota Press, Minneapolis, 1984.

Matei Calinescu, Five Faces of Modernity, Duke University Press, Durham, 1987.

Elias Canetti, Crowds and Power, Penguin Books, Middlesex, 1973.

Capulcu Redaktionskollektiv, Disrupt! Widerstand gegen den technologischen Angriff, Unrast Verlag, Münster, 2017.

Teju Cole, Everyday is for the Thief, Random House, New York, 2014.

Wendy Chun, Updating to Remain the Same, MIT Press, Cambridge (Mass.), 2017.

Gabriella Coleman, Hacker, Hoaxer, Whistleblower, Spy: The Many Faces of Anonymous, Verso Books, New York, 2014.

Andrew Culp, Dark Deleuze, University of Minnesota Press, Minneapolis, 2016.

Jodi Dean, The Communist Horizon, Verso Books, London, 2012.

Kristin Dombek, The Selfishness of Others, An Essay on the Fear of Narcissism, Farrar, Straus & Giroux, New York, 2016.

Mara Einstein, Black Ops Advertising, Native Ads, Content Marketing and the Covert World of the Digital Sell, OR Books, New York, 2016.

Mark Fisher, Capitalist Realism, Is there No Alternative? Zero Books, Winchester, 2009.

Mark Fisher, Ghost of My Life, Writings on Depression, Hauntology and Lost Futures, Winchester, 2014.

Alex Foti, General Theory of the Precariat, Institute of Network Cultures, Amsterdam, 2017.

Sigmund Freud, The Interpretation of Dreams, Barnes and Noble Books, New York, 1994.

Clifford Geertz, The Interpretation of Cultures, Basic Books, 1973.

Heinrich Geiselberger (ed.), The Great Regression, Polity Press, Cambridge, 2017.

Adam Greenfield, Radical Technologies, Verso Books, London, 2017.

Mark Greif, Against Everything, On Dishonest Times, Verso Books, New York, 2016.

Gary Hall, Pirate Philosophy, MIT Press, Cambridge (Mass.), 2016.

Orit Halpern, Beautiful Data, Duke University Press, Durham, 2014.

Byung-Chul Han, Müdigkeitsgesellschaft, Matthes & Seitz, Berlin, 2016.

Hou Hanru & Luigia Lonardelli (ed.), Please Come Back, The World As Prison, Mousse Publishing, Rome, 2017.
Yuval Noah Harari, Homo Deus, Vintage, London, 2017.
Michael Hardt & Antonio Negri, Assembly, Oxford University Press, Oxford, 2017.
Michael Hardt/Antonio Negri, Commonweath, Harvard University Press, Cambridge (Mass.), 2009.
Detlef Hartmann, Die Alternative: Leben als Sabotage, Zur Krise der technologischen Gewalt, iva-Verlag, Tübingen, 1981.
Günter Helmes & Werner Köster (Hg.), Texte zur Medientheorie, Reclam, Stuttgart, 2004.
Michel Houellebecq, Whatever, Serpent's Tail, London, 1998.
Jan Holvast, De volkstelling van 1971: verslag van de eerste brede maatschappelijke discussie over de aantasting van privacy, Uitgeverij Paris, Zutphen, 2013.
Eva Illouz, Why Love Hurts, Polity Press, Cambridge, 2012.
The Invisible Committee, Now, Semiotext(e), South Pasadena, 2017.
Adrian Johnson & Catherine Malabou, Self and Emotional Life, Columbia University, New York, 2013.
Vincent Kaufmann, Revolution in the Service of Poetry, University of Minnesota Press, Minneapolis, 2006.
Andrew Keen, How to Fix the Future, Atlantic Books, London, 2018.
Raymond Klibansky, Erwin Panofsky, Fritz Saxl, Saturn und Melancholie, Suhrkamp, Frankfurt a.M., 1990.
Jarett Kobek, I Hate the Internet, Serpent's Tail, London, 2016.
Ganaele Langlois, Meaning in the Age of Social Media, Palgrave, New York, 2014.
Jaron Lanier, Ten Arguments For Deleting Your Social Media Accounts Right Now, Vintage, London, 2018.
Lars Bang Larsen (ed.), Networks, MIT Press, Cambridge (Mass.), 2014.
Christopher Lasch, The Culture of Narcissism, Warner Books, New York, 1979.
Charles Leadbeater. We-Think, Profile Books, London, 2008.
Wolf Lepenies, Melancholie und Gesellschaft, Suhrkamp, Frankfurt a.M., 1998.

Claude Lévi-Strauss, Der Weg der Masken, Suhrkamp, Frankfurt a.M., 2004.

Claude Lévi-Strauss, Tristes Tropique, Penguin Classics, London, 2011.

Petra Löffler, Verteilte Aufmerksamkeit, Eine Mediengeschichte der Zerstreuung, Diaphanes, Zürich, 2014.

Herbert R. Lottman, Albert Camus, a Biography, Gingko Press, Corte Madera, 1997.

Geert Lovink, Dark Fiber, MIT Press, Cambridge (Mass.), 2002.

Geert Lovink, My First Recession, NAi, Rotterdam, 2003.

Geert Lovink, Zero Comments, Routledge, New York, 2008.

Geert Lovink & Pit Schultz, Jugendjahre der Netzkritik, Institute of Network Cultures, Amsterdam, 2010.

Geert Lovink, Networks without a Cause, Polity Press, Cambridge, 2011.

Geert Lovink, Social Media Abyss, Polity Press, Cambridge, 2016.

Geert Lovink & Ned Rossiter, Organization after Social Media, Minor Compositions, Colchester, 2018.

Lloyd deMause, Reagan's Amerika, Stroemfeld/Roter Stern, Frankfurt a.M., 1984.

Andrew McAfee & Erik Brynjolfsson, Machine Platform Crowd, Norton & Company, New York, 2017.

Ulises Mejias, Off the Network, Disrupting the Digital World, University of Minnesota Press, Minneapolis, 2013.

George Monbiot, Out of the Wreckage, Verso Books, London, 2017.

Katharina Motyl & Regina Schober (ed.), The Failed Individual, Campus Verlag, Frankfurt a.M., 2017.

Angela Nagle, Kill All Normies, Zero Books, Winchester, 2017.

Cathy O'Neil, Weapons of Math Destruction, Penguin, London, 2016.

Caroline Nevejan, Presence and the Design of Trust, University of Amsterdam PhD, 2007.

Paul B. Preciado, Testojunkie, Feminist Press, New York, 2013.

Robert Pfaller, On the Pleasure Principle in Culture: Illusions Without Owners, Verso Books, London, 2014.

Thomas Rid, Rise of the Machines, the Lost History of Cybernetics, Scribe, Brunswick, 2016.

Ned Rossiter, Software, Infrastructure, Labor, A Media Theory of Logistical Nightmares, Routledge, New York, 2016.

Saskia Sassen, Expulsions, Brutality and Complexity in the Global Economy, Harvard University Press, Cambridge (Mass.), 2014.

Hans Schnitzler. Kleine filosofie van de digitale onthouding, De Bezige Bij, Amsterdam, 2017.

Susan Sontag, Under the Sign of Saturn, Vintage Books, New York, 1981.

Nick Srnicek & Alex Williams, Inventing the Future: Postcapitalism and a World Without Work, Verso Books, London, 2015.

Nick Srnicek, Platform Capitalism, Polity Press, Cambridge, 2016.

Bernard Stiegler, Technics and Time 2: Disorientation, Stanford University Press, Stanford, 2009.

Bernard Stiegler, Uncontrollable Societies of Disaffected Individuals, Polity Press, Cambridge, 2013.

Bernard Stiegler, The Lost Spirit of Capitalism, Polity Press, Cambridge, 2014.

Bernard Stiegler, Automatic Society, The Future of Work, Polity Press, Cambridge, 2016.

Bernard Stiegler, The Neganthropocene, Open Humanities Press, London, 2018.

Gerfried Stocker & Christine Schöpf, Ars Electronica 96: Memesis – The Future of Evolution, Springer, Wien, 1996.

Don and Alex Tapscott in Blockchain Revolution: How the Technology behind Bitcoin is Changing Money, Business and the World, Portfolio Penguin, London, 2016.

Zeynep Tufekci, Twitter and Tear Gas: The Power and Fragility of Networked Protest, Yale University Press, London, 2017.

Sherry Turkle, Reclaiming Conversation: The Power of Talk in a Digital Age, Penguin Press, London, 2015.

Siva Vaidhyanathan, Anti-Social Media, Oxford University Press, New York, 2018.

James Wallman, Stuffocation: Living More With Less, Penguin Books, London, 2015.

McKenzie Wark, The Beach beneath the Street, Verso Books, New York, 2011.

Darcy Wilder, Literally Show Me a Healthy Person, Tyrant Books, New York, 2017.

Slavoj Žižek, The Year of Living Dangerously, London, Verso Books, 2012.

Slavoj Žižek, The Courage of Hopelessness, Allen Lane, London, 2017.

Medienwissenschaften

Christoph Engemann, Andreas Sudmann (Hg.)
Machine Learning – Medien, Infrastrukturen und Technologien der Künstlichen Intelligenz

2018, 392 S., kart.
32,99 € (DE), 978-3-8376-3530-0
E-Book: 32,99 € (DE), ISBN 978-3-8394-3530-4
EPUB: 32,99 € (DE), ISBN 978-3-7328-3530-0

Susan Leigh Star
Grenzobjekte und Medienforschung
(hg. von Sebastian Gießmann und Nadine Taha)

2017, 536 S., kart.
29,99 € (DE), 978-3-8376-3126-5
E-Book: kostenlos erhältlich als Open-Access-Publikation,
EPDF: ISBN 978-3-8394-3126-9
EPUB: ISBN 978-3-7328-3126-5

Geert Lovink
Im Bann der Plattformen
Die nächste Runde der Netzkritik

2017, 268 S., kart.
24,99 € (DE), 978-3-8376-3368-9
E-Book: 21,99 € (DE), ISBN 978-3-8394-3368-3
EPUB: 21,99 € (DE), ISBN 978-3-7328-3368-9

Leseproben, weitere Informationen und Bestellmöglichkeiten finden Sie unter www.transcript-verlag.de

Medienwissenschaft

Winfried Gerling, Susanne Holschbach, Petra Löffler
Bilder verteilen
Fotografische Praktiken in der digitalen Kultur

2018, 290 S., kart., 21 SW-Abbildungen, 31 Farbabbildungen
29,99 € (DE), 978-3-8376-4070-0
E-Book: 26,99 € (DE), ISBN 978-3-8394-4070-4

Gesellschaft für Medienwissenschaft (Hg.)
Zeitschrift für Medienwissenschaft 19
Jg. 10, Heft 2/2018: Faktizitäten / Klasse

2018, 256 S., kart.
24,99 € (DE), 978-3-8376-4097-7
E-Book: kostenlos erhältlich als Open-Access-Publikation,
EPDF: ISBN 978-3-8394-4097-1
EPUB: ISBN 978-3-7328-4097-7

Ramón Reichert, Mathias Fuchs,
Pablo Abend, Annika Richterich, Karin Wenz (eds.)
Digital Culture & Society (DCS)
Vol. 4, Issue 1/2018 –
Rethinking AI: Neural Networks, Biometrics and the New Artificial Intelligence

2018, 244 p., pb.
29,99 € (DE), 978-3-8376-4266-7
E-Book: 29,99 € (DE), ISBN 978-3-8394-4266-1

Leseproben, weitere Informationen und Bestellmöglichkeiten finden Sie unter www.transcript-verlag.de